U0472295

基金参谋
首席分析师的观点

代宏坤 著

上海财经大学出版社

图书在版编目(CIP)数据

基金参谋:首席分析师的观点/代宏坤著.—上海:上海财经大学出版社,2012.1
ISBN 978-7-5642-1249-0/F·1249
Ⅰ.①基… Ⅱ.①代… Ⅲ.①基金业-研究 Ⅳ.①F830.45
中国版本图书馆 CIP 数据核字(2011)第 259143 号

□ 策划组稿　台啸天
□ 责任编辑　台啸天
□ 书籍设计　钱宇辰
□ 责任校对　卓　妍　胡　芸
□ 联系邮箱　taixiaotian@gmail.com

JIJIN CANMOU
基 金 参 谋
——首席分析师的观点

代宏坤　著

上海财经大学出版社出版发行
(上海市武东路 321 号乙　邮编 200434)
网　　址:http://www.sufep.com
电子邮箱:webmaster@sufep.com
全国新华书店经销
上海叶大印务发展有限公司印刷装订
2012 年 1 月第 1 版　2012 年 4 月第 2 次印刷

787mm×1092mm　1/16　15 印张　226 千字
定价:28.00 元

序

经过十年的发展,国内基金的有效账户已达到了6 000多万户。可以说,基金与千万家庭的幸福生活紧密地联系在一起。作为人类最伟大的发明之一,基金提供了一条低成本、高效率的途径,使广大投资者,特别是资金有限的中小投资者,能够参与资本市场,分享经济发展的成果。诚然,与股票投资者一样,广大基金持有人承受了很大的亏损,但投资者有理由对中国经济和资本市场的发展保持信心,给自己的未来一个期许,虽然通向未来的道路并不平坦。

上海证券作为第一批具备协会会员资格的基金评价机构,对于国内基金生态的健康发展具有一份责任。公司鼓励和支持研究成果最大限度地传播,向社会公众提供专业的见解,使研究成果取得最大的社会效益。这些研究工作,对于推动国内基金法规的健全、机构的规范运作,以及基金持有人正确投资理念的形成都是有益的。

首先,研究机构在推动基金法规的健全方面是可以发挥一定作用的。综观美国共同基金的发展史,美国投资公司的健康发展和监管法规的不断完善,在很大程度上是由美国投资公司协会(ICI)的深入研究和向国会的游说所推动的,例如《1940年投资公司法》的颁发和对基金公司内部人持股的监管等重大事件,背后都有投资公司协会深入的研究支持。在国内还没有这样的机构,但券商的基金研究机构是可以在其中发挥部分作用的,这对于行业的发展是有意义的。

其次,研究机构对于推动基金投资行为的规范是能发挥部分作用的。在基础市场不健全的条件下,基金的投资行为有待规范。目前基金在一定程度上扮演了交易者的角色,采取短期化的投资行为,在二级市场博取价差。这些行为很大程度上是由于基金短期业绩排名的压力所导致的。作为基金评价机构,上海证券基金评价的哲学鼓励基金管理人切实遵守基金契约与投资业绩基准,为基金投资者创造长期稳定的超额收益,而不是追求短期的净值增长排名。

同时,研究机构还承担着部分投资者教育的功能。在国内这一新兴市场,基金的各参与方都不够成熟,尤其是基金投资者。研究机构有责任培育和引导投资者的风险意识和长期投资理念,让老百姓把基金投资看作财富长期增长的一条途径,而不是快速致富的渠道。基金投资者对于基金的很多抱怨,往往是因为不了解。这些研究工作,可以让投资者了解基金能做什么、不能做什么这些根本的问题。

不可否认的一个事实是,国内基金取得了很大的成绩,但也面临着转型与发展的任务。在美国共同基金的发展史上,也曾经有很多次,共同基金几乎退出了历史的舞台,但最终共同基金的发展成为资本市场上的一个奇迹。

在国内资本市场不断完善、相关法规不断健全、业界的共同努力下,我坚信国内资本市场、基金业的明天是美好的。

上海证券有限责任公司　总经理

2011 年 12 月 20 日

前言

最近,麦肯锡的一个报告认为基金或许会退出历史舞台,这不是第一次有知名机构或权威人士给出这样的告诫。然而,在全球范围内,基金管理的资产规模却不断地创造出一个又一个新的里程碑,成为金融领域的奇迹。我相信,基金或许会有暂时的低潮,但最终仍会进一步发展。支撑这一判断的部分原因是广大投资者真实的理财需求、监管的不断完善和业界不断创新的能力。

这一判断也同样适合目前处境困顿的国内基金业。经过2006年、2007年超常规的发展后,基金(本书特指公募基金)管理的资产规模近几年不但没有增加,反而持续下降,基金在人们心目中曾经拥有的良好形象正在消失和被淡忘。基金相对其他理财产品应该具有的优势在逐步消失,诸多新问题已经成为制约基金持续健康发展的障碍。基金面临着来自阳光私募、银行理财产品、券商理财、投资性保险、PE 股权基金等多股力量的强大竞争压力。

但是，这些问题是基金业发展过程中的阶段性问题。在美国共同基金发展历史上，类似的问题也在不同的阶段出现过。很多次，美国共同基金几乎要退出历史的舞台。要承认，我国基金行业还存在很多问题，行业效率不高，但美国共同基金的发展史，可以让我们看清基金业发展的趋势。

尽管相信美国共同基金的行业发展史会给国内基金业的发展提供诸多借鉴，但我有时候也会心存疑问：美国共同基金的理论适合我国这一新兴市场吗？我们自身有怎样不一般的特征？如何提高行业的效率？于是，在日常的研究中，我不断地观察和思考，并把成熟市场的理论拿到国内市场来实证，从而发现，国内市场有一些不一般的特征，基金理论在国内市场的某些方面是失效的。我相信，这些理论失效的方面，很可能是我国基金的历史尚短，累积的数据还不具有代表性，某些看似新兴市场特征的东西很可能只是阶段性的表现。

同时，作为处在第一线的基金研究者，我每天面对众多的基金投资者，他们最关心的是哪只基金能赚钱。对此，我不能仅是超然地坐而论道，在感受投资者因涨跌带来的不同情绪的同时，我必须就基金投资的相关问题给出自己明确的观点：哪些基金公司富有特色？哪些是优质的基金？如何进行基金组合？

本书从三个方面来组织。第一方面是对基金行业的观察和理论实证，涉及的是基金行业宏观层面的问题，包括基金行业的转型与发展、基金的业绩和能力、基金的风格与成本；第二方面是站在投资者的立场，从微观的角度思考基金投资，包括策略与组合、公司与基金；第三方面是对国外基金研究的主题进行归纳，有利于扩大观察视野，了解基金行业的研究线路和进程。下面的内容可让您了解本书的主要观点。

有关转型与发展

在结构上，中国公募基金呈现出了稳定的不均衡态。表现为：规模还较小、市场结构不均衡（偏股型的基金比重过大）；市场集中度高、结构稳定、进入壁垒高。在行为上，无论是无差异的固定管理费率，还是基金销售以银行主导的局面都亟待从单一向多元的嬗变；在业绩上，市场仍是主动管理的天下,主动管理基金大多数时间能获得超额收益。与海外市场不同,国内基金进行积极资产配置的特征明显,普遍采纳市场择时策略。

在基金内部治理方面,可以尝试公司型基金的组织结构。为了解决投资者利益代表缺位的问题,公司型基金的组织结构对于强化基金内部治理是有益的,但是公司型基金也只是一种外在的组织形式,组织形式的改变不会自然地化解管理人与持有人的利益冲突。在美国的实践中,在传统的外部管理模式下,基金董事会并不能做到真正"独立",而以先锋集团为代表的内部管理模式,才真正实现了持有人利益的优先。

在竞争方面,作为新兴市场,中国基金业的竞争态势既表现出了与成熟市场相似的方面,也表现出了自己独有的特征。与成熟市场不同,投资者并未表现出对老基金的偏好,也并不特别重视长期业绩好的基金。在竞争策略方面,虽然基金同质化的问题依然严重,但基金公司和基金产品逐渐呈现出了差异化竞争的态势。相反,在无差异的固定管理费率的条件下,基金公司低成本竞争策略的出现还尚待时日。

在基金销售渠道多样化方面,第三方销售符合基金销售专业化的需求,是国外成熟市场发展到一定程度的主导销售模式,能促进基金销售渠道的多样化。但从短期来看,银行主导基金销售渠道的局面还难以有大的改观,从长期来看,第三方销售机构必定会在构建多元化的销售渠道中扮演重要角色。

在产品结构方面,与美国股票基金、债券基金和货币市场基金三方天下的格局相比,国内市场的结构不均衡。偏股型基金占比超过70%,债券型基金和货币市场基金的占比非常小。大力发展债券基金,是投资者进行资产配置不可或缺的一个重要部分,也是养老金入市的基础,对于股市的稳定性也具有重要影响。

有关业绩与能力

在业绩持续性方面,与成熟市场相一致,国内基金业绩难以持续。从相对收益的角度来看,大约只有12%的基金能连续三年超越业绩比较基准。大多数基金在一种市场风格中表现好,而在另外一种市场风格中却表现糟糕。这有基金经理的原因,但更主要的原因源自基金的投资风格。

在投资能力方面,成熟市场的经验表明,基金不具备选股能力和择时能力,而国内基金总体上具备选股能力、不具备择时能力。

投资者关心的是,什么样的基金是好基金?在成熟市场,由于市场有效性相对较强,基金的投资成本是影响业绩的一项重要因素。因此,与基金成本相关的费率、换手率是挑选基金的重要考虑因素,投资者并不关注基金的选股能力和择时能力。在国内的投资实践中,投资者应重视基金的选股能力、风险调整后收益、机构投资者持有比重和基金的规模,而基金的择时能力、运作费率和换手率并不是重要的业绩影响因素。国内外的这些差异,可以由国内市场有效性不强、散户参与度高和市场波动性大等特征来解释。

做基民还是股民?对基金和个人投资者2006~2010年总体投资业绩的调查表明:在牛市中,基金业绩远远好于个人投资者,但跑输指数;在熊市中,基金不能为投资者赚到钱;在三种市场下,基金的投资业绩整体上都好于个人投资者。因此,尽管基金的投资业绩为人诟病,但基金仍是一般个人投资者的较好选择。

有关风格与费用

在集中化投资方面,一般认为集中投资波动性会更大,但很多基金经理有自信通过深度挖掘、集中持股来获取更大的收益。分析表明集中持股的基金在业绩上并没有显著好于分散持股的基金,集中持股也并不意味着高风险,集中持股基金的波动幅度并不特别高或者特别低。

在规模方面,市场上目前众多的"迷你"基金让人关注,投资者普遍认为规模小会对基金业绩带来一定的负面影响。这样的想法有一定的合理性,但对多方面投资能力的考察表明"迷你"不是问题,构建保护持有人利益的基金退出机制更加重要。

在换手率方面,与美国共同基金平均65%~85%的换手率相比,我国基金的换手率非常高,尽显频繁操作的特征。然而,高换手率与业绩的关系不明显,基金的大部分业绩来自于市场的走势,而不是基金积极操作的结果。

在成本方面,海外成熟市场的运作费率近10年来逐步下降。国内基金运作费率在2007年大幅下降后,最近3年保持稳定。与成熟市场不同,国内基金的运作费率与业绩没有显著的关系。

有关策略与组合

在基金投资策略的有效性方面,我们用过去8年的数据检验了买入持有策略、市场择机策略、分批投资策略、定投策略、价值平均策略和资产配置策略的有效性。在过去8年的市场走势中,获得最好回报的是买入持有策略。

在基金组合方面,经典的投资组合理论通过马柯维茨(Harry Markowitz)均值—方差分析来寻找"最佳"资产组合,其核心内容是有效边界。不幸的是,有效边界也是造成许多认识混乱的根源。我们认为,在实际的基金组合中,投资者只要对不同类型的基金进行简单配置,就能在一定程度上分散组合的风险。基金投资,简单或更有效。

同时,基金的长期投资也并不意味着投资组合一成不变。定期检查并调整资金分配,有助于投资者投资目标的实现,定期检查及再平衡还有助于投资者坚持投资策略、目标专一,而不是追捧眼前流行的产品。

有关公司和基金

作为处于基金行业第一线的研究工作者,每天面对受市场涨跌而情绪波动的基金持有人,我必须观点明确地解答投资者关心的每一个具体的问题。投资者最关心的问题是哪只基金好。约翰·博格告诫过,寻找优质基金的"圣杯"是徒劳的。特别是在国内市场风起云涌的背景下,要把握一只好的基金,何其困难。任何试图预测的行为在事后看来都会显得很愚蠢,但我可以为投资者做的是,告知他们基金公司有什么样的特点,哪些基金在历史上有好的表现,他们为什么会有这样的表现。这就有了我对18家基金公司的解读和我精选的18只值得关注的基金。

有关国外基金60年研究主题

基金研究伴随基金而生,在基金研究方面国外取得了很大的进展,形成了今天我们所看到的基金理论。国内基金研究还处于发展阶段,深入地研究基金,需要我们具备更宽的视野。书中归纳了国外基金60年研究的主题,希望给基金研究者以启发,借鉴国外研究的成果,在此基础上形成符合新兴市场特色的研究方向,推进国内基金研究向更深的层面发展,这对国内基金业效率的提升将是有益的。

　　本书约70%的内容已在中国证券报、上海证券报、证券时报和新浪等媒体发表，这次重新编目、集结出版。因此这本书更像是我基金研究的一个汇集，它既不像学术著作那样逻辑严密、框架精美，也不像基金买卖技巧的书籍那样直截了当。2011年是中国开放式基金诞生十周年的年份，希望本书的出版能对国内基金研究有所贡献。这不是一本大众化的书籍，本书是写给基金行业的同仁和对基金有一定认识、想深入了解国内基金状况的投资人。当然，对于普通投资者，书中的基金公司和基金精选两章是有价值的，是我基金研究在投资方面的最直接应用。

　　本书的部分内容，有我同事的贡献，在此一并感谢。由于学识有限，书中的错误和遗漏之处，希望得到各方专家的指点。电子信箱：daihongkun@126.com。

代宏坤
2011年12月18日

目录

序 —— 001

前言 —— 001

第一章 转型与发展 —— 001

基金业生态:转型进行时 —— 002

公司型基金:有效不完美 —— 012

基金业竞争:大幕已开启 —— 019

第三方销售:任重而道远 —— 029

债券型基金:均衡新势力 —— 036

小公司策略:三维度变革 —— 044

第二章 绩效与能力 —— 049

收益:相对 VS 绝对 —— 050

业绩:间歇 VS 持续 —— 054

决策:短期 VS 中期 —— 064

能力:择时 VS 选股 —— 069

基因:优基 VS 劣基 —— 079

论剑:基金 VS 散户 —— 085

评级：高星 VS 低星 —— 090

第三章 风格与费用 —— 095

风格：集中无关风险 —— 096

规模：迷你不是问题 —— 102

换手：行业整体高企 —— 109

成本：保持相对稳定 —— 119

第四章 策略与组合 —— 127

投基：策略六款实考 —— 128

配置：风险交换效率 —— 140

组合：简单或更有效 —— 143

策略：全球多元配置 —— 149

追踪：检视及再平衡 —— 157

第五章 公司与基金 —— 165

18家基金公司掠影 —— 166

18只优质基金解析 —— 180

第六章　国外研究主题 —— 205

主题一：基金业绩 —— 206

主题二：基金费用 —— 209

主题三：风格分析 —— 210

主题四：资金流 —— 212

主题 X：其他主题 —— 213

参考文献 —— 215

从成熟市场的经验来看，一个充满活力的基金行业，需要具备的因素包括：能有效保护投资者利益的有力监管；行业进入壁垒不高；国民富裕且受教育良好；有养老金固定缴款计划的制度安排。这些因素决定了基金业的发展。国内基金业仍在路上，不断地迎接转型与发展的挑战。

第一章

转型与发展

基金业生态：转型进行时
公司型基金：有效不完美
基金业竞争：大幕已开启
第三方销售：任重而道远
债券型基金：均衡新势力
小公司策略：三维度变革

基金业生态：转型进行时
——中国基金行业结构、行为和绩效

公募基金的形象日渐暗淡，业绩受到投资者的广泛质疑，规模受到多种资产管理产品的蚕食，但无论是基金数量还是资产管理规模，公募基金在近十年的时间里实现了飞跃式的发展。在为人诟病、处境困顿之时，全面地审视基金行业的状况，有助于把握未来发展的趋势。我们以美国共同基金的行业发展历史为参照，借助现代产业组织理论的有效工具——SCP 模型的分析框架（结构 Structure、行为 Conduct、绩效 Performance），来分析中国公募基金的结构、行为和绩效。结论表明：

- 中国公募基金在结构上呈现出稳定的不均衡态。表现为：规模还较小、市场的结构不均衡（偏股型的基金比重过大）；阶段性的超常规发展是国内外基金行业发展初期的特殊增长路径；市场集中度高、结构稳定、进入壁垒高；

- 在行为上，亟待从单一向多元的嬗变。无论是无差异的固定管理费率，还是基金销售以银行主导的局面，要实现真正的嬗变还有很长的路要走，只有充分的市场竞争才是有效的催化剂，而多元化的格局将引导行业走向更加差异化的竞争；

- 在绩效上，国内基金大多数时间能获得超额收益，市场仍是主动管理的天下；与海外市场不同，国内基金进行积极资产配置的特征明显，普遍把较大比重的资金配置到债券和货币市场中，反映了基金采纳市场择时策略的普遍化。

结构：稳定的不均衡态

截至 2011 年上半年，国内公募基金管理资产规模 2.48 万亿元，各类基金数量达到 829 只，已发产品的基金管理公司 62 家，而美国共同基金资产规模接近 12 万亿美元，共同基金数量接近 7 600 只。

总体来看，国内基金的资产管理规模还较小、市场的结构不均衡（偏股型的基金比重过大），这些都是基金业发展初期的特征，与美国共同基金发展的初期相似。尽管经历了超常规的发展,相比美国共同基金,中国基金业的资产管理规模和基金的数量还有非常大的差距。同时,这一规模与中国经济的总量相比,反差也是巨大的。同样值得关注的是,国内基金市场结构不均衡。从基金的类型来看,偏股型的基金占比超过70%(股票型基金占49.98%,偏股混合型基金占21.19%),债券型基金和货币市场基金的占比非常小,只有6.02%和4.99%,而美国市场这两类基金的比重分别达到了22.07%和22.2%(见表1.1),确定性收益产品占了市场的一定比重(参见"确定性收益产品逐渐风行")。市场结构的不均衡制约了资本市场资产配置功能的发挥。应该说,这种结构是基金业发展初期的特征。在美国共同基金发展的初期,基金的数量和资产管理规模的增长也非常缓慢,用了40年时间才使共同基金的数量达到800只,资产管理规模达到480亿美元,而我们只用了8年时间就达到了800只,发展速度不可同日而语。在发展初期,美国同样是股票型基金主导市场,在诸如货币市场基金、地方债券基金等其他类型的基金逐步走上历史的舞台后,股票型基金所占的比重才逐渐下降,最终形成了股票基金、债券基金和货币基金相对均衡的市场结构。

表 1.1　　　　　　　　　　中美两国基金市场结构

	总资产	基金数量	平均规模	股票基金占比(%)	债券基金占比(%)	混合基金占比(%)	货币基金占比(%)	其他(%)
中国	23 563亿元	829	35.5亿元	49.98	6.02	27.76	4.99	11.72
美国	118 207亿美元	7 581	15.6亿美元	49.46	22.07	6.27	22.20	—

数据来源:上海证券基金评价研究中心、Wind、ICI 2011 factbook。中国数据截止日:2011—7—14

确定性收益产品逐渐风行

迅速成长中的确定性收益产品

　　为了更好地预见自己退休后的收入,投资者需要一些投资结果非常确定的产品。一种为投资者提供更可靠收益回报的产品——确定性收益产品,正成为基金公司和保险公司产品创新的主流。因为,退休及保障方面的责任如今正越来越多地落到了个人身上,社会和企业的作用则逐渐淡化。

确定性收益产品可以在提供本金保护的前提下产生一定的现金流以满足退休后的生活需要,这种产品最主要的特点是既控制了下跌风险,又保留了价值大幅上扬的机会。对确定性收益产品来说,投资目标已经从实现一定的期望收益演变成在将来的某一特定时间段产生特定数量的现金流。确定性产品的形式可以多种多样,既可以是收益增强型、通胀保护型或者保本型,也可以是结构化产品、封闭式基金、组合基金、对冲基金和衍生证券,或者是一些具有年金特征的类年金产品。

投资者教育是关键

所有这些产品都有一个共同的特点,那就是注重最后的结果,结果导向意味着部分风险从投资者那里转移到了资本市场上。

对中介机构来说,最大的挑战在于如何将结果导向产品跟传统的股票、债券等投资组合有效地结合在一起,使用这些产品需要一种全新的思路,传统的资产配置模型并不适用于结果导向产品。在产品的推广过程中,对投资者的教育工作尤为关键。这会是一项工程浩大的教育活动,是一种思维模式的转变。投资者将从定义一项投资的输入(资产配置)转变到定义输出(结果),而这个输出是将要发生在 20 年后的不确定的投资结果。不知道需要多长的时间才能使中介机构和投资者完成这样的思维转变,而几乎可以肯定的是,确定性收益产品将会在退休金市场上占据一席之地。

资料来源:www.morningstar.com

相对于美国共同基金相对稳定的增长,中国基金经历了 2006 年和 2007 年的超常规发展后陷入了低迷,这种特征符合行业发展初期的增长路径。基金行业的增长路径并不是线性的,特别是在发展的初期,会呈现出阶段性的超常规发展的态势。只有在行业相对成熟后,行业规模的增长才会相对稳定,这一点为中美两国基金行业发展的历史所证实。中国开放式基金在发展的前几年增长速度非常缓慢,在 2006 年和 2007 年的大牛市中取得了超常规的发展,随后又陷入了停滞。同样的,美国共同基金也经历了几个发展的高峰期,如 20 世纪 70 年代初期货币市场的基金创新时期及 1987 年 401(K) 等固定供款计划引入后的大牛市,都使共同基金经历了超常规的发展。在熊市中,美国共同基金也多次遇到了规模的大幅下降,很多次,业内人士忧虑共同基金可能要退出历史的舞台。经过 80 年的发展后,美国共同基金进入了成熟的阶段,虽然在市场不好的时候也会有资金流出,但总体上呈现出小幅增长的特征。这种小幅稳定增长的特征,很重要的原因是美国退休、养老计划的安排。在401(K)等退休养老计划的推动下,资金源源不断地流入共同基金账户。因此,目前国内基金规模在超常规发展后陷入暂时的低迷是正常的,符合行业发展初期的增长路径。中国版401(K)计划的推出虽有耳闻,但要真正实施还为时尚早。不过,随着国内基金业的不断发展、成熟,相信基金资产管理规模必定会大幅地增长,但这需要一个较长的历史阶段,整个行业都不可急功近利,而要扎实地提升资产管理的能力,迎接未来新一轮的爆发式增长。

从市场集中度来看,中美两国相似,大型管理公司占据了主要的市场份额,市场结构稳定,但美国是市场充分竞争的结果,而国内基金存在很高的进入壁垒,市场化竞争不充分。在2007年以前,国内基金业前五大管理公司的市场份额在45%左右,前十大管理公司所占的市场份额在60%左右。随着2007年基金市场爆发式的增长,小规模的基金公司获得了发展的机会,使基金行业的生态有了一定的改变。从2007年到2010年,前五大基金公司市场集中度在33%左右,前十大基金管理公司市场集中度在50%左右。国内基金市场结构已非常接近美国市场上前五大管理公司占35%、前十大公司占48%的市场结构(见图1.1)。目前,中美两国基金市场的结构稳定,不同的是,美国大公司的市场地位是长期竞争的结果,而国内基金公司仍然需要牌照,存在很高的进入壁垒,前五大基金管理公司对市场的主导支配能力又进一步降低了市场的竞争,提升了进入壁垒。目前,较多"迷你"型基金公司

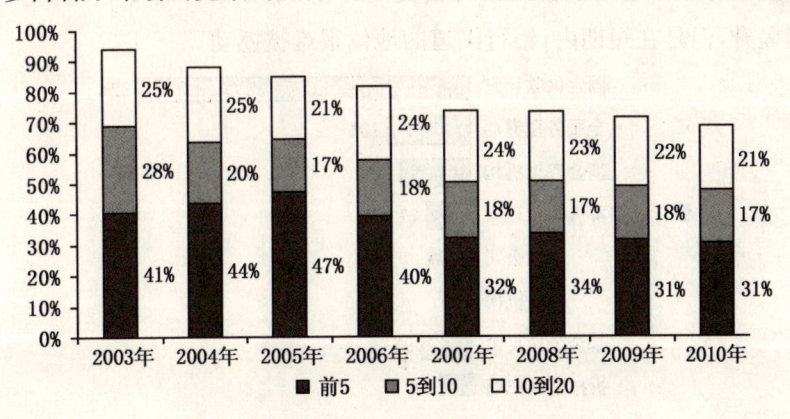

数据来源:上海证券基金评价研究中心、Wind

图1.1 基金市场结构相对稳定

生存困难,在传统的发展模式上已很难获得发展的空间,需要另辟蹊径,走差异化的发展道路。

行为:亟待单一向多元的嬗变

在基金销售渠道方面,国内主要依靠银行代销,这一局面在短期内难以改变,而美国共同基金销售渠道多元化,除了直销和代销外,固定供款计划(即养老金计划)是其主要的销售渠道。首先,固定供款计划占美国共同基金销售的52%。固定供款计划指缴费确定型计划(DC plans),包括401(K)、403(b)、457计划以及个人退休账户计划,这些养老金计划都把大部分的资金投向共同基金,使美国共同基金能够获得源源不断的资金支持,而国内目前还没有这样的制度上的安排。这些计划解释了为什么美国共同基金的规模在近二十年来大多数时间里稳定增长。其次,美国的代销机构总共占35%的份额,具体而言,券商占13%、咨询机构占11%、银行仅占7%、保险机构占3%、会计机构占1%。再次,美国的直销渠道总共占到13%,分别为基金公司直销8%和折扣型经纪商5%(见图1.2)。与美国多元化的销售渠道相比,国内的销售渠道相对单一,2010年的数据表明,基金销售60%的比重由银行掌控,券商代销和基金公司直销各占9%和31%,专业的第三方销售还处于待发展阶段。因此,银行在基金销售中具有主导权和话语权。随着第三方支付模式的成熟和第三方专业销售机构的开闸,可以预见,在长期范围内银行主导基金销售的格局会受到冲击,基金销售的专业化程度有望得到提升,但是在短期内,银行渠道的地位很难被撼动。

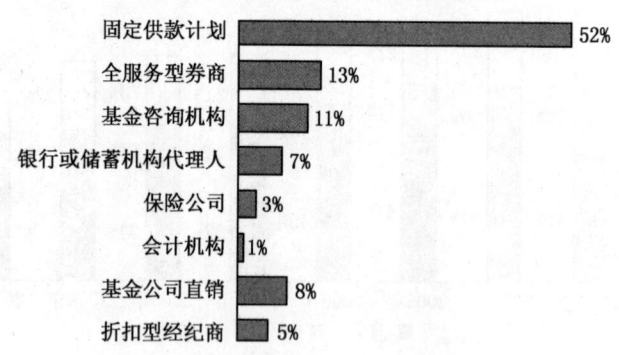

销售渠道	占比
固定供款计划	52%
全服务型券商	13%
基金咨询机构	11%
银行或储蓄机构代理人	7%
保险公司	3%
会计机构	1%
基金公司直销	8%
折扣型经纪商	5%

数据来源:ICI,Profile of Mutual Fund Shareholders,2010

图 1.2 美国共同基金销售渠道

在管理费方面,国内基金实行无差异的固定管理费率,而美国采取的是可变的管理费率,可变的管理费率扩展了基金管理公司差异化竞争的空间。管理费体现了产品的价值,虽然每个国家法律结构不一样,但基础的原理还是相同的,即投资者支付管理费给基金管理人使其管理基金组合。对于公募基金来说,收取一定比例的管理费也是成熟市场的主流做法,这种模式也符合公募基金的产品特点。然而,我国采用的是无差异的固定管理费率,而美国采用的是可变的管理费率,甚至收取部分业绩表现费,虽然业绩表现费的效用并不好(参见"业绩表现费")。中国偏股型基金的固定管理费率为1.5%,主动管理的QDII管理费率达到了1.85%,货币市场基金的管理费率为0.33%。此外,指数型基金管理费率分布在0.5%～1.3%之间,而债券型基金管理费率主要为0.6%和0.7%(见表1.2)。美国管理费率的总体水平与中国差异不大,但是每一家基金管理公司实行的管理费率水平差异非常大。一些规模较大的基金会考虑适时降低管理费率增加竞争力,这使得美国的基金公司呈现出多元化的特征。在国内基金业转型过程中,管理费率从单一走向多元,是大势所趋。

表 1.2　　　　　　　中美两国基金管理费率　　　　　　　单位:%

	中国（固定）	美国（差异化）
股票型基金	1.5	1.47
债券型基金	0.28～0.75	1.04
混合型基金	1.5	1.27
货币市场基金	0.33	0.32
QDII基金(主动管理)	1.85	

数据来源:上海证券基金评价研究中心、Wind、ICI 2010 factbook

绩效:主动管理正当时

从过去的8年来看,处于发展初期的国内基金业在长期内给投资者带来了一定的收益,但是基金业绩波动性大,短期投资者亏损严重。在市场效率尚不高的市场中,基金倾向于采纳市场择时的操作策略,主动管理型基金普遍能获得超额收益,基金绩效方面的特征也与行业发展的阶段相符。

业绩表现费——不如想象中美好

Janus 公司向美国证券交易委员会提交申请,它将征求其旗下 13 只基金持有人的意见,计划开始收取业绩表现费(performance fee),涉及的资产近 400 亿美元。按其计划书中的设计方案来看,基金业绩表现费的费率定在 0.15%。当基金业绩提高,费用率也相应提高至预定水平;如果基金业绩不佳,则费用率也降至较低的水平。与目前的费率相比,这将使其费用率上下波动 20%左右。

其实业绩表现费在美国基金业由来已久,最早诞生时相当引人注目,因为它可解决管理人与持有人的利益冲突问题。但在刚开始的热度过去之后,收取业绩表现费的新基金明显减少,而且还有不少基金停止业绩表现费的收取,回到了原来的固定费率设置。据统计,目前美国市场中只有 120 只基金收取业绩表现费,其管理的资产约占 5%左右。为何这种看起来合理的费率设置未能在业内推广开?究其原因,主要在于以下几点。

缺乏简单统一的规则规范

为了使业绩表现费的区间不会设置太大,且方便投资者了解其运作规则,美国证监会已经设置了一些管理规则,但不够简单统一。几乎所有的 12b-1 费用均按日均资产计算,而业绩表现费除了用日均资产计算外,有的用 3 年平均资产计算,有的以期初资产计算,也有的以期末资产计算,差别较大,透明度也不高。如果采用不同的计算方法及计算周期,其收取的业绩费用不同。美国证券交易委员会对业绩表现费进行的调查结果显示,不少基金公司有不良行为。例如,Bridgeway 在征收业绩表现费时未按预定的平均资产规模计算,为此该公司多收了 440 万美元。此外,美国证券交易委员会还发现有的公司没有向公司董事会、持有人等充分披露业绩表现费计算的相关信息。

费率设置本身存在一定的问题

业绩表现费不是按日征收,这使得投资者可能在基金收取业绩表现费之前撤出,尤其是业绩表现费较高的基金,这会给基金带来不必要的波动。而且,有的基金业绩表现费较高,如 Royce Select I Inv 定在 2.45%(该基金不另收管理费),有投资者担心这样的费率结构会使基金经理变得更加冒险。

基金公司动力不足

近年来基金销售被动,一方面销售商要求更高的费用率,另一方面竞争使得总费用率趋降,这使得管理费不得不被侵蚀,基金公司对剩余的管理费就变得谨慎。目前大多数基金经理的收入都与业绩表现有关连,所以有公司认为不需要通过收取业绩表现费来推动基金经理。

以上这些都导致基金公司想尽量避免管理费的进一步减少,从而采取此类费率设置的动力不足。业绩表现费的出发点绝对是合理且美好的,它不仅起到激励基金经理的作用,更主要的是将基金公司的利益结合进来。

值得一提的是,Pacific Life Insurance 去年年底采用一种独特的业绩表现费设置。它规定如果该基金10年的年化收益达到8%,将收取负的业绩表现费。对此公司的说法是,好的业绩表现将吸引更多的资金流入,从而降低运营成本所占的比重,增大了给投资者返利的空间。

资料来源:www.morningstar.com

国内基金在大多数的时间里能获得较好的超额收益,市场仍是主动管理的天下。总体来看,国内基金在大多数时间里获得了正的超额收益率,表现超越了业绩基准,其中混合型基金获取超额收益的能力最好(见图1.3)。这说明,在市场有效性还不够充分的国内市场上,主动管理的基金大多数时间能够跑赢被动管理的基金,主动管理基金仍是投资者重点考虑的对象。而在有效性相对较强的美国市场中,基金的超额收益率大多为负,通过主动管理很难获得超越市场的业绩,被动管理的指数型基金在美国市场表现较好。我们的研究表明,国内基金超额收益主要来源于基金的选股能力,国内的大多数基金都具有一定的选股能力。在新兴的市场中,由于信息不对称程度高,机构投资者通过研究,能够挖掘出被错误定价的股票。

与成熟市场基金不同,国内基金普遍进行积极的股票仓位调整,并把较大比重的资金配置到债券市场和货币市场中,此举反映了基金试图通过市

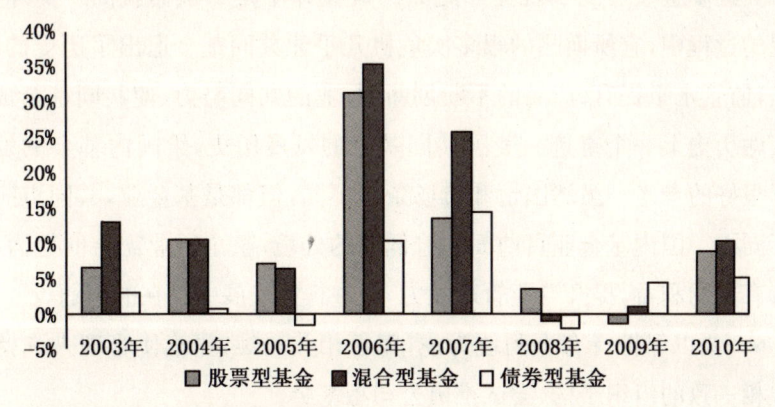

数据来源:上海证券基金评价研究中心、Wind

图1.3 国内基金在大多数时间里能获得较好的超额收益

场择时来获取超额收益。基金的业绩可以通过在股票市场、债券市场和现金头寸中的资产配置来解释。国内很多基金持有不少比重的现金头寸,一方面是基金要保持一定的流动性以应对投资者的赎回,另一方面是国内基金倾向于进行市场择时。我们基于Sharpe的资本资产定价模型,构建了一个模型来测试基金相对于不同市场的敏感性(参见"基金市场敏感度模型")。通过模型的计量,得到国内股票基金对于股票市场的敏感度为0.75,也就是说,基金业绩的75%可以通过股票市场来决定,其他部分由债券市场和货币市场来决定。相比较来说,美国股票基金相对股票市场的敏感度高达0.93,对债券市场的敏感度为0.05(Rogér Otten,2002),即美国的股票基金基本上是完全投资于股票市场,基金并不进行大类资产配置,资产配置的功能由投资者个人或投资顾问来实现。而国内的股票基金,有很大一部分投资于债券或货币市场,这反映了国内基金倾向于通过动态资产配置来进行市场择时操作。此外,国内股票型基金契约规定的投资股票的范围为60%~95%,这意味着国内股票型基金有较大的空间来进行动态资产配置,这种频繁的择时操作,加剧了市场的波动性。但是,基金的择时操作并没有获得超额的回报。我们的研究表明,国内基金总体上不具有择时能力,70%的基金通过择时获得了负的超额收益。

建议:固本培元

美国基金发展到了现在如此大的规模并不是一蹴而就的。实际上,在发展的过程中,它所面临的很多次危机几乎让共同基金退出了历史的舞台,但是,监管水平提升、产品的不断创新、行业的共同努力,使共同基金成为美国金融历史上一个奇迹。美国共同基金的发展历史,给国内基金的发展提供了很好的参考。虽然国情和市场条件不同,但都是基金业,共同点一定大于不同点。国内基金业目前面临着低迷的处境,整个行业需共同努力,维护好持有人的利益,提升专业管理能力,改进行业发展中存在的问题。

- 要以保护持有人利益为主,完善相关法规,探索使管理人和持有人利益相一致的组织结构,尝试推出公司型基金。
- 要降低基金公司的进入壁垒,大力增加基金公司的数量,促进市场竞争,改变行业的结构。

- 要培育多元化的销售渠道,提升销售专业度。打破固定管理费率,为基金公司的差异化发展创造空间。
- 要着力推进国内债券市场的发展,大力发展低风险基金,提升基金市场结构的均衡化程度,更好地满足各类投资者的资产配置需求。

基金市场敏感度模型

为了测试基金针对不同市场的敏感性,说明基金资产配置的状况,基于 Sharpe(1992) 资本资产定价模型构建如下模型:

$$R_{it}=a_i+\beta_e R_{mt}+\beta_b R_{bt}+\beta_f R_{ft}+\varepsilon_t, \text{其中}, \beta_e+\beta_b+\beta_f=1$$

R_{it} 表示基金 i 在第 t 个月的对数回报,α 是超额收益,β_e 是基金相对股票市场的敏感系数,R_{mt} 是股票市场的对数回报,β_b 是基金相对于债券市场的敏感系数,R_{bt} 是债券市场的对数回报,β_f 是基金相对于货币市场的敏感度,R_{ft} 是货币市场的对数回报,ε_t 是误差项。模型测量基金相对于不同市场的敏感度。使用标准的 OLS 回归来估计系数。如果 $\hat{\beta}_b$ 非正,或者相应的 t 统计小于 1,则去掉债券回报重新估计方程。股票市场回报使用沪深 300 指数,债券市场回报使用中债财富指数,货币市场回报使用 1 月银行拆借利率。下表显示了整个样本回归的结果。

模型回归参数

$\hat{\alpha}$	$\hat{\beta}_e$	$\hat{\beta}_b$	R^2	N	Sign test
0.006	0.75	0.006	0.968	56	0.000

注:$\hat{\beta}_e$ 的显著性水平为 0.000,表示非常显著;$\hat{\alpha}$ 的显著性水平为 0.019,表示一般显著;而 $\hat{\beta}_b$ 的显著性水平为 0.994,表示不显著。

由于基金是股票投资者,如果 $\hat{\beta}_e$ 接近 1,意味着做了他们应该做的事:投资国内的股票。实际上,国内基金的 $\hat{\beta}_e$ 为 0.75,这表明国内基金除了股票市场外,还在债券和货币市场中进行资产配置,在债券和货币市场中进行了较多的投资,表现出了较强的市场择时的倾向。而在美国市场中,股票型基金的 $\hat{\beta}_e$ 为 0.93,债券型基金的 $\hat{\beta}_b$ 为 0.05(Rogér Otten,2002),说明美国的股票型基金主要投资的是股票市场,与其投资目标相一致,并且较长进行市场择时操作。这一结论解释了国内主动管理型基金进行大幅度的仓位调整,试图进行择时操作来获取超额收益。回归结果也说明了国内基金获取了一定的超额收益。我们发现,国内基金的平均月度 $\hat{\alpha}$ 为 0.6%,说明国内基金获得了一定的超额收益(见表1)。而在美国市场上的超额收益为-0.65,说明在美国市场上,主动管理型基金的总体收益不佳,远远不能跑赢市场(Roger Otten,2002)。这主要是因为美国是一个相对成熟的市场,市场相对有效,要在这样的市场中获取超额收益是很困难的。而国内的市场有效性还不够充分,基金有可能获得超额收益,事实上也确实如此。

公司型基金:有效不完美
——基金公司内部治理结构解析

目前,在世界上,美国基金采用公司型的组织结构,英国、德国和日本等国家采用契约型的组织结构。虽然德国和日本等国家都先后依据美国1940年投资公司法引入了公司型基金的组织结构,但是经过多年的发展后,这些国家仍然是以契约型基金为主的双轨并存。从本质上来说,任何基金治理结构中投资者与管理人之间都存在着利益冲突,不过,在契约型基金的治理安排中,这种利益冲突比公司型基金更加尖锐。我国在《基金法》的修订中提出要引入公司型基金的组织结构。

- 引入公司型基金的组织结构,对于强化基金内部治理结构是有益的;
- 公司型基金只是一种外在的组织形式,组织形式的改变不会自然化解管理人与持有人的利益冲突。值得注意的是,美国的公司型基金分为传统的外部管理模式和以先锋集团为代表的内部管理模式;
- 在传统的外部管理模式下,基金董事会并不能做到真正"独立",只有在内部管理的模式下,才真正实现了持有人利益的优先。

可以尝试引入公司型基金

目前,国内基金业存在的很多深层次的问题,都需要从基金治理结构上寻找根源。契约型基金内部治理的一个关键问题是持有人利益代表缺位,并由此衍生出了一系列问题。公司型基金中的董事会解决了持有人利益代表缺位的问题(参见"契约型基金与公司型基金")。

在现有的契约型基金的结构下,由于基金持有人利益代表缺位,致使持有人无法对基金管理人进行监督。基金持有人在将其资产委托给基金管理人后,就不能直接干预基金管理人对基金资产的管理和运作,其监督制约权只能通过出席基金持有人大会来行使。由于基金持有人大会并不是一个常设机构,它只会在发生某些重大问题的时候才召开,因此,期望众多的分散的持有人对基金管理人进行监督,其效果是可想而知的。

契约型基金的特殊治理架构也限制了通过正常的制度安排来维护基金持有人的利益。基金管理人和基金持有人之间存在着潜在的利益冲突。基金管理公司并没有承担明显的风险,却得到了很大一部分收入。持有人冒险投资于基金,却只能排在基金管理公司之后获取收益。同时,一些重大事项,如基金管理费、投资组合周转率、由投资组合交易产生的手续费分配、基金销售等,基本上由基金管理公司控制。基金管理公司的收入主要依赖于所管理的资产规模,它有动机采取一切手段来扩大资产规模。

契约型基金与公司型基金

契约型基金——契约型基金的治理基础是基金持有人和基金管理人的信任委托关系,在整个基金的治理链条上,没有实行法人治理结构的基金公司,内部主要通过基金持有人大会来实施监管和治理,外部主要通过法律、托管机构、管理机构、行业自律机构和市场等来治理,总体的治理效率仍是由各个机构的效率来共同决定。

公司型基金——公司型基金的治理基础是基金持有人和基金管理人的委托代理关系,在整个基金的治理链条上,基金持有人是基金公司的股东,基金公司实行法人治理结构,内部主要通过基金公司董事会来实施监管和治理,外部主要通过法律、托管机构、管理机构、行业自律机构和市场等来治理。

可以尝试引入内部治理更为有效的公司型基金来克服契约型基金持有人缺位的根本缺陷。公司型基金由于其制度设计上存在的优势,可以在一定程度上克服契约型基金在基金持有人缺位、难以有效约束基金管理人行为等方面的缺陷。公司型的组织形式,使得董事会和独立董事作为最重要的内部治理机制上升到极端重要的地位。在组织构成、董事类型、委员会类型、薪酬制度、披露制度等各方面制定了严格章程,使得董事会制度在保护投资人利益上起到了非常重要的制衡作用。董事会的职责,一方面是对基金管理公司控制和运作基金事务的各个方面进行监督;另一方面也要批准基金管理公司向基金持有人征收费用。尽管董事会及独立董事难以根除基金管理公司的利益冲突,但很难找到更好的机制来替代,因而通过设立和加强基金董事会的功能来改善治理结构是当前的主要趋势。

不能夸大公司型基金的作用

值得注意的是,公司型基金只是一种外在的组织形式(参见"公司型基金案例"),组织形式的改变不会自然化解管理人与持有人的利益冲突。尽管早在美国1940年投资公司法案中,立法精神已非常明确"股东优先"。但是在实际的运作中,这样的精神并未得到遵守。在公司型基金传统的外部管理的模式下,董事会并不能完全做到独立,它既代表投资人的利益,又代表基金管理公司股东的利益,而这两份利益是相互冲突的。在基金投资人与基金管理公司股东之间利益的博弈中,基金董事会最终会偏向管理公司股东。

公司型基金案例:特威迪布朗基金

为了解释公司型基金在组织结构及其与服务商关系方面的各种特点,我们选取了特威迪布朗基金(TBF)作为一个典型的案例。

这是一家注册在马里兰的开放式基金公司,在招股说明书上清晰地说明了公司和其服务商之间的合作关系。公司提供两种多元化的投资组合方式:全球价值基金(GVF)和美国价值基金(AVF)。这两只基金均依照国内税收法第M章节(subchapter M)设立,并享有免除联邦所得税和消费税的特殊待遇。董事会监督公司整体运作,股东根据持股比例拥有公司决策权。但是公司并不在每年举行例行的股东大会,而是在需要选举、改选公司董事或修改重大投资决策的时候召开特别会议。

该公司雇佣外部管理公司(注册投资咨询顾问)特威迪布朗(Tweedy Browne)来负责提供基金的投资咨询服务。基金日常运作和投资活动则主要依据董事会决策、法律规范、并需要符合两只基金各自预先制定的投资目标、投资策略和投资限制等规定。两只基金各自的投资组合实际上由对公司负有无限责任的主要合伙人掌管,并做出具体的投资决策。基金会以年度报告的形式,将全年的投资方式、投资决策和收益表现情况传达给股东。每日净资产的1.25%将作为投资顾问费用支付给特威迪布朗。

每只基金还应分别承担以下费用:
- 法律咨询、会计和审计费用
- 托管费、代理转让费和红利分配服务费
- 独立董事费用
- 忠诚保险和责任保险保费
- 利息支出、佣金和其他交易费用
- 税款
- 股东服务费用
- 法律诉讼费
- 特殊及非经常性支出

第一数据股东服务公司(FDSSG)作为基金运营商提供基金的管理服务,并收取每日资产净值0.09%的管理费用。第一数据股东服务公司同时也负责基金的代理转让服务、股东服务和红利分配服务。波士顿安全存款信托投资公司(BSDTC)是基金的托管方。特威迪布朗本身作为交易经纪人,是基金的主承销商。

资料来源:John A. Haslem(2003). Mutual funds: risk and performance analysis for decision making. Blackwell

基金董事会偏向管理公司股东的根源是在传统外部管理模式下,基金被外部管理公司所控制。在传统的外部管理模式下,基金只不过是公司的外表,它唯一的角色是成为投资证券组合的合法所有者,一只基金通常只在名义上存在。虽然基金的持有人是它的最大所有者,但由于所有权不断地在数以千计的投资者之间流通,这些所有者不可能对基金进行控制。每一只基金都会与外部管理公司签约,基金往往被外部管理公司控制。因此,通常是由外部管理公司来建立基金,选择基金经理,提供必需的服务。作为回报,基金每年付给管理公司一定的费用。管理公司的所有权有时属于一到两个人,有时属于一群合伙人,甚至可能是外部公众股持有者,管理公司采用各种方法来激励基金经理(参见"美国基金公司如何激励与考核基金经理")。

美国基金公司如何激励与考核基金经理

基金经理以百万计的薪酬和居高不下的离职率一直是公募基金业内最吸引眼球的话题。每一次基金经理的离职都会给基金业绩与公司运营带来一定的冲击。对投资者而言，自己持有的基金频繁走马换将，也无疑是最坏的消息。在美国共同基金业，不论持基计划还是股权激励都是被广泛采用的基金经理激励手段。证券交易委员会（SEC）从2004年开始，对基金包括基金经理考核方式与薪酬构成采取严格的信息披露制度。

太平洋投资管理公司

太平洋投资管理公司（PIMCO）的基金经理激励措施与薪酬制度在美国业内并非得到广泛认可。其年终奖直接挂钩于公司的盈利，并采取延期支付的方式来提高基金经理保有率。而且公司奖金池的规模与基金经理管理资产的规模与性质密切相关。这就意味着基金经理一直会怀有扩大基金规模的冲动，为公司赢得持续增长的管理费。而基金规模的过度膨胀可能阻碍基金未来业绩增长，损害持有人的长期利益。当然，PIMCO基金经理的薪酬也部分决定于基金业绩，其业绩考核期间包括一年、两年、三年的相对回报率，并未将五年及五年以上的业绩计入考核范围。总体来说，PIMCO的薪酬制度过多地将基金经理利益和公司利益与基金短期业绩结合起来，长远来看可能影响持有人利益。

先锋基金

先锋基金（Vanguard）的基金经理业绩考核模式有点与众不同。每只先锋基金的资产都被分成几块，由不同的基金经理分别管理，他们的年终奖计算取决于自己管理部分资产的当年相对业绩，业绩比较基准统一采用标普500指数。比较残酷的是，在基金经理当年业绩低于标普500的情况下，不但没有年终奖，而且还将影响接下来两年的年终奖金额。因为先锋规定，每年计算的年终奖分三年发放，50％在当年发放，33％在次年发放，剩下17％延至第三年发放。同时，每个基金经理享受股权激励，公司按季支付股息。先锋基金业绩考核期限较为短期化，是把双刃剑，虽然对基金经理起到较强的鞭策作用，但其长期投资策略可能得不到贯彻执行，使其具有更强的动力频繁交易，或冒更大的风险获取短期超额收益，这往往会牺牲长期投资者的利益。

富兰克林·坦伯顿

富兰克林·坦伯顿（Franklin Templeton）基金公司基金经理薪酬与考核体系考虑较为全面与平衡。基金经理年终奖的决定因素除了基金业绩的定量指标外，还包括荐股价值、团队协作、管理基金/专户资产的复杂程度等定性指标。业绩考核包括了一年、三年及五年期的相对于比较基准的单期收益率。年终奖分为三部分以不同形式发放：50％～60％的现金，17.5％～25％的股权激励，以及17.5％～25％的基金份额，其中股权部分分摊在数年内入账。这种现金与长期激励相结合的薪酬结构，既能即时奖励基金经理当期的优秀业绩，又能将其与持有人长期利益有效绑定，促使基金经理将精力集中在投资组合构建的核心工作上，避免过度关注市场中的交易性机会，以追求短期超额收益，使持有人承担额外风险。除上述薪酬激励外，富兰克林·坦伯顿基金公司还为基金经理提供额外的、基于长期的股权与基金份额激励计划，这些计划的实施与公司盈利直接挂钩，旨在进一步提高基金经理的留职率与业绩水平。

资料来源：www.morningstar.com

有多种原因导致了董事会的监督作用不尽如人意，其中之一是董事会独立性不够。尽管美国证监会规定共同基金的董事会成员中要有较大比例的独立董事，但是董事会主席和基金管理公司的CEO往往还是同一个人，通常副董事也是公司的全职职员，由公司付给报酬。非独立董事会主席要同时对基金股东和基金管理公司的股东负责，职责的双重性经常会产生冲突。比如，提高基金收费会增加基金管理公司的收益，但却损害了基金股东的利益；让基金规模不断膨胀而导致基金的业绩下降有利于基金管理公司，但却损害了基金股东的利益。按惯例，大多数"独立"董事首先是由管理者推选出来的。可以想像，这样的做法怎么可能保证董事的独立性，怎么可能保证董事们完成他们的使命呢？巴菲特曾说："我想独立董事完全不是独立的，《1940年投资公司法案》设立了独立董事的职位，并将其定义为所有投资者的'看门人'。从1940年以来，独立董事的行为总体上来说就是附属于管理人员的橡皮图章，而不论管理的好坏、有益或是无效，更没有什么关于基金管理费用减让之类的谈判。"如果有一个只对基金股东负责的董事会主席，则很多问题都可以避免。2004年7月美国证监会曾通过了一条规定，要求所有基金在2006年1月之前必须拥有独立的董事会主席，但是因为部分代表商业利益团体的诉讼使得该进程暂时停止。

由于基金董事会很难完全代表投资人的利益，在基金管理公司做规模的思路下，其运作是以扩大基金管理资产规模为出发点，而不是从投资人的利益出发。在传统的外部管理模式下，管理公司会竭尽全力地扩大资产规模，以使自己的利润最大化。管理公司会将注意力集中在发展新产品上，虽然这些新产品很少具有鲜明的投资特征，设计这样的基金只是为了吸引投资公众,以扩大基金的规模,从而为发起人提供更多的费用和利润。当管理公司的一个重要的目标是扩大资产规模时,不管新基金的长期价值如何,它都不会阻止创建有市场需求的基金。然而,通常一种投资产品出售的最佳时机就是投资的最差时机,基金持有人会为此付出代价;此外,这些公司推崇市场营销,过分的市场营销不仅是误导,还会对基金持有人的投资收益产生负面影响。在美国,基金的营销费用是由投资人用12(b)-1费来支付的。市场营销的代价是昂贵的,但成本最终由基金持有人来承担。

内部管理模式是变革的方向

与大部分上市的基金公司或者私人拥有的外部管理公司不同,美国先锋集团(Vanguard Group)是持有人所有,先锋反过来又为基金持有人提供投资管理服务。这种独特的组织结构使其只用考虑投资者的利益,将基金利益与投资者利益紧密地连接在一起。先锋集团对内部管理模式的探索成了基金业内部管理的行业标杆,在国内引入公司型基金组织结构的过程中,借鉴这种内部管理的模式,持有人利益才能真正得到保护。

在实行内部管理模式的基金中,基金拥有和控制自己的管理公司。这类基金是由它的股东所拥有和控制的,经营的目的只有一个,就是为了股东的利益。就像一个"标准"的公司,雇佣自己的管理人员和员工一样,自己管理自己的事务。但是为了管理上的便利,它通过一个100%由基金公司拥有和控制的独立的管理公司来对基金进行管理。管理公司和基金公司的管理人员、董事,包括独立董事都是相同的。这种结构意味着基金董事提供指导和监督,不只为他们自己的基金管理负责,而且为整个基金"群体"的运作负责。在这种结构中,只有一个真正必须为之服务的主人,那就是基金持有人。

这种实施内部管理模式的基金,目标是为自己的基金持有人赢得尽可能高的收益。内部管理模式的单目标(提高基金股东的收益)和外部管理模式的双目标(提高基金股东的收益与管理公司股东的收益)之间有很大的区别,这种结构能保证最终的利润回到基金持有人手中。先锋集团在维护投资者利益方面不遗余力,例如始终不渝地保持低费率。据统计,先锋旗下股票基金的平均营运费率约为0.27%,远远低于其他基金公司的水平。因此,先锋公司所创造的利润就由基金的股东所分享,对基金的持有人来说,实际上支付的成本很低。

实施内部管理模式的基金,只会采取能完全满足基金持有人利益的运作策略,而没有其他的选择。先锋集团运作的目标是给投资者提供更高的投资收益、更合理的价格、高质量的服务和合理的产品。在产品开放方面,先锋集团不加入新产品的竞争,不需要去吸引大量的资金,其任务不是去开发新的流行产品,因为那样不会提高基金持有人的收益。先锋集团是以是否有投资价值而不是营销的热点为依据建立基金,没有获取更多市场份额的压力。先锋集团采取相当保守的营销策略,因为基金持有人和基金管理者在成本问题上站在一起,拒绝采用对基金持有人毫无益处的高成本的促销办法。

基金业竞争:大幕已开启
——中国基金行业竞争扫描

相比于成熟市场,中国基金业的历史还很短,在行业发展的周期中,刚刚度过了萌芽期,处于行业成长的初期,基金之间的竞争也刚刚开始。在这样的一个阶段,作为新兴市场的中国基金业的竞争态势,既表现出了与成熟市场相似的方面,也呈现出了新兴市场独有的特征。

- 从竞争阶段来看,中国公募基金实质性的竞争刚刚开始,可以把2010年看作是中国基金竞争的元年;
- 从投资特征来看,在这一不充分竞争的市场上,与成熟市场不同,投资者并未表现出对老基金的偏好,也并不特别重视长期经营业绩好的基金;
- 在竞争策略方面,虽然基金同质化的问题依然严重,但基金产品逐渐呈现出差异化竞争的态势;在收取固定管理费率的条件下,基金公司低成本竞争策略的出现还尚待时日。

竞争态势逐步形成

在过去 10 年里,随着中国经济实力的增长及老百姓投资理财意识的增强,中国公募基金逐渐步入公众的视野。目前,60 多家基金公司管理着近 900 只各种类型的证券投资基金,基金市场竞争的格局逐步形成。

经过多年的发展,公募基金逐步从萌芽阶段向成长阶段过渡,基金公司之间也开始了实质性的竞争。在第一只开放式基金推出后,可以说中国基金业的发展经历了三个阶段。第一阶段是从 2002 年到 2006 年的萌芽期,这一阶段整个行业的主要任务是启蒙投资者的理财意识。在这一阶段,资金从社会流入整个行业,资金流出的基金公司所占比重非常小,大约为 20% 左右,基金公司之间的竞争并不激烈(见图 1.4)。第二阶段从 2007 年开始,中国基金业进入了成长期,这一阶段整个行业的主要任务是规模扩张。2007～2009 年,基金业经历了大牛市和全球金融风暴这些重大的事件。2007 年,所有的基金公司都获得了资金流入,基金公司之间毫无竞争可言。相反,投资者购买基金甚至要通过抽签的方式来进行,资金源源不断地从银行流入基金业。到了 2009 年,随着股市的 V 形反转,由于基金净值在金融风暴中大幅缩水,饱受煎熬的基金持有人选择了赎回,退出基金投资,当年 65% 的基金公司呈现资金流出,资金重新回流到银行。第三阶段从 2010 年开始,这是成长过程中的另一阶段,这一阶段基金公司的主要任务是面对日渐激烈的竞争。在市场逐步复苏后,基金公司之间实质性的竞争真正开始,

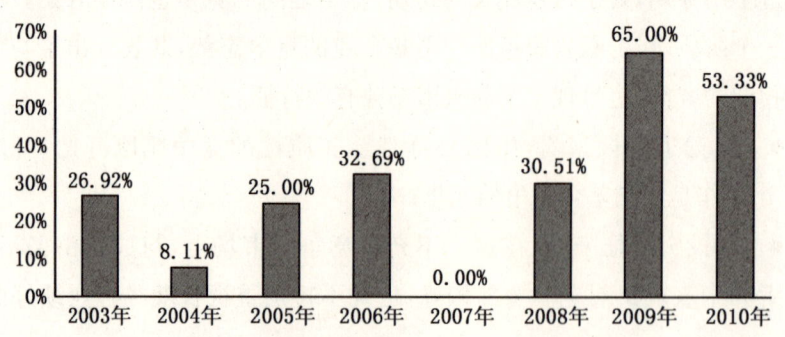

数据来源:上海证券基金评价研究中心、Wind

图 1.4　历年呈现资金流出的基金公司所占比重

可以把2010年看作是中国基金业竞争的元年。在这一年,差不多50%的基金公司呈现出资金流出,而这些资金更多的是进入了其他的基金公司,这表明基金公司之间的竞争加剧。在高度竞争的美国市场上,十多年来,每年呈现资金流出的基金公司所占比重约为45%,表现出在存量资金之间竞争的特征。为了留住和吸引投资者,国内基金管理公司从战略、产品到营销和服务各方面,对存量资金展开了激烈的争夺,拉开了基金竞争的序幕。

基金业面临的发展瓶颈及资产管理行业各种产品数量的增多,必然导致竞争的逐步加剧。中国基金管理的资产规模经历了从小幅增长到爆发式增长,再到面临增长瓶颈的过程。基金管理的份额从2002年的513亿份逐年增加到2006年的5 410亿份。在2007年,随着一轮大牛市的展开,基金呈现出了爆发式的增长,良好的赚钱效应吸引了广大的老百姓入市。似乎在一夜之间,投资者的理财意识全面觉醒,在此背景下,基金业实现了超常规的发展,管理的基金份额达到了2.2万亿份,资产规模超过了3万亿元(见图1.5)。但是,随后的3年,基金管理的资产规模再也没有突破"3万亿元"这一瓶颈,基金公司在存量资产间的竞争逐步加剧。另一方面,基金的数量一直在不断地增长,到2011年底超过了900只,8年时间完成了美国市场40年走过的路程。此外,公募基金也要面对其他投资产品和服务的竞争。除了公募基金,投资者也可以选择银行、保险、券商资管、私募的投资产品,或者直接持有股票、债券和其他的投资产品。基金行业资产规模徘徊不前、基

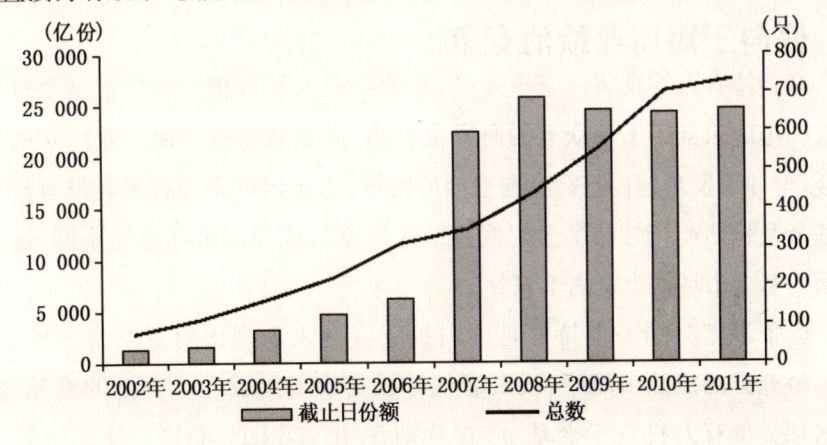

数据来源:上海证券基金评价研究中心、Wind

图1.5 基金份额的增长面临瓶颈

金份额出现下降的现象,这是商业银行和私募基金等产品挤压基金行业的业务空间,与基金行业争取客户和资产的结果。商业银行利用自身的客户资源优势和渠道优势,其理财产品出现了爆发式的增长。私募基金所管理的资产规模虽然还无法与公募基金相比,但其增长的速度到了令人吃惊的地步。券商资管业务的发展势头也十分迅猛。

虽然整体上市场相对稳定,但是同等规模基金公司之间竞争激烈。在过去的8年中,行业市场集中度保持稳定,仅受到2007年爆发式增长的冲击。在2007年以前,前五大基金管理公司的市场份额在45%左右,前十大管理公司所占的市场份额在60%左右;在2007年基金市场爆发式的增长中,小规模的基金公司获得了发展的机会,使基金行业的生态有了一定的改变。2007~2010年,前五大基金管理公司所占规模从2006年前的45%左右下降到了2007年以后的33%左右,市场份额下降了10%左右;中等规模的基金管理公司(第6~10名)所占的份额变化不大,在2007年前后都维持在18%左右。目前,国内基金的市场结构已非常接近美国市场上前五大管理公司占35%、前十大公司占48%的市场结构。虽然总体上来说市场保持了相对的稳定性,但是同等规模基金之间的竞争比较激烈。从2003年到2010年,十大基金管理公司已有4家发生了变化,每一年度十大管理公司之间的排名都有不小的调整。

偏向于短期业绩的竞争

基金持有人特别关注基金业绩,有的持有人甚至把业绩作为基金投资的唯一考虑因素。国外众多的研究也表明,大多数新资金流入业绩好的老基金,但并没发现国内基金存在这样的特征,即国内的基金投资者没有投资老基金及长期业绩好的基金的偏好。这一点与成熟的市场截然不同,这表明国内基金市场的竞争尚不充分。

竞争不充分的一个特征是国内投资者并未表现出对老基金的偏好。在竞争充分的成熟市场中,投资者偏好已在市场上证明了自己的老基金,美国基金持有人投资于老基金(存续期在10年以上)的资产比重维持在80%左右。在我国市场中,投资于老基金(统计时存续期超过3年)的资产的比重从2004年的14%上升到2010年的56%(见图1.6)。这一方面是因为我国每年基金的数量在大幅增加,另一方面也说明国内基金投资者对老基金没有特别的偏好,投资者通常是赎回老基金去购买新基金。这可能是因为老基金的历史业绩并不具有吸引力,这是市场竞争不充分的表现。随着市场的不断成熟和竞争的加剧,相信投资于老基金的资产的比重会逐年上升。

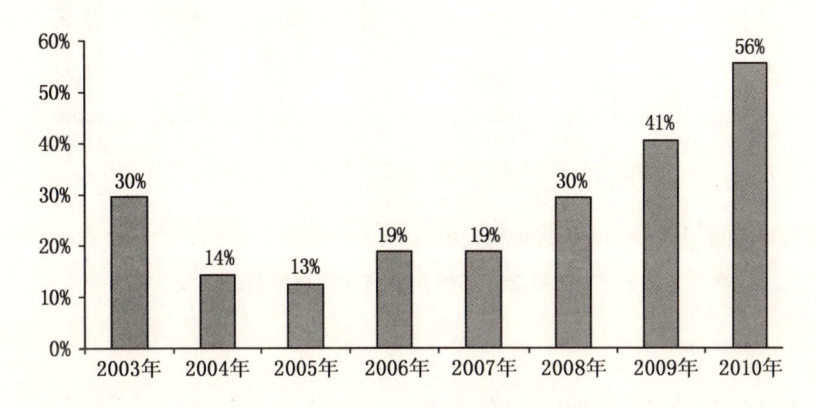

数据来源:上海证券基金评价研究中心、Wind

图1.6 投资者并不特别偏爱老基金

投资者也并不特别重视长期经营业绩好的基金,这也是市场竞争不充分的表现。在成熟的市场中,资金流向了那些长期业绩排名靠前的基金。美国的投资者在选择基金时,逐步偏向具有长期良好投资记录的基金。近年来,美国排名前25%的基金管理着46%的资产,排名前50%的基金管理着77%的资产。我国的投资者并不特别偏好长期业绩好的基金,而是根据基金的短期业绩来进行投资决策。在2010年,排名前25%的老基金(统计时存续期超过3年)管理着24%的资产,排名前50%的基金管理着约44%的资产(见图1.7)。这一方面是因为基金的业绩持续性较差,长期的业绩对投资决策没有指导性,基金公司在营销中强化基金的短期业绩;另一方面也说明我国基金发展的历史还短,基金还处在树立品牌的阶段,真正在竞争中脱颖而出的基金公司还不多。可以预期,随着竞争的逐步加剧,基金公司会逐步分化,将会通过各种措施来打造核心竞争力,满足投资者多元化的投资需求,未来投向业绩良好的老基金的资产比重会逐步上升。

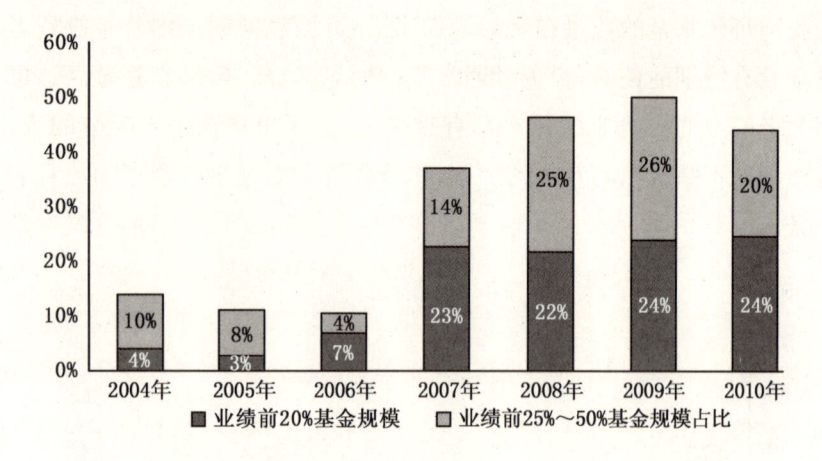

数据来源：上海证券基金评价研究中心、Wind

图 1.7　投资者并不特别偏好业绩良好的老基金

差异化竞争策略开始出现

竞争的压力驱使基金进行产品创新，提供更好的服务。在产品创新方面，国内基金基本上复制了国外大多数的基金类型；在服务方面，加强投资咨询服务是未来基金直销竞争的重点。

虽然同质化的问题依然严重，但基金公司的竞争策略和基金产品逐渐呈现出了差异化竞争的态势。目前，虽然基金公司总体上仍是努力进行全方位产品线的布局，但是，随着竞争的加剧，一些基金公司开始专注于基金产品的发展，走差异化竞争的道路。在实践中，虽然万家的被动管理型基金和金元比联的保本基金不能算成功，但是也有一些公司在产品的差异化方面进行了探索，例如东吴基金的新兴产业基金、国投瑞银的分级基金（参见"基金公司的差异化策略"）。同时，从基金品种来看，国内基金从2001年开始，逐渐推出了开放式基金、债券基金、保本基金、指数基金、系列基金、货币市场基金、上市开放式基金（LOF）、交易型开放式指数基金（ETF）、中短期债券基金、分级基金等产品。虽然基金同质化的现象暂时还难以得到大的改观，但在竞争中，基金公司也在产品设计中加入了一些差异化特征。以指数基金为例，嘉实、鹏华、建信等沪深300指数基金均可在二级市场交易。在沪深300指数基金中，华夏、易方达、银华等在费率的设计上存在一定的优势,国投瑞银第一个推出了瑞和沪深300指数分级基金。此外,为了提高竞争力,部分基金公司也推出了更多跟踪不同指数的基金,例如汇添富上证综合指数、工银上证央企50指数等基金。这些差异化的产品,满足了投资者多元化的需求。

在基金直销的过程中,基金竞争的趋势是提供专业化的顾问服务。当前,基金公司的直销服务主要是通过维护精致的网站、提供一定的信息和为特定的群体提供定制服务来展开竞争。在不久的将来,能否为客户提供高质量的顾问服务是基金公司直销竞争的关键。基金投资是一项专业化的工作,专业的基金投资咨询对于投资者十分重要。随着基金销售渠道的多元化,基金直销可以通过强化专业服务得到拓展。

基金公司的差异化策略

东吴:聚焦新兴产业

东吴基金公司定位于新兴成长行业的投资精品店。该公司已初步形成了成长性和新兴产业领域投资的先发优势。较早洞察到国内经济转型的趋势,把握代表未来产业发展的方向,期望将新兴产业投资打造成东吴基金的投研品牌。以成长性作为投资的重点来进行产品布局,已经初步形成新兴产业的一条线,有"东吴新经济"、"东吴新创业"、"东吴新兴产业指数基金"、"东吴精选新产业"等基金。

富国:打造债券投资的优势

富国基金致力于打造"基金精品店",不但在主动管理的股票型基金和量化投资方面具有良好业绩,而且在债券投资方面具有较强的竞争优势。在债券投资方面的管理能力已得到了投资人,尤其是机构投资者的普遍认可和追捧。该公司引领着债基创新的方向,推出了国内首只封闭式债券基金、首只封闭式分级债券基金、可转债基金和首只全球债券基金。在债券投资领域不仅拥有目前国内最丰富的基金产品线,还拥有一个全能型的债券投资团队。形成了以富国天丰为代表、以个券研究为基础的自下而上高收益信用债的投资风格,以及以富国天利为代表、以宏观研究为指导自上而下灵活配置的风格。

国投瑞银:以创新创造差异化的竞争优势

以创新作为竞争的驱动力,向市场提供差异化的产品。作为中小型的基金公司,其盈利模式、品牌渠道、谈判能力都居于劣势地位,国投瑞银把"创新"作为谋求弯道超越的策略,在一些业务模式上进行创新,以满足市场的差异化的需求。公司先后推出了业内第一只分级基金,首只分级指数基金,并开发一系列产业链指数产品,包括中证上游资源产业指数、中证中游制造产业指数、中证下游消费与服务产业指数。这些创新型的产品,带来了市场的广泛关注,树立了良好的品牌形象。

成本领先竞争策略尚待开启

由于国内市场的波动较大,成本对国内基金业绩的影响不是很大,因此长期以来国内投资者对基金成本的关注度不是很高。但是随着竞争的逐步加剧,成本逐渐成为投资者考虑的一个重要因素,成本领先竞争策略也必将成为基金公司未来的竞争策略之一,国外基金在管理费率方面的低成本竞争策略会是国内基金未来发展的方向。

国内基金成本近年来保持相对稳定,基金公司暂未以成本领先作为竞争策略。在海外成熟的市场,基金业的激烈竞争导致基金费用显著下降(参见"美国基金'成本战'如何实现")。美国投资公司协会(ICI)研究发现,从1980年至今,美国共同基金的费用有显著下降的趋势。1980年,股票型基金的投资者平均支付基金资产的2.32%,到2000年费用率下降到1.28%,而到了2007年底,这个数字缩减为1980年的一半多,下降到了1.02%,近几年基本上维持在这一水平。在国内,基金成本分为一次性的申赎费用和日常的运作费用。虽然一次性收取的申购费和赎回费近年来有了不同程度的折扣,但是基金运作费用近年来基本保持稳定。在2007年,股票型、偏股型基金的平均运作费率达到3.87%,此后在2008年下降到2.78%,在2009年,运作费率又稍微回升到2.85%,2010年维持类似的水平。值得注意的是,在运作费中,管理费和交易费占了近90%。目前我国基金管理费按照1.5%的固定费率收取,而交易费率由于基金的高换手率也一直保持在1.2%左右的水平。

美国基金"成本战"如何实现

在基金投资上,费用直接影响投资者收益。在基金发展历史较长的成熟市场,基金数目尤其繁多,就美国而言,约有开放式基金7 600多只,共计近2万个收费级别。面对强大的同行竞争,成本优势已经成为基金吸引投资者的一个重要因素。海外基金究竟是如何寻找平衡点,借助成本优势来吸引投资者的呢?以下对美国开放式基金常见的费率结构作一个简单的剖析。

基金费用对投资者来说可分成两部分:一部分是股东费用(shareholder fees),从基金持有人账户中直接扣除,对投资者来说显而易见的,包括前端或后端申购费、赎回费、转换费以及账户管理费等;另一部分为基金的年度运营费用(annual operation expenses),每年从基金资产中扣除,由于并非直接发生在基金持有人的账户上,对投资者来说具有相对的间接性和隐蔽性,很多投资者并未意识到自己还承担着这部分费用。然而直接作为投资价值代表的基金净值是扣除了费用后所得的,基金的运营费用对投资者来说不容忽视。美国证券交易委员会(SEC)要求披露的每年运营费用包括管理费、12(b)-1费、其他费用以及总费用比率(total net ratio, TER)。

其中,12(b)-1费根据SEC从1980年开始采用的12(b)-1规则而得名,其名称对中国投资者来说可能比较陌生,其实它相当于大家所熟悉的销售服务费,主要用作宣传分销和投资者服务。SEC允许基金从基金资产中计提这项费用,但前提是基金公司要参与12(b)-1计划并受其制约。该费用包括两部分:(1)分销费用(distribution fees),用作广告费、宣传品和各类报告印刷等,上限不超过0.75%;(2)股东服务费(shareholder service fees),主要用于投资者咨询、基金销售热线等费用,按规定不超过0.25%。因此,12(b)-1总费用不可超过基金资产的1%。其他费用包括托管费、法律咨询费、会计费用、行政费用、注册登记费以及不参与12(b)-1计划的股东服务费等。总费用比率则表示基金全部年度运营费用的总和占基金总资产的比例。

但是在美国,很多情况下总费用比率并不代表基金持有人实际所要承担的费用。基金费用实际上是基于收费级别(share class)而发生的,即使同一只基金,对应其不同的级别所引致的费用也可能不同,不仅反映在申购赎回费上,而且在对基金年度运营费用的分摊上也会有所差异。针对不同的收费级别,不少基金通过和基金管理公司、托管银行、行政管理部门、注册登记部门甚至基金经销商的沟通协调,或者是口头协议,或者是合约签署,可以获得一定程度上的费用降低,从而产生净费用比率(net expense ratio),这才是基金持有人实际承担的运营费用。一般采取的形式有费用豁免(waiver)、费用返还(reimbursement)以及费用上限(ratio cap),涉及的范围包括管理费、12(b)-1费、行政费、托管费等多项费用。

比如,Forward Legato Fund的管理公司以签约方式同意对该基金的机构级别(institutional class)实行费用上限保护,一旦总费用比率超出1.25%,管理公司即对超额部分给予减免。再比如,为了减少基金持有人的运营费用负担,Usaa Life Income Fund不仅取得托管银行和部分经销机构的佣金返还,而且同时USAA人寿保险公司还自愿对该基金采取总费用上限保护，一旦总费用比率超过 0.65%，公司将返回超额部分。由于这些减免或返还，基金费用的下降幅度平均达到了 17%，最高者如 Morgan Stanley Multi-Asset D 甚至达到 100%。当然，除了那些具备合约规定减免到期日的条款外，不少费用减免只来自各个管理机构的口头协议，是没有承诺期限的，因此有可能会随时终止。目前 SEC 只允许基金在其费率表附注中对此予以披露。

借助各管理机构的联手支持，基金持有人由此从年度运营费用的减免中获益。另外，在申购赎回费上也存在着同样的成本优势竞争。除了不同等级的前端或后端申购费外，美国基金还流行着一种不含申购费的基金级别，对关注费用成本的投资者更加具有吸引力。这类基金不收取前端或后端申购费，甚至不收取任何赎回费用。虽然 SEC 对此类基金没有作出明确的定义，但是全美证券交易商协会(NASD)提出了明确要求，只有那些同时具备 12(b)-1 费不超过基金每年平均净资产 0.25% 条件的基金，才可称作"无销售费基金"(no-load fund)。

资料来源：www.morningstar.com

与成熟市场类似，因为低成本的基金受到了投资者的追捧。在成熟市场，持有人主要投资于低于平均运作费率的基金。自从 2003 年以来，美国大约 90% 的净的"新资金"流进了运作费率低于平均值的基金；在主动管理型基金和被动管理型基金中，流向低成本运作的基金的比重都在 85% 左右。在国内，低成本的基金也受到了投资者的追捧。在 2009 年，80% 的资产投向了低于平均成本的基金（见图 1.8），在主动管理型基金中，投资于低于运作费率均值的基金的资产占 79%，在被动管理型基金中，投资于低于运作费率均值的基金的资产占 54%（见图 1.9）。这说明，随着竞争的逐步加剧，成本较低的基金获得了市场的追捧。以成本领先作为竞争策略将是大多数基金公司未来的选择。

总的来说，随着基金公司和基金数量的增多，基金之间的竞争日渐加剧，同时，来自其他资产管理产品和服务的分流，使得这种竞争的态势更趋剧烈。在这个动态的市场中，基金公司通过差异化的竞争策略来向投资者提供服务，在未来也必将通过竞争性的费率，采取成本领先的竞争策略。面对业绩、产品及服务和成本的压力，基金公司面对市场的激励机制，努力在竞争中胜出。

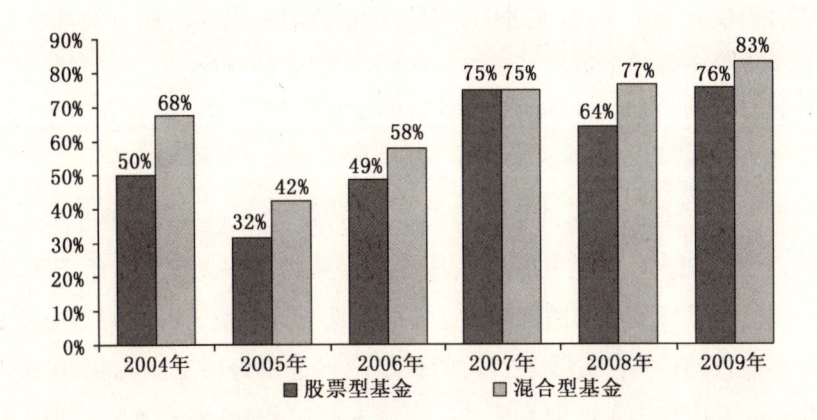

数据来源：上海证券基金评价研究中心、Wind

图 1.8 低于平均运作费率基金资产所占比重

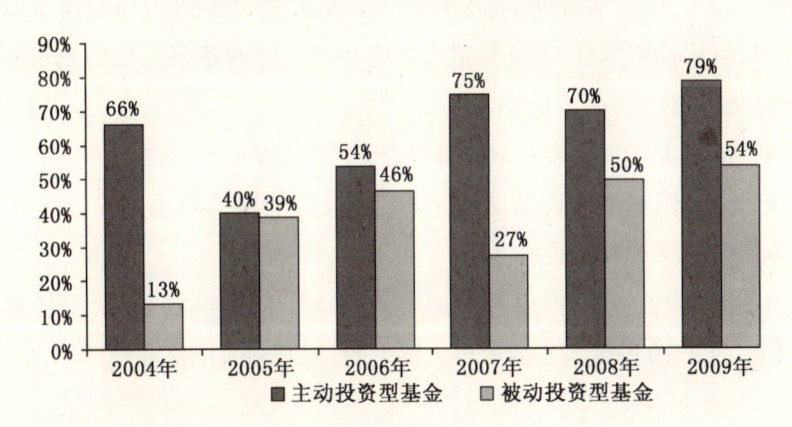

数据来源：上海证券基金评价研究中心、Wind。

图 1.9 低于平均运作费率股票基金资产的比重

第三方销售：任重而道远
——基金销售渠道多元化探讨

美国基金销售体系，根据投资者需求的不同，设计了分别针对机构投资者和个人投资者的渠道。针对机构投资者的渠道包括基金公司直接向机构投资者提供基金买卖,或通过中介向机构投资者提供自己旗下的基金产品。针对个人投资者的渠道包括直销、提供咨询服务的机构、雇主发起的退休金计划和基金超市等。这些渠道有针对性地满足了不同人群对基金交易的需求。

2010年统计的国内基金销售渠道,银行销售占60%,券商占9%,基金公司直销占31%。与前几年相比,虽然银行渠道所占的比重有所下降,但是银行仍然主导了基金的销售。在这样的局面下,基金公司,特别是小基金公司在与银行的谈判中处于弱势。管理层把促进销售渠道多元化、促进专业销售顾问发展作为基金业发展的一项重要的工作,并稳步推进这项工作的展开。在新的《证券投资基金销售管理办法》开始实施后,基金第三方销售牌照已放开。虽然从短期来看,银行主导基金销售渠道的局面还难以有大的改观,但从长期来看,第三方销售机构必定会在构建多元化的销售渠道中扮演重要角色。

● 第三方销售吻合基金销售专业化的特征;
● 从美国基金销售发展的进程来看,第三方销售也逐步走上历史舞台,并最终扮演了重要的角色;
● 国内第三方销售机构发展的条件逐步成熟,第三方销售已蓄势待发,不过,第三方基金销售要取得大的突破,还有很长的路要走。

专业服务符合基金销售的特征

基金投资是一项知识密集型的行为,涉及大量关于基金的专业知识和技巧,普通投资者很难掌握足够的知识和技巧来进行理性投资。因此,专业的基金投资咨询对于投资者决策十分必要。第三方基金销售不只是一种销售渠道,更是为投资者提供专业理财顾问服务的平台。根据ICI(美国全国投资公司协会)的统计,美国80%以上的基金投资者在做出买卖决策时会使用专业投资咨询服务,其中,50%的基金投资者只通过提供专业投资咨询的第三方销售机构买卖基金。

广泛的服务

在美国,除了帮助投资者选择购买基金,专业的理财顾问也为投资者提供一系列的理财服务。在接受理财咨询的投资者中,有2/3的人从理财顾问那里享受到了至少5种不同的服务。这些服务可以简单地归纳为两大类——投资咨询和理财规划。投资咨询包括投资组合分析以及对资产配置的具体投资建议;理财规划包括理财计划制定、讨论如何获取养老金的最优资产配置等。

在投资咨询方面,投资者定期从理财顾问那里了解投资组合的状况及投资建议。在那些接受理财顾问的投资者中,超过八成投资者定期收到投资组合的分析和投资建议,六成投资者的理财顾问帮助他们配置退休计划中的资产(见表1.3)。在得到投资建议后,其中一部分投资者也会做一些独立的研究来验证投资建议的准确性。在投资决策中占据主导地位的投资者,则更多地在接受理财顾问的推荐前已执行了自己的投资方案。

表1.3　　　　　投资者从理财顾问处接受到不同的服务　　　　　单位:%

服务种类	投资者从理财顾问处接受到不同的服务	
投资咨询	定期投资组合评述和投资建议	85
	私人养老金计划资产配置	61
理财规划	定期交流理财目标	83
	计划达到特定目标,如养老金储蓄及支付大学费用	75
	综合理财计划	75
	退休金管理	60
	咨询专家,如避税计划	51
接受服务数量	1至2项	14
	3至4项	23
	5项及以上	63

数据来源:ICI,Why Do Mutual Fund Investors Use Professional Financial Advisers? 2006

在理财规划方面,理财顾问帮助投资者达到已制定的理财目标。在接受理财咨询的投资者中,超过80%的人会定期与理财顾问交流理财目标(见表1.3),有3/4的人从他们的咨询顾问那得到了理财规划制定的帮助;同时,六成的投资者在如何管理退休金的问题上得到专业建议。此外,大约有半数的投资者表示他们有机会通过理财顾问接触到避税规划和其他方面的专家。

谁是客户

通过理财顾问投资基金的投资者覆盖了各种类型。在美国不同年龄段、教育背景及资产规模的投资者中,有超过 3/4 的人选择专业理财顾问购买除固定缴款计划外的基金。在这些人当中,又有一些投资者群体更偏好与理财顾问合作,例如:不习惯从网上获取投资信息的投资者,选择理财顾问的数量两倍于从网上得到投资信息的投资者。同时,老年投资者、家庭资产超过 25 万美元的投资者以及掌管家庭投资决策的女性投资者,都偏好接受理财顾问的服务。

不过,那些自立性强的投资者不接受理财顾问的服务。在固定缴款计划之外,有小部分投资者偏向于独立投资(ICI 官方数据为 14%)。这些独立投资者通常很自立,大部分人自己管理其投资组合,他们能快捷地得到所需的投资信息。同时,相当大比例的人对自己的投资决策有十足的把握(见表 1.4)。

表 1.4　　　　　　　美国投资者不选择专业理财顾问的原因

具体方面	所有不选择理财顾问的投资者(%)	<45 岁	45~59 岁	≥60 岁
独立投资	66	57	61	82
已得到全部所需的投资信息	64	63	55	75
对自己投资有把握	56	52	49	69
享受独立投资过程	44	43	36	53
觉得咨询费太贵	36	37	41	31
认为理财顾问把个人偏好放在顾客之前	34	27	41	31
不信任理财顾问	21	13	30	18
还没有足够的资金	19	17	21	19
从朋友或亲人那里得到免费的投资建议	14	20	15	9

数据来源:ICI,Why Do Mutual Fund Investors Use Professional Financial Advisers? 2006

专业性

在美国,基金持有人认可理财顾问会给他们带来很多实际的收益,可以增加资产升值的机会,并能做到理性投资。通过专业的理财顾问为他们提供专业的分析,以此加强投资策略的准确性。大部分投资者选择专业理财顾问有两个主要原因:一是希望理财顾问可以帮助他们制定理财规划,并通过不同类型的投资合理配置资产(见表1.5),许多投资者也需要一个金融专家为他们评估各种投资机会;其次,确保资产运作良好也是投资者需要理财顾问的另一个重要原因。

投资者委托理财顾问进行投资决策的范围表明了投资者对咨询关系价值的认识。将近3/4的投资者相信理财顾问的专业技巧,他们委托或与理财顾问一起制定投资策略,而很少有投资者完全靠个人制定投资决策。

表 1.5　　　　投资者选择理财顾问是由于其金融方面的专业性　　　　单位:%

需要得到咨询的方面	所有选择理财顾问的投资者	完全委托理财顾问或理财顾问掌握主导权	投资者和理财顾问共同商定	投资者掌握主导权
资产配置	74	80	76	66
解释大量的投资选择	73	77	78	65
解析理财规划	71	79	72	61
确保达到理财目标	71	74	75	65
财产运作良好,以防意外	65	67	70	58
不想自己做投资决策	38	51	40	20
没有时间做投资决策	44	58	45	27
咨询投资于退休金计划	43	41	48	39

数据来源:ICI,Why Do Mutual Fund Investors Use Professional Financial Advisers? 2006

美国第三方销售中介逐渐扮演着重要角色

美国的基金销售渠道是逐步发展起来的,初期也经历过短暂的渠道垄断阶段,第三方销售在多样化的基金销售渠道发展中扮演着越来越重要的角色。最终,提供收费投资咨询服务的第三方中介机构和针对个人与机构投资者、提供便捷的直销且收费低廉的基金超市一起成为基金销售的主要渠道。

美国基金销售渠道发展的开始阶段,是简单的直接销售与代销初步萌芽。从1924年美国诞生第一只共同基金到1929年股市崩盘,共同基金作为一种新型的证券投资基金,对投资者有着明显的吸引力,此时的基金销售形式属于典型的一对一直销。在这一时期的后期,出现了柜台销售和基金经纪人等销售形式。随着1929年10月股市崩盘后经济危机爆发,绝大多数基金公司倒闭,投资者的信心跌入谷底,一直到20世纪50年代初,基金销售基本处于停滞状态。这一时期,基金普遍开始采用各类促销手段,如上门推销、广播、海报以及广告直邮等。随着直销成本的攀升,利用其他机构的渠道(如商业银行和保险公司)销售基金成为基金公司的另一选择,基金代销渠道开始出现。

紧接着,进入了直销与代销并存、代销渠道深入发展的阶段。在这一阶段,一个重要现象是货币市场基金在20世纪70年代和80年代初在美国基金市场的兴起。为了克服成本制约和销售覆盖范围小等传统直销方式的劣势,在高度专业分工条件下,广泛利用代销渠道来降低成本和扩大营销范围成为基金销售的主要模式。基金代销渠道的选择已不局限于商业银行网点、储蓄机构和保险公司的推销员网络,在货币市场基金的营销中起到重要作用的还有诸如专职经纪人、贴现经纪人和财务顾问公司这些所谓的传统第三方中介。广泛代销渠道的选择和营销网络的建立,使得共同基金的销售覆盖面得到了充分拓展,基金规模也以超乎寻常的速度发展起来。

随后进入了非传统第三方销售渠道兴起与多层次销售体系逐步完善的阶段。在这一阶段,共同基金销售渠道在覆盖的深度和广度方面得到很大的延伸,在销售渠道的形式上已经超越了简单的直销和代销的划分,第三方中介在基金的销售上逐渐占据了原先直销的地位,基金公司的直销业务甚至直接外包给中介公司或打包以后批发给中介公司,传统的第三方中介逐步占据了主要的销售份额,而原有的商业银行和保险代理机构等代销渠道则落到从属地位。这一阶段还出现了两个新的渠道:养老金计划和基金超市。始于20世纪80年代的新的退休养老金计划在1990年有了很大发展,该计划的出台为美国的基金业注入了长期稳定增长的资金。同时,第一家基金超市于1992年成立,成为基金销售渠道的一个重要创新,在一个基金超市中往往同时销售上千只基金,在给投资者提供丰富选择的同时,也使基金之间的竞争越来越激烈。

国内第三方销售机构再出发

作为国内第一家取得基金销售牌照的第三方中介机构,天相投资顾问有限公司多年来孤独地在基金销售的道路上挣扎。第三方销售机构再出发,前途光明,但仍然是任重而道远。不过,各方面的条件逐步成熟,这增加了第三方销售机构成功的机会。

管理层把促进销售渠道多元化、促进专业销售顾问发展作为基金业发展的一项重要的工作,并且在稳步推进这项工作的展开。2011年6月21日,证监会公布了《证券投资基金销售管理办法》,明确了基金销售结算资金的法律性质,调整了基金销售机构准入资格条件,并增加了基金销售"增值服务费"内容。在新的《证券投资基金销售管理办法》开始实施后,开放式基金的第三方销售牌照已放开。一批新的专业基金销售公司开始运作,从长远来看,这将是塑造基金销售渠道多元化格局的起点。

长期以来,第三方销售机构发展困难,主要的原因是清算支付环节受制于银行。美国第三方销售机构发展,得益于其功能强大的集基金销售与支付清算于一体的平台(参见"全美的超级网银")。随着国内清算支付平台的发展,第三方销售机构有望打开生存的空间。截至2011年7月中旬,作为国内首个服务于基金销售的第三方支付系统,汇付天下的"天天盈"线上基金平台,可以提供通过国内19家银行的借记卡购买27家基金公司的开放式基金份额的服务。其申购费率与基金公司网上直销0.6%的水平持平,大打低价牌,以图从银行口中分一杯羹。此外,2010年8月底,我国央行开发的网上支付跨行清算系统"超级网银"已经上线,进入试运营阶段,用户只需登录一个网银账户即可查询、管理其他银行账户。业内分析认为,将来超级网银和基金公司完成对接并推广之后,银行渠道缺乏、技术支持有限的中小型基金公司更适合采用超级网银系统进行支付结算;同时,超级网银对已获得基金网上销售支付牌照的机构影响有限,短期内可能分流部分业务,但长远看可能促使更多人使用网络支付,也有利于减轻第三方支付公司与银行一一谈判的基础工作。截至目前,"超级网银"已登录全国十余个城市,覆盖超过

100家银行。虽然目前功能有限、手续繁琐、资费并无明显下降，但未来发展的空间巨大。

全美的超级网银

在海外发达市场，第三方基金销售机构通常集基金销售与支付清算于一体，资金的支付清算直接依赖于在央行监管下运营的清算中心。美国的基金超市与从事共同基金销售的网络券商，包括基金公司网络直销通常接受多种方式为其资金账户充值，包括电子银行转账、支票转账、电汇、其他券商资金账户互转等。电子银行转账是应用最普遍的支付方式，其资金的安全保障来自于全美的超级网银——自动清算中心（automatic clearing house, ACH）。自动清算中心是全美处理银行付款的主要系统，这一系统已有30多年的发展历史，现在90%的美国银行都是其成员。美国国家自动清算中心协会（NACHA）负责制定自动清算系统的总体政策，大多数地区性自动清算中心由美联储负责运营。自动清算中心为各种交易类型提供统一的信息格式和处理方式，包括政府转移支付、现金集中和支付、公司交易汇兑等。

资料来源：www.morningstar.com

债券型基金：均衡新势力
—— 发展债券基金促进产品结构的均衡化

与美国股票基金、债券基金和货币市场基金三分天下的格局相比，国内偏股型基金占比超过70%（股票型基金占49.98%，偏股混合型基金占21.19%），债券型基金和货币市场基金的占比非常小，只有6.02%和4.99%，市场的结构不均衡。作为一类固定收益类投资工具，债券基金是投资者资产配置中不可或缺的一个重要组成部分，对于股市的稳定性具有重要影响。

- 现有债券基金的规模制约了资产配置功能的发挥，也不利于养老金

和退休金进入市场;

● 我国债券市场的现状制约了债券基金的发展,导致了债券基金规模较小、产品类型单一、市场占比较低的现状;

● 通过推进债券市场的建设,来促进债券基金的发展,促进市场的均衡。

债券型基金

经过近十年的发展,我国债券型基金的发展取得了一定的进展,但是与20世纪80年代以来美国债券基金突飞猛进的发展相比,在规模、市场占比及类型上都相差巨大,这样的规模不利于债券基金资产配置功能作用的发挥。

规模总量较小

早在2002年,南方基金管理有限公司就推出了中国第一只开放式债券型证券投资基金——南方宝元债券基金,比我国第一只开放式股票基金的诞生仅晚一年。在随后的8年间,债券基金资产管理规模增长迅速,平均年增长率为129.6%。但从绝对规模上看,截至2010年末,债券基金管理资产仅为1 252亿元,同期股票基金管理资产规模已接近1.24万亿元,两者相差近10倍(见图1.10)。

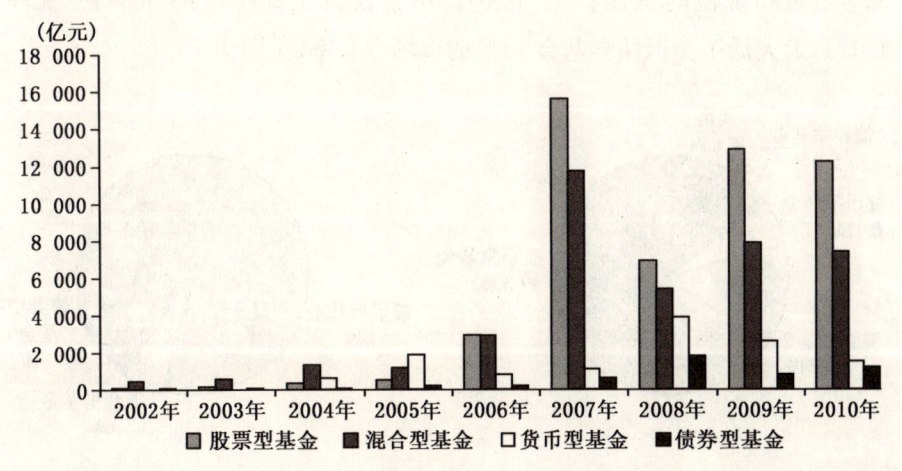

图1.10 各类型基金管理资产规模

相比之下，美国债券基金资产规模巨大。伴随着美国共同基金管理资产规模的逐年增加以及债券市场的繁荣，美国债券基金的资产管理规模也逐年稳定增长，过去9年间平均增长率超过10%，到2009年末达到2.2万亿美元(见图1.11)。

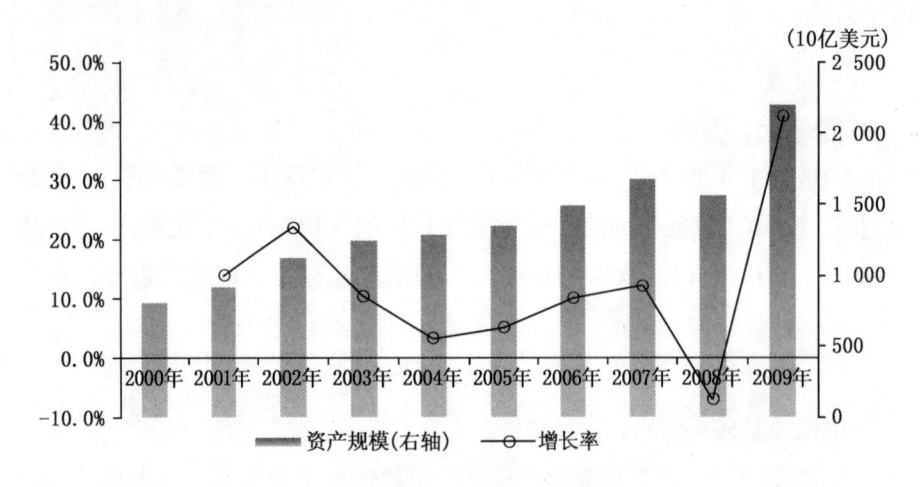

图1.11 美国债券型基金管理资产规模

市场占有率低

截至2010年年底，我国债券基金管理的资产规模为1 252亿元，即使经历了2010年上半年股市大幅下跌导致的股票基金规模大幅缩水，以及债券基金数量和规模的迅速扩大，这一比例也仅占全部基金的5.04%(见图1.12)，大大低于美国债券基金14%的市场占有率(见图1.13)。

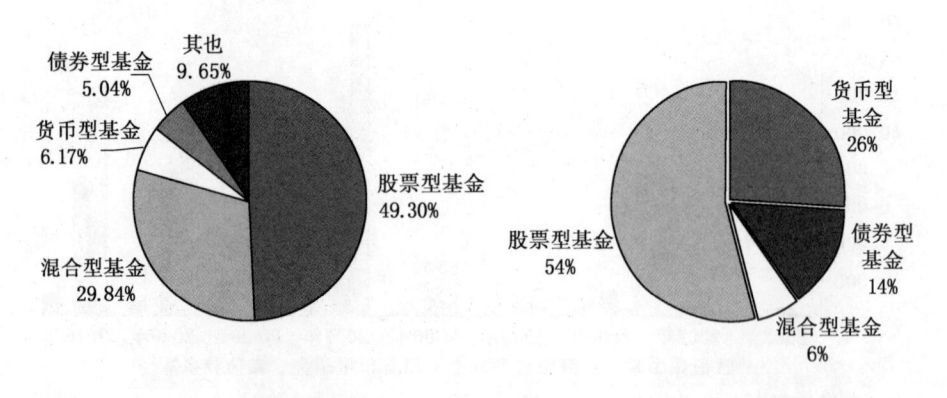

图1.12 中国各类基金规模占比　　图1.13 美国各类共同基金规模占比

产品类型单一、创新不足

我国市场上大多数债券基金是以流动性较好的国债、央票和政策银行金融债为主要投资标的。严格地说，我国还不存在以投资单一类型债券为主题的债券基金，这与我国债券市场可投资券种较少有关。美国的债券基金品种丰富，根据美国投资公司协会（Investment Company Institute）对基金产品的分类标准，债券基金的分类最为复杂，分为7个小类，这一方面得益于美国债券市场中的基础投资产品品种丰富，另一方面得益于各类债券都有相当的市场规模和较好的流动性（见图1.14）。

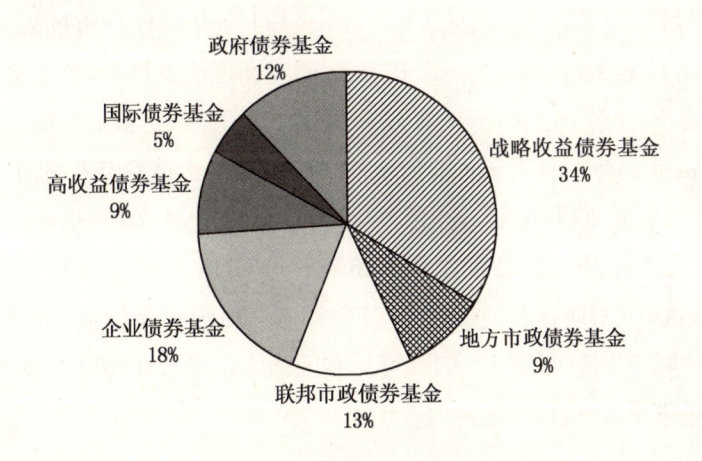

图1.14 美国各类债券基金比重

- 政府债券基金 12%
- 国际债券基金 5%
- 高收益债券基金 9%
- 企业债券基金 18%
- 联邦市政债券基金 13%
- 地方市政债券基金 9%
- 战略收益债券基金 34%

就基金的运作方式看，同美国市场上开放式、封闭式债券基金兼而有之的情况不同，我国现有的债券基金大部分仍为开放式基金。在富国天丰之后，市场上也出现了几只封闭式债券基金，而美国市场上以封闭式运作的债券基金占到所有债券基金的10%，而且封闭式债券基金占全部封闭式基金的53.4%，是封闭式基金的主力军。此外，债券ETF是近年来美国市场上新兴的投资工具。

债券市场

中国债券型基金发展缓慢，一个主要的原因是债券市场不发达。海外成熟市场的经验表明，债券市场的充分发展是债券基金产品迅速发展的先决条件。一个高度市场化的债券市场是债券基金产品发展的坚实根基,只有在能够提供充足的投资工具、丰富的投资品种和良好的流动性的前提下,债券基金的规模才能日益壮大,创新的能力才会得到加强。在整体规模、券种结构、流动性等方面,我国债券市场与美国债券市场有着很大的差距,这也在一定程度上影响了我国债券基金的发展。

债券市场规模较小

经过了多年的发展,我国债券市场的总体规模依然偏小。根据中央国债登记公司的统计,截至2010年末,我国债券市场余额达20.17万亿元,债券托管只数达到了2 340只(见表1.6)。过去十余年间债券市场规模逐年增长,平均增长率达到35.2%。其中,银行间市场可流通量18.8万亿元,占债券存量的93.2%;交易所市场可流通量0.288万亿元,占债券存量的1.42%;商业银行柜台市场可流通量0.17万亿元,占债券存量的0.84%(见图1.15)。截至2009年末,美国债券市场余额已达34.76万亿美元,是全世界最大的债券市场。如果用债券市场余额与GDP的比值反映一国债券市场发展程度,中国债券市场余额是GDP的0.49倍,而美国债券市场余额是其GDP的2.70倍(见图1.16)。可见我国债券市场目前还处于发展的初级阶段,潜在扩张空间非常巨大。

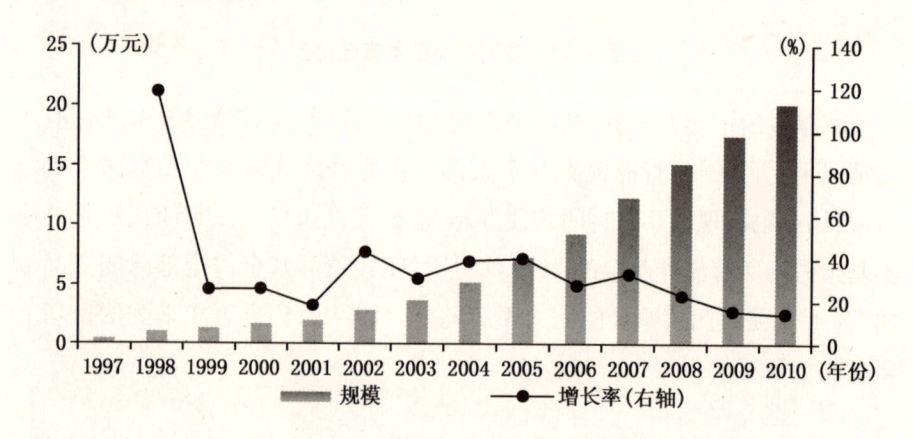

图1.15 中国债券市场历年规模

表 1.6　　　　　中国债券市场各年托管量和托管只数的增长情况

年末	托管只数	托管只数同比增速（%）	托管面额（亿元）	托管面额同比增速（%）
2002	194	40.58	28 332.57	43.62%
2003	255	31.44	37 476.09	32.27
2004	327	28.24	51 625.16	37.75
2005	514	57.19	72 592.07	40.61
2006	774	50.58	92 452.08	27.36
2007	997	28.81	123 338.6	33.41
2008	1 211	21.46	151 102.3	22.51
2009	1 691	39.64	175 294.7	16.01
2010	2 340	38.38	201 747.9	15.09

数据来源：上海证券基金评价研究中心、Wind

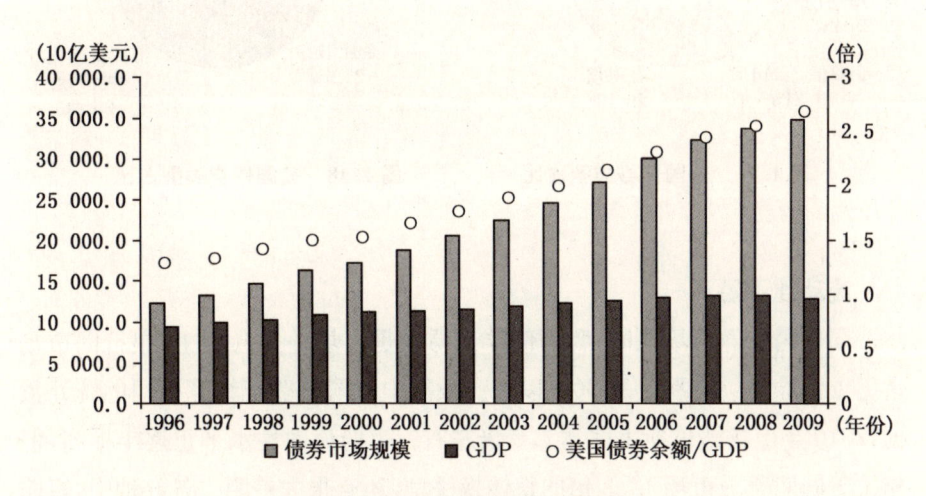

图 1.16　美国债券市场历年规模

债券品种单一、结构失衡

我国债券市场以政府类债券品种为主，各券种比例不均衡。政府债券、央行票据、政策性金融债券占据市场总量超出 90%，企业债、公司债等信用类债券占比仅为 8.21%（见图 1.17）。这主要是由于我国资本市场发展历程尚短，企业直接融资多偏好股权融资，至于举债则都比较依赖银行，融资成本较发行债券的成本低。

相比之下，美国债券市场的投资品种丰富，且各品种之间发展相对均衡。主要有美国政府债券、地方政府债券、政府机构债券、企业债券、抵押贷款支持债券和资产支持债券。前三类债券由不同的政府机构发行,部分享受税收的优惠,由于有政府信用的担保,信用风险较低。美国债券各券种之间发展较为均衡,从大类上看,企业债和各类抵押支持证券为主的信用类债券为市场的主导,其中美国国债规模仅排第3位,居企业债券和抵押贷款支持债券比例之后(见图1.18)。

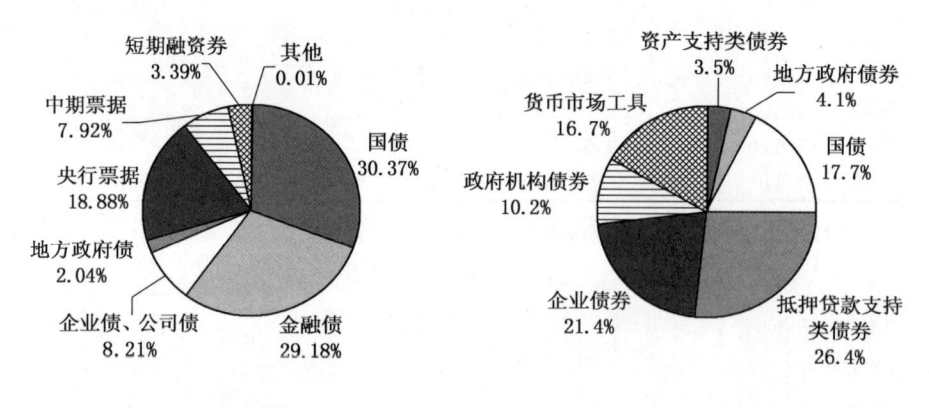

中国债券类型占比：
- 短期融资券 3.39%
- 其他 0.01%
- 中期票据 7.92%
- 国债 30.37%
- 央行票据 18.88%
- 地方政府债 2.04%
- 企业债、公司债 8.21%
- 金融债 29.18%

美国债券类型占比：
- 资产支持类债券 3.5%
- 地方政府债券 4.1%
- 货币市场工具 16.7%
- 国债 17.7%
- 政府机构债券 10.2%
- 企业债券 21.4%
- 抵押贷款支持类债券 26.4%

图 1.17　中国债券类型占比　　　图 1.18　美国债券类型占比

流动性不足

同美国债券市场相同,我国债券交易也是以场外交易为主,银行间市场占据了债券市场交易量的90%以上。根据中央国债登记结算公司的统计数据,2010年市场整体换手率达1.5倍左右。市场流动性水平正逐年提高,但相比于同期美国市场12.3倍的整体换手率,还有很大差距。各券种中,短期融资券和央行票据由于平均期限较短,换手率较高,而企业债和政策银行债的换手率略有下降。美国债券二级交易市场是以场外交易为主的交易市场,自由的交易模式和双边报价商制度给市场带来了活跃的氛围和良好的流动性,而电子化交易系统的普遍应用也进一步提高了二级市场的交易效率,整体年换手率(不含短期货币市场工具)约为12.3倍。

发展方向

可以看出,债券基金的发展有赖于债券市场的充分发展。大力推进债券市场发展既是现实经济发展的迫切需求,也是进一步健全资本市场功能的必由之路。可以肯定的是,债券基金在今后一段时间内将会迎来一段高速发展的历程。可以从以下几个方面着手,逐步改善和优化债券基金发展的环境。

重视债券市场制度建设

大力发展债市的战略规划,早在此前国务院颁发的资本市场建设的九条意见("国九条")中已作了原则规定,但实践中由于认识方面的尚未完全统一等原因,使得有关制度的配套与落实仍未到位。就基础性制度工作而言,债市管理或监管必须有明确的基本法定位,在形成相对统一的认识和重视发展债市的理念后,不断优化债券市场结构,适时拓展债券市场的深度与广度,建立与风险控制相适应的多层次市场,积极稳健推动各类公司债、企业债乃至准地方公债的发展。在重视规范发展和风控的同时允许有序的债市创新,针对债市的特点建立和完善与之相适应的交易方式与结算方式,稳妥评估风险类别并积极建立健全信用评级与风险控制体系,对债权人或持有人权益提供有效的制度保障,建立有效的纠纷处理机制,等等。这些均是制度必须尽快加以明确和完善的。

统一标准和协同监管

总体而言,目前债券市场还是一个计划性、管制性很强的市场,基本上还实行着市场规模管理制度和严格的以主体性质为主的市场准入制度。在市场化改革的今天,管制的过度,事实上已不利于市场的进一步发展。债市管理模式应从重管制向重监管迈进,并积极推进市场化改革,最终实现债券市场的发展,由以政府为导向和主要依赖行政手段调节向逐步以市场为导向和主要依赖市场机制的亮丽转身。

推进债券市场的统一互联

十几年债券市场的发展,相继形成了证券交易所债券市场和银行间债券交易市场,两个市场呈分割状态。只有解决了债券市场的统一互联问题,才能使形成的利率较真实地反映市场实际供需,进而彻底改变目前银行间市场的卖方市场特色和交易所市场的买方市场特色。除统一互联的技术工作之外,最重要的是要摒弃重场外市场扩张轻场内市场发展的观念,在有效防范风险的同时,为不同债券市场统一互联发展提供制度供给。最新的进展表明,两个市场的统一互联已取得了实质性的进展,统一的交易平台的建成已为期不远。

加大债券基金产品的创新力度

从产品创新的角度看,一方面,债券基金产品的开发应抓住债券市场扩容的机会,基金公司应适时推出以投资信用类债券为主题的产品,刷新产品投资策略,并与债券市场的扩容形成相互促进的良好局面。另一方面,可在现有债市规模情况下,开发多样化的 QDII 债券类产品以满足投资者合理资产配置的要求。此外,债券 ETF 也是产品设计较好的切入点。

小公司策略:三维度变革
——小基金公司发展思考

在市场长期低迷的背景下,众多小基金公司入不敷出、步履维艰。一般认为,管理资产要达到 100 亿元时,基金公司收取的管理费才能大体抵消当年的支出,达到盈亏平衡。根据这一标准,目前尚有 17 家基金公司管理资产总额低于 100 亿元的行业平均水平。新公司成立之初花费甚巨,100 亿元的规模在相当长时间内都是可望而不可即的事情,小基金公司生存艰难似乎成为必然。按照现有公募的生存模式运作,新基金公司绝对前途渺茫。虽然小公司的高管也纷纷表示将采取差异化的竞争策略来进行运作,但是不对现有运作模式进行深入地变革,恐难有立足之地。生存还是毁灭?身处死地的小基金公司需要全新的运作思路,才有可能迎来转机。笔者认为,小基金公司要从理念、业务模式和管理模式三方面进行变革,这既是小公司自身生存发展的需要,同时也是小基金公司推动整个基金行业的变革可以作出的贡献。

● 在理念上,变"规模导向"为"持有人利益导向"。基金公司股东要考虑做长期的投入,放弃短期规模快速扩张的想法,坚持"业绩导向"和"持有人利益导向"。如此,长远来看,股东会得到合理的回报;

- 在业务模式上,走先专户后公募的发展道路。小基金公司先在专户上通过业绩证明自己,建立起声誉后,相信会在公募市场上迎来发展机会;
- 在管理模式上,打破小而全的现有模式,通过非核心业务的外包来降低营运成本。

理念变革:从重规模到重持有人利益

规模,是公募基金生存的根本。基于股东的利益,基金公司追求规模本无可厚非,但在基金行业整体规模逐步缩水、基金业绩不尽如人意的背景下,追求规模恐如水中捞月。残酷的生存环境、小基金公司举步维艰的状况,迫使整个基金行业重新思考行业的发展模式,要从长远的角度出发构建基金公司与持有人利益相一致的发展模式。对于小基金公司而言,面对生存的压力,更要率先变革理念,放弃规模的遐想,树立维护持有人利益优先的理念,致力于提升基金的业绩。在美国市场,我们发现众多公司管理规模虽小,却默默地为旗下基金的持有人创造着巨大的财富,而且规模平稳增长,在发展过程中有保有控。值得注意的是,理念的转变不能只停留在口头上,而是日常工作的各项策略都要从基金持有人的利益出发。

在产品策略方面,这样的公司并不随"市场热点"而随波逐流,不开发流行但是对基金持有人毫无价值的新产品,而是长远打算,为持有人赢得最优的净收益。目前基金公司专注于发展新产品,更多的是为了吸引投资者而不是基于投资的基本原则。基金越能吸引资产,发起人收取的费用就越高,获得的额外利润也就越多。持"规模至上"理念的公司,追赶产品发展的新潮,如果新兴市场火暴,就成立新兴市场基金产品;如果分级基金抢手,就一哄而上申报分级基金;如果债券市场火暴,就推出债券基金。基金管理公司股东的主要目标,是尽可能多地使公司管理的资产上升,他们有动力去创造公众想要的基金,而不管从长期来看是否值得。从过去的痛苦经历来看,当公众对一个新概念需求最强烈的时候,可能就是泡沫膨胀到极限即将要破灭的时候。投资者应该明白一只基金最佳的出售时机可能就是它最差的投资时机,这种事情屡见不鲜,如 2007 年下半年的 QDII 和股票基金,2009 年下半年的指数基金,2010 年下半年的中小盘基金,等等。与此不同的是,持"持有人利益优先"理念的基金公司,并没有特别的需要进入所谓的新产品的竞赛,它并不想短期内吸引最多的资金,它的业务不是要开展流行但是对基金持有人毫无价值的新业务,而是要赢得最优的净收益。这样的公司明白,如果一项投资策略是可靠和合理的,即使暂时不被市场看好,也有长期存在的价值。长期来看,这样的产品有充足的机会,它们等投资时机成熟才进入市场,而不是以市场的热点为依据来建立基金。仅仅因为"其他人都这样",还不足以使这些公司也随波逐流。

在市场营销策略方面,这类公司信奉节制的市场营销策略,拒绝各种代价高昂的、对持有人无益的市场推广活动。过度的营销,最终将有可能导致未能实现预期收益投资者的极大反感。激进的市场营销策略对持"规模至上"理念的基金公司来说是很合理和有益的,它将一部分管理费花在市场营销成本上,是为了将来获得更多的管理费。同样道理,对持"持有人利益优先"理念的基金公司来说,推行保守的营销策略,同时强调信息传递和推广活动,也是很合理和有益的。当然,持新理念的基金公司也会注意它的市场份额,但只是将其作为满足投资公众需要的一个粗略的指标。这样的公司遵循的规则是:市场份额是测量手段而不是目标;市场份额是挣来的,而不是买来的。在这一规则下,基金公司会采取更加保守的营销策略。不像过于依靠激进的市场营销策略的其他基金公司,这类基金公司更有可能理解"基金"并不是在消费者喜欢的时候卖给他们的"产品"。

业务模式变革:先专户后公募

随着专户门槛的降低,中小基金公司有机会通过专户来拓展生存的空间。在公募规模难以迅速增长的背景下,以专户作为突破会是较多小基金公司的发展路径。在专户上通过良好的业绩证明自己、建立声誉后,再到公募基金上大展拳脚,或许是小基金公司的一条较为现实的发展途径。

实际上,国外也有不少小基金公司是通过专户发展起来的,有的公司规模虽小,但是实力不差。例如,在1983年,一位年轻但富有经验的投资人——约翰·奥斯特韦斯——成立了以奥斯特韦斯命名的投资公司。该公司的共同基金数量并不多,只有2只。有趣的是,相比公司成立时间,该公司旗下首只共同基金(相当于国内公募基金)的设立时间整整晚了十年。成立十年才推出首只共同基金,这对于国内的基金公司来说是不可想象的。这家公司是怎么生存下来的呢？由于奥斯特韦斯以前是在其他公司做专户的，公司成立早期也主要是在帮助一些专户提供投资管理服务。1993年，公司推出首只以他本人命名的共同基金即奥斯特韦斯基金。又过了将近十年，公司才发行以固定收益为主要投资标的的奥斯特韦斯策略收益基金，也是公司旗下的第二只基金。截至2010年8月3日，奥斯特韦斯基金过去15年年化收益为11%，击败标准普尔500指数的同时，也大比例抛离同类产品的平均水平。

做专户可以充分发挥小基金公司灵活的优势，能更好地使公司与基金持有人的利益相一致。相对于公募基金，专户在投资范围、产品和费用收取方式上都更灵活，这些方面可以发挥小基金公司灵活的特点。在投资范围上，专户的投资范围比公募要宽一些，除了二级市场上交易的证券（包括衍生品）外，商品期货也纳入了投资范围。在产品上，专户可以结合股指期货使用对冲策略，推出绝对收益的产品。在费用收取上，专户采用"固定收费＋浮动激励"相结合的收费模式，可更好地激励投资者和资产管理者之间的利益协同。在上述例子中，约翰·奥斯特韦斯公司长期与富人打交道，在这方面的经验十足，公司做到了以投资者为中心，了解如何做好投资者维护、提高公司透明度的工作。例如，给投资者提供内容丰富明了的信息，各季度与分析师、投资顾问进行沟通。而且，投资经理通常会讨论组合的资产配置、个股、个券、市场前景展望等方面的观点。同时，该公司在保护基金持有人利益方面做了很多努力，例如，根据基金规模增长的情况适当降低管理费用。

管理模式变革：从"小而全"到专注核心功能

目前国内的基金管理公司，总体上来说是"小而全"的局面，高昂的运作成本是众多小基金公司吃不消的。面对如此困难的局面，基金公司应当考虑推行低成本的策略，专注培育基金公司的核心能力——投资管理能力，而把其他一些辅助的非核心功能外包。实际上，在美国的基金公司中，有些基金管理公司做所有的前后台业务，另外一些基金公司内部只履行前台功能（投资组合决策的制定和交易），通过合同的形式将后台功能外包给外部服务提供商；还有的基金公司同各类咨询机构签订合同，为其提供部分和全部的前台业务功能。

基金公司实际上可以是一个合同管理的机构,可以通过与各专业机构签订合同、整合各类功能来实现基金的运转。在共同基金行业,或更一般的金融服务业中,这些功能包括支付服务、资产转换、管理风险、处理信息等。作为资产管理机构,基金公司一般被视为是"生产"流动性、资产转换、风险管理的工具。在基金公司的价值链中,有产品设计、研究、组合管理、基金销售、服务等核心功能,通过这些功能来向客户传递价值(见图 1.19)。通过基金价值链,一个组织能够对创造产品和服务的关键能力有更好的理解。

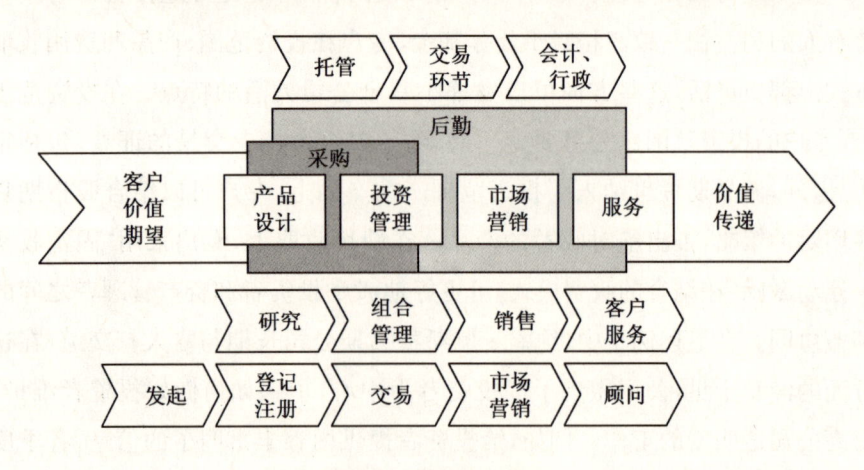

图 1.19 基金价值链

当然,国内各类外部金融服务提供商的发展还不够成熟和多样,这会制约基金公司外包策略的推行,但在整个资本市场发展和基金业转型的过程中,外包的策略也将会逐步地可行。据笔者所知,目前已有小基金公司考虑把产品开发的功能外包给外部的研究机构。此外,在研究方面,现在社会上也有不少的专业研究机构,这些研究力量都是基金公司可以整合的。在销售方面,随着第三方销售渠道的"开闸",基金公司也可考虑整体外包基金销售功能。

业绩对基金和投资者的重要性再怎么夸大都不过分，它是基金之所以存在的原因。资本市场的魅力在于，业绩难于预测，而且变化多端。但过分关注历史业绩，或会成为投资者的滑铁卢。基金的"圣杯"难寻，但投资者仍执着于辨识优质基金的基因。

第二章
绩效与能力

收益：相对VS绝对
业绩：间歇VS持续
决策：短期VS长期
能力：择时VS选股
基因：优基VS劣基
论剑：基金VS散户
评级：高星VS低星

收益：相对 VS 绝对
——公募基金：绝对回报路难行

在市场大幅下跌、几乎所有基金都亏损时，投资者和基金管理公司都会把目光投向绝对收益基金，"绝对收益"对投资者拥有"致命"的诱惑力。通常来说，共同基金（相当于国内的公募基金）着力于获取比同类基金或业绩比较基准更好的回报，追求相对收益，而对冲基金则通过采用与传统共同基金所不同的投资管理技巧，来获得积极的回报，追求绝对收益。近年来，美国部分共同基金引入了对冲基金的投资策略，推出了绝对收益基金，国内市场上目前也存在几只追求所谓"绝对收益"的公募基金。因此，绝对收益基金并非完全与公募基金绝缘。不过，基金管理公司或许可以把绝对收益产品作为专户发展的一个方向，但是要在公募基金上做绝对收益产品，将会受到各方面的掣肘。

● 国内外现有公募基金的绝对收益产品，其业绩并不如预期的那么好，特别是在牛市里表现不佳；

● 美国部分共同基金做绝对收益产品，是由于其灵活的投资策略。在现行基金法规的框架下，国内公募基金的投资策略不支持其发展绝对收益产品；

● 与绝对收益相应的是灵活的激励机制，公募基金无差别固定管理费率不支持绝对收益产品的发展；国外的实践表明，就算是对公募基金提取业绩表现费，对管理人激励的效果也不显著。

业绩并不理想

绝对收益产品声称具有可获取正收益、与市场关联性低和低波动率等特点。然而，在面对系统性风险的时候，极少资产类别能够在危机中幸免。国内外公募基金的绝对收益产品历史业绩并不理想，与投资者的期望有一定距离。

国内公募基金的"绝对收益产品"较少，从历史的表现来看，这些基金的业绩并未表现出绝对收益的特征，更像是相对收益基金。在国内公募基金中，契约中强调绝对收益的基金有华夏回报、华夏回报二号和申万菱信盛利强化配置混合，其业绩基准均为同期一年期定期存款利率。其中，华夏回报的历史仓位调整相对灵活，最高仓位不超过80%，属于风险收益中等的品种。盛利配置契约规定股票仓位不高于45%，该基金在保守配置型基金中长期保持偏低的持仓。从中长期的表现来看，这几只基金的业绩都相对一般。最重要的是，这几只所谓的"绝对收益基金"，业绩并没有表现出绝对收益的特征，而与相对收益基金类似。在牛市里能够随着市场上涨，但是在熊市里（如2008年和2011年）却也避免不了亏损。

同样的，海外共同基金绝对收益产品的历史业绩，也并不如它们在招募说明书中所说的那般"华丽"，与绝对收益的目标相差甚远。美国基金分析师检验了19只追求绝对收益基金的持仓，发现这些基金的表现名不副实。19只基金中最早冠以绝对收益的基金是成立于2005年4月的瑞银绝对收益债券基金。自此以后有四只基金遭清算，其中三只自成立以来为负收益，而存活下来的大多数表现也不好，这些基金自成立以来的回报率大多数分布在 -20.81% 至 17.58% 之间，其中五只收益为负。这个例子反映了大部分这类基金在市场下跌的情况下难以表现出正收益的特征，有的基金在2008年亏损竟然达23%。但在市场环境较好的时期，这些基金的表现逊于市场。如在2009年，七只绝对收益基金表现较其他股票基金差，两只更是处于亏损状态。

投资策略不支持

根据美国共同基金绝对收益产品的运作经验，绝对收益基金一般是通过不同的投资策略，某些时候是几种投资策略的混合操作来实现绝对收益的。首先是卖空机制，在预期市场下跌时，通过卖空获取收益。其次，利用更加广泛的投资范围。绝对收益基金的投资标的不仅包括股票、债券和货币，还包括房地产和对冲基金等。最后，绝对收益基金可以通过衍生工具来锁定收益。运用得当，这些投资策略可能会使绝对收益基金在市场下跌时拥有比传统的权益类或者债券类基金更优异的表现，而在市场上扬时它们可能会落后于传统共同基金的表现。尽管美国共同基金绝对收益产品有了一定的发展，但并非共同基金的主流，其灵活的投资策略，也不适合于国内公募基金。

追求绝对收益并不是美国共同基金的主流，共同基金很少使用对冲策略，衍生品更多的是充当"配角"。这主要是源于美国监管机构对共同基金的定位以及投资者对共同基金功能性的不同需求。共同基金的基本原则应是保护投资者的利益，追求稳健的相对回报，而对冲基金更多的是以追求绝对收益为目标。一般而言，衍生品的风险水平较高并且难以控制，这就从根源上限制了衍生品在共同基金中使用的机会。目前，应用在共同基金中的衍生品主要是风险相对容易控制的标准化权益类衍生品，比如股指期货。在"做空"方面，美国超过7 000个共同基金的投资组合中，只有不到300个组合有空头的头寸，比例不到5%，这其中绝大部分是创新型的130/30基金，传统意义上的共同基金基本上都不使用融资融券工具。共同基金的目标是获取相对收益，而不是绝对收益，因此没有必要大量使用融资融券进行对冲。即使是2008年金融危机时，国际上的共同基金也很少卖空，甚至连仓位调整幅度都不大，基本靠行业和个股配置控制系统性风险。

从投资策略上来看，美国共同基金可采取对冲基金的投资策略，而目前国内公募基金还缺乏对冲手段，在实际运作中仅靠大类资产配置的灵活性并不能确保取得绝对收益。目前，国内仅有的几只公募绝对收益产品期望通过灵活的大类资产配置来获取绝对收益。基金经理可以根据市场的判断灵活调整股票仓位，股市好的时候适度提高仓位，分享大盘上涨的收益；反之则降低仓位规避系统性风险。但这类基金不是真正意义上的绝对收益基金，灵活的资产配置也有很高的风险，对基金经理的择时能力具有很高的要求。在美国市场，国际对冲基金中常用的市场中性策略（market neutral strategy），近年来也越来越多的被应用到普通开放式基金。这一策略的应用需要比较完备的市场条件，例如一定深度和广度的市场、良好的买空卖空机制、充分多的衍生金融工具等，同时还要求基金经理掌握先进的数量分析方法。目前，国内也有基金公司期望开发一批真正意义上的"绝对收益"产品，尝试应用市场中性策略进行投资套利。富国已经和中证指数公司推出了中国内地第一个对冲性质的指数——沪深300富国130/30多空策略指数。富国考虑将量化增强产品和股指期货相结合，推出绝对收益产品，但这种对冲策略更可能是用于专户而不是公募基金，因为专户理财在投资品种和投资策略的灵活性是公募基金所不具备的。

从投资范围来看，与美国共同基金较为宽泛的投资范围相比，国内公募基金的投资范围还相对狭窄，不利于做绝对收益产品。绝对收益策略最先被哈佛和耶鲁大学的投资专家们应用于实践中，在他们的组合中除了传统的投资品股票和债券外，还大量持有如商品、房地产、私人股权等非传统资产类别，这就是所谓的"耶鲁模式"。该种策略得到了广泛的认同，许多机构投资者也纷纷加入另类投资的行列。基金公司也向个人投资者兜售商品、货币、房地产等非传统基金投资标的基金，而一些如绝对收益的投资策略也应运而生。美国共同基金之所以可以这么做，是因为除了投向传统的投资品种（股票和债券）外，美国的基金可投资范围非常宽，基本上没有什么限制。有的基金投向传统的股票、债券；有的投向所谓的传统的另类投资品，如商品、房地产、PE（私募股权投资）、风险投资等；还有的投向所谓的现代的另类投资品，如对冲基金、管理期货、减值证券、保本类的结构型产品等。而国内证券投资基金，其投资的范围被界定在上市交易的股票、债券和国务院证券监督管理机构规定的其他证券品种上，这一界定就大大地限制了基金的投资范围。相比之下，专户的投资范围要宽一些，除了二级市场上交易的证券（包括衍生品）外，商品期货也纳入了投资范围，这为专户开发绝对收益产品提供了较宽的范围。

激励机制不支持

一方面，公募基金固定管理费率的结构是与公募基金的性质和特征相一致的，固定费率制度对于公募基金是次优的选择，可防范基金投资高风险产品，在一定程度上维护基民利益。对公募基金来说，投资者希望以浮动费率实现风险共担的出发点是可以理解的，但现实情况是，公募基金的特征有别于做绝对收益的私募基金。首先，公募基金面向的是风险承受能力不一的大众投资者，且浮动费率会激励基金经理冒更大的风险去追求更多的回报，可能让基民承担更多风险。其次，基金经理投资限制较多，投资的程序、品种、仓位、个股或券种的比例等均有严格规定。再次，公司对基金经理的考核更多是建立在排名上，公募基金经理追求的是相对回报。在同类中的排名靠前，便可吸引投资者，扩大规模，基金经理收入便可得到保证。在业绩表现费的激励机制上，私募、专户却有很大的空间。在美国的独立账户费率的设置上，管理费率会随着基金规模的扩大而降低，甚至会低于公募基金。从国内专户的运作情况来看，大多数专户理财采用"固定收费+浮动激励"相结合的收费模式，可更好地激励投资者和资产管理者之间的利益协同关系。

另一方面，即便是公募基金在未来可提取业绩表现费，但从美国的运作实践来看，激励效果也不理想。国内对于公募基金是否应提取业绩表现费的争议已存在了很长时间。业绩表现费在美国基金业由来已久，最早诞生时引人注目，因为它可解决管理人与持有人的利益冲突问题。但在刚开始的热度过去之后，收取业绩表现费的新基金明显减少，而且还有不少基金停止业绩表现费的收取，回到了原来的固定费率设置。

业绩：间歇 VS 持续
——国内基金业绩持续性分析

让投资者备感疑惑的是，那些在年度排名中名列前茅的基金，在新的年度开始后，大多数表现落后。实际上，观察每年末排名靠前的那些基金的长期表现，投资者会感叹风流总被雨打风吹去。国外的研究表明，大约只有15.5%的大盘基金能在连续3年内维持前25%的排名，中小盘基金更糟，中盘基金只有10.2%、小盘基金只有9.8%。能将业绩连续5年维持在前25%的大盘基金仅有1.9%，小盘基金有3.1%，中盘基金则全军覆没。与成熟市场相比，国内基金业绩同样难以持续。

- 从相对收益的角度来看，只有12%的基金能连续3年超越业绩比较基准；从绝对收益的角度来看，结果更是令人震惊，在2008～2010年，只有华夏复兴、华夏大盘、金鹰中小盘三只基金能够连续3年排名前20%，能够连续两年排名前20%的基金也只有10%；

- 基金业绩难以持续的原因，一部分可由基金经理的管理能力来解释，但最主要的原因是基金的投资风格；
- 只有极少数的基金表现出了业绩的持续性，大多数基金只是间歇性地有所表现，在一种市场中表现好，而在另外一种市场中却表现糟糕。

基金业绩难以持续

公募基金追求的是相对收益，只要业绩能够持续地超越自身的业绩比较基准，就可以认为这是一只不错的基金，而投资者更喜欢从绝对收益的角度来对基金进行排名，并且以排名的结果作为投资决策的重要依据。从相对收益和绝对收益排名的角度对基金业绩进行考察，结果表明基金业绩难以持续。

从相对收益角度看，基金难以连续战胜自身业绩比较基准。2008～2010年，在我们统计的存续期满三年的245只股票型基金中，能够连续三年均超越自身业绩比较基准的基金只有30只，占比仅为12.2%；类似地，在统计的126只混合型基金中，能够连续三年均超越业绩比较基准的基金有16只，占比为12.7%。这一数据与美国的研究结果大致相当。如果把统计的时间段拉长，基金业绩难以持续的现象会更加明显。

从绝对收益角度看，不同年份基金的业绩排名经常逆转。从2008年到2010年，市场经历了从熊市到牛市再到震荡市的走势，在此期间能够连续三年排名股票型或混合型前20%的基金，只有华夏复兴、华夏大盘、金鹰中小盘三只，大多数基金随着市场沉浮，混合型基金尤为明显。具体而言，2008年熊市中排名前20%的21只股票型基金，在2009年牛市的平均收益为62.58%，低于股票型基金在该年度整体69.03%的收益水平，到了2010年，这21只基金的平均收益为8.46%，处于中上游水平(见表2.1)。相类似的，2008年熊市中排名前20%的22只混合型基金，在2009年的平均收益为40.54%，低于混合型基金在该年度整体58.08%的收益水平，这22只混合型基金在2010年全年的平均收益为5.33%，低于混合型基金整体6.15%的平均收益，处于中游水平(见表2.2)。对单只基金而言，不少基金的业绩波动相当剧烈。例如易方达科讯，在2008年排名第5位，而在2009年的排名已经到了103位；德盛安心在2008年排名第11位，而在2009年和2010年两年中的排名均在百名以外。出现类似情况的还有泰达成长、东吴动力、华安创新、招商平衡、长城久恒等众多基金。投资者会觉得匪夷所思,但其实这种状况很正常,美国共同基金的排名变化也很快(参见"令人寒心的追随")。

表 2.1　　2008 年排名靠前的股票型基金在随后两年波动激烈

序号	代码	名称	2008 年 年增长率	排名	2009 年 年增长率	排名	2010 年 年增长率	排名
1	162201	泰达成长	−32.28%	1	52.12%	94	26.10%	2
2	000031	华夏复兴	−38.44%	2	104.33%	3	20.58%	6
3	162202	泰达周期	−40.60%	3	71.49%	51	10.91%	17
4	481001	工银价值	−41.07%	4	57.77%	82	7.90%	28
5	110029	易方达科讯	−41.77%	5	42.39%	103	−1.75%	72
6	288002	华夏收入	−43.27%	6	78.76%	27	−3.80%	80
7	000021	华夏优势	−43.44%	7	57.06%	86	27.44%	1
8	580002	东吴动力	−43.47%	8	33.21%	108	24.53%	4
9	450002	国富弹性	−43.68%	9	65.43%	65	4.83%	39
10	340006	兴全全球	−44.16%	10	77.08%	32	4.75%	40

数据来源:上海证券基金评价研究中心、Wind

注:本文仅统计至 2010 年底成立满三年的基金

表 2.2　　2008 年排名靠前的混合型基金在随后两年的波动较股票型基金更为剧烈

序号	代码	名称	2008 年 年增长率	排名	2009 年 年增长率	排名	2010 年 年增长率	排名
1	510080	长盛债券	−2.08%	1	7.80%	113	5.47%	59
2	620001	比联宝石动力	−3.07%	2	1.56%	114	4.87%	62
3	151002	银河收益	−6.03%	3	9.71%	111	7.23%	42
4	310318	盛利配置	−8.80%	4	11.00%	110	−1.53%	90
5	162205	泰达预算	−14.77%	5	36.17%	102	−1.31%	88
6	202101	南方宝元	−16.73%	6	18.34%	108	5.11%	61
7	340001	兴全转基	−19.53%	7	35.18%	103	8.72%	34
8	121001	国投融华	−23.59%	8	42.79%	91	7.68%	39
9	002001	华夏回报	−24.54%	9	37.14%	101	6.38%	53
10	050007	博时平衡	−26.32%	10	51.50%	71	3.76%	66

数据来源:上海证券基金评价研究中心、Wind

注:本文仅统计至 2010 年底成立满三年的基金

令人寒心的追随

大多数投资者购买基金是看中了基金过去的良好业绩,而卖出又主要是因为它们的业绩令人失望。如果在选择基金时,业绩是你考虑的唯一因素,那么这种悲哀的场景可能会重复出现。

标准普尔共同基金业绩持续性评分卡显示,你不应该相信今日业绩名列前茅的基金明日会继续辉煌。这不是什么新闻,研究者多年来就知道,当基金持有的资产很热销时,基金的业绩通常会领跑,但是当市场发生逆转时就是另一番情景。

标准普尔的研究关注美国国内股票基金和波动性不是很高的板块基金或国际基金。投资者应该避免追随那些近期表现最好的基金,因为它们不可能永远为王。

根据这项研究,大约有15.5%的大盘基金能在连续3年内维持在前25%的业绩排名。中小盘基金更糟,中盘基金只有10.2%,小盘基金只有9.8%。

在5年内,只有1.9%的大盘基金能够将业绩维持在前1/4,小盘基金是3.1%,中盘基金则全军覆没。另外一个值得注意的有趣现象是,那些业绩最差的基金通常会原地不动,它们会受累于高成本和差业绩。因此,虽然挑选优质基金并不一定会成为长期的赢家,但要比采取反向方法好。所谓反向方法是指选一只业绩差的基金而后希望它成为大赢家。

标准普尔的研究显示,那些业绩排名能维持居前的基金通常有些共性:成本低、基金经理任职时间长以及有能力在市场走低时使损失最小化。总而言之,如果你将过去的业绩当作投资的指引,那么你很可能会失望。

资料来源:查克·杰斐,《市场观察》,2006年2月19日。

业绩与投资风格

基金业绩难以持续,部分是由基金经理投资管理能力的不稳定性造成的,但最主要的根源在于市场的状况及基金的投资风格。基金的投资风格具体表现为对基金仓位、行业和股票配置的不同,这些因素在不同市场条件下决定了基金的不同表现。

在2008~2010年间,大盘风格基金与中小盘风格基金在不同市场下业绩发生逆转。在熊市和震荡市中,中小盘风格基金业绩比大盘风格基金好。在2008年的熊市行情中,小盘风格基金下跌了46.36%,而大盘风格基金下跌了52.66%;在2010年的震荡市行情中,小盘风格基金上涨了3.04%,而大盘风格基金则下跌了1.98%。相反,在2009年的牛市行情中,大盘风格基金以71.14%的涨幅领先于中盘风格基金68.96%和小盘风格基金65.28%的涨幅(见表2.3)。例如,中盘风格基金泰达成长,在2008年的熊市和2010年的震荡市中表现优秀,在统计的基金中分别排名第1位和第2位,但是在2009年的牛市中,该基金仅排名第94。类似的基金还有东吴动力、泰达周期,等等。

表2.3　　　　　　　不同市场状态下各种风格基金的走势逆转

年　份	大盘风格基金	中盘风格基金	小盘风格基金
2008	−52.66%	−51.54%	−46.36%
2009	71.14%	68.96%	65.28%
2010	−1.98%	0.71%	3.04%

数据来源:上海证券基金评价研究中心、Wind

同时,仓位的范围限制在很大程度上影响着基金的业绩,基金在股市大跌中必定会遭受较大的损失,而在市场的大幅上涨中,由于保持了较重的仓位,基金也能分享到市场上涨的成果。例如,在2008年的熊市中,由于仓位的下限要求,基金不可避免地遭受了较大的损失。股票型基金的仓位迅速从第一季度的78.33%降到了第二季度的73.25%,混合型基金仓位也从72.78%大幅降到了65.94%。但是由于仓位的限制,在随后的两个季度里,基金的仓位已经没有了下降的空间,股票型基金在2008年第三、第四季度的仓位分别是72.21%和71.79%,混合型基金的仓位分别是61.32%和60.45%。相反,在2009年的牛市中,由于保持了相对较高的仓位,基金分享到了市场上涨的成果。在2009年,股票型基金和混合型基金的平均仓位为84.13%和76.77%。

再者,在不同的经济环境和市场中,各行业的表现差别很大,重仓这些行业的基金业绩也波动较大。例如,在2008年表现较差的有色金属、交运设备和采掘行业,在2009年走势逆转、排名靠前(见图2.1)。偏好配置此类行业的基金在2008年和2009年的业绩排名也是天壤之别。

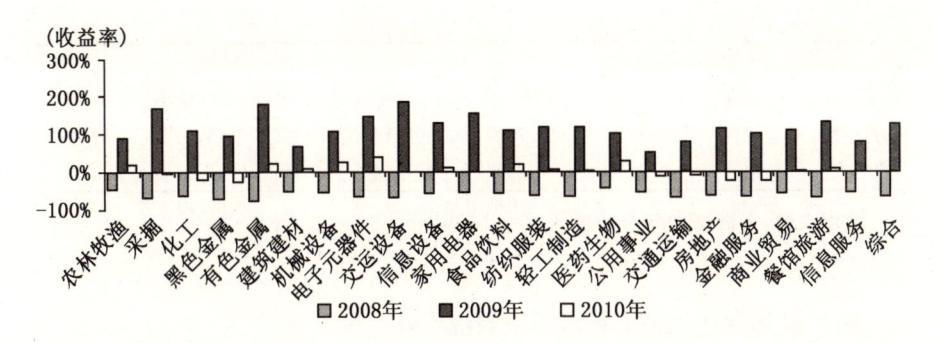

图 2.1　各行业在 2008～2010 年的表现

持续性好者少

虽然总体上基金业绩难以持续,但是也有一些基金表现出了较好的业绩持续性。部分基金能够连续三年战胜业绩比较基准,也有极少数基金能够连续三年在同类型基金中排名前 20%。

部分基金能够相对持续地战胜业绩基准

虽然有些基金的基准制定得并不太合理,但能够持续地超越自身业绩比较基准的基金,也算不错的基金。在统计的到 2010 年末存续期满三年的基金中,只有 12% 的基金连续三年战胜了业绩基准。这些基金的共同特征是基金管理公司规模较大、投研实力较强,在市场上获得了不错的口碑,归属于华夏、银华、国泰的基金较多(见表 2.4)。

表 2.4　　　　　连续三年超越基准的部分典型基金

股票型基金				混合型基金			
基金名称	2008 年	2009 年	2010 年	基金名称	2008 年	2009 年	2010 年
华夏复兴	17.74%	30.73%	25.93%	华夏大盘	21.59%	49.14%	34.77%
国泰金鹰	18%	3.81%	19.80%	华夏红利	2.47%	21.19%	4.55%
华夏行业	11.67%	5.00%	6.73%	国泰金龙	2.19%	11.32%	15.86%
长城久富	8.53%	6.47%	11.37%	嘉实策略	1.90%	4.55%	28.47%
泰达周期	9.60%	6.27%	8.28%	大成精选	0.62%	9.89%	7.22%
银华优质	3.86%	15.68%	16.70%	银河稳健	10.72%	3.33%	16.80%
银华富裕	5.81%	23.17%	25.52%	富国天惠	2.17%	14.00%	25.94%
兴全全球	10.94%	4.72%	12.09%	大摩资源	1.56%	15.28%	25.20%

续表

股票型基金				混合型基金			
基金名称	2008年	2009年	2010年	基金名称	2008年	2009年	2010年
国富弹性	5.42%	6.47%	10.70%	中银中国	9.43%	11.69%	19.51%
银华优选	3.14%	47.37%	7.14%	宝康消费	13.86%	10.29%	9.64%

数据来源：上海证券基金评价研究中心、Wind

极少数基金在三种市场形态中表现均好

仅有极少数的基金能在熊市、牛市和震荡市中持续地表现良好。2008年、2009年和2010年排名均在前20%的基金，只有华夏大盘、华夏复兴、金鹰中小盘三只（见表2.5）。其中，华夏复兴为股票型基金，华夏大盘和金鹰中小盘为混合型基金。目前华夏复兴、华夏大盘均已封闭，不能申购，也不能定投。这三只基金有自己不同的风格和特点。

华夏复兴适应牛熊转换。华夏复兴2008～2010年三年累计收益率排名股票型基金第一名，它也是股票型基金中唯一三年排名均在前20%的基金。该基金最引人注目的是在牛熊转换中的表现，在2008年的熊市和2009年的牛市中均位列前三名。

华夏大盘一骑绝尘。华夏大盘2008～2010年三年累计收益在混合型基金中排名第一，远超混合型基金－12.27%的平均收益，且比第二名的收益高出一倍之多，可谓一骑绝尘。除了在2008年熊市中表现稍弱外，该基金在2009年及2010年均名列前茅，连续多次被评选为五星基金。

金鹰中小盘稳定性良好。2008～2010年，该基金三年累计收益率在混合型基金中排名第二。与前两只基金相比，金鹰中小盘虽然单一年度业绩不算突出，但稳定性良好，在三种市场形态下均保持在第15位左右。

表2.5　　　　　　　　三只业绩表现持续性较好的基金

序号	代码	名称	类型	2008年 年增长率	2008年 同类排名	2009年 年增长率	2009年 同类排名	2010年 年增长率	2010年 同类排名
1	000031	华夏复兴	股票型	－38.44%	2	10.43%	3	16.81%	6
2	000011	华夏大盘	混合型	－34.88%	14	116.19%	1	24.24%	2
3	162102	金鹰中小盘	混合型	－35.01%	16	79.65%	17	17.86%	14

数据来源：上海证券基金评价研究中心、Wind

注：本文仅统计至2010年底成立满三年的基金

间歇性表现

受其风格影响,大多数基金很难在不同的市场下表现均好,而是更适应某一种市场,要么在牛市表现好,要么在熊市或震荡市中表现好。

2008年熊市中表现良好的基金

在熊市中表现好的基金的共同点是仓位控制好,超配消费、食品等防御品种。契约规定股票型基金仓位不低于60%,因此在面临系统性风险的时候,股票型基金抗跌能力普遍较差。实际上,2008年,大多数股票型基金的仓位保持在80%左右。相比之下,仓位越低的基金,其抗跌能力也就越强。不同于股票型基金,混合型基金仓位调整更加灵活,在熊市中更占优势,其整体下跌幅度小于股票型基金。例如,一贯保持较低仓位的比联宝石动力、银河收益、盛利配置,在2008年的业绩排名靠前(见表2.6)。此外,在熊市下跌较少的基金大多超配了消费、食品等防御行业。在选股方面,倾向于选择业绩较为稳定的大盘蓝筹股。

表2.6　　　　　　　2008年熊市中排名靠前的基金

	股票型			混合型		
序号	代码	名称	年度增长率	代码	名称	年度增长率
1	162201	泰达成长	−32.28%	510080	长盛债券	−2.08%
2	000031	华夏复兴	−38.44%	620001	比联宝石动力	−3.07%
3	162202	泰达周期	−40.60%	151002	银河收益	−6.03%
4	481001	工银价值	−41.07%	310318	盛利配置	−8.80%
5	110029	易方达科讯	−41.77%	162205	泰达预算	−14.77%
6	288002	华夏收入	−43.27%	202101	南方宝元	−16.73%
7	000021	华夏优势	−43.44%	340001	兴全转基	−19.53%
8	580002	东吴动力	−43.47%	121001	国投融华	−23.59%
9	450002	国富弹性	−43.68%	002001	华夏回报	−24.54%
10	340006	兴全全球	−44.16%	050007	博时平衡	−26.32%

数据来源:上海证券基金评价研究中心、Wind
注:本文仅统计至2010年成立满三年的基金

2009年牛市中表现良好的基金

2009年,中国经济实现了V型反转,基金的排名也发生了V型的逆转。在2008年排名相对落后的基金,到了2009年大多名列前茅,这些基金的风格更适合牛市的行情,其普遍特点是风格激进、仓位较高、选股能力较好。这些基金的股票仓位大多在80%以上,且历史平均仓位明显高于在2008年业绩较好的那些基金。例如,银华优选、中邮优选、易基成长、东方精选等基金在2009年的平均仓位都保持在90%以上(见表2.7)。

表2.7　　　　　　　　　　2009年牛市中业绩排名靠前的基金

股票型				混合型			
序号	代码	名称	年度增长率	序号	代码	名称	年度增长率
1	519001	银华优选	116.08%	1	000011	华夏大盘	116.19%
2	590001	中邮优选	105.09%	2	110010	易基成长	102.89%
3	000031	华夏复兴	104.33%	3	400003	东方精选	100.81%
4	260109	景内需贰	98.64%	4	519087	新华分红	99.72%
5	020010	国泰金牛	93.23%	5	100022	富国天瑞	99.16%
6	180012	银华富裕	91.87%	6	240008	华宝收益	91.39%
7	360001	量化核心	90.61%	7	161606	融通行业	91.30%
8	260104	景顺增长	89.67%	8	630001	华商领先	88.43%
9	360006	光大增长	89.51%	9	020009	国泰金鹏	87.17%
10	200006	长城消费	87.95%	10	519690	交银稳健	85.46%

数据来源:上海证券基金评价研究中心、Wind

注:本文仅统计至2010年底成立满三年的基金

同时,较强的选股能力对业绩贡献度大。在2009年业绩较好的基金,大多数选股能力在上证基金评级中都曾被评为五星或四星,并且不少基金选股能力被连续评为五星,如银华优选、景内需贰、华夏大盘、易基成长等。就具体基金而言,其所持有的优质重仓股对业绩的提升有较大的贡献度。例如,银华优选2009年重仓的上海汽车年涨幅为387.50%、一汽轿车年涨幅为263.40%、徐工机械的年涨幅为125.85%。

此外,较高的行业集中度和持仓集中度扩大了这些基金的收益。2009年业绩较好基金的持股集中度相对偏高。大部分基金的持股集中度在

35%~45%之间,高于基金的平均水平。较高的持股集中度和行业集中度放大了基金在牛市中的收益,不少基金得益于此,如长城消费。该基金主要投资于消费品及消费服务相关行业,持股集中度高达60%,由于2009年消费相关行业股票走势较强,该基金全年取得87.95%的良好业绩。

2010年震荡市中表现良好的基金

2010年排名靠前的基金的特点是仓位调整灵活、重仓新兴产业和消费行业、回避金融地产板块。

相比前两年,2010年业绩排名靠前的基金的仓位调整更为灵活,增减仓幅度相对更大。如果说2008年业绩较好的基金得益于较低的股票仓位,2009年业绩好的基金得益于较高的股票仓位,那么2010年业绩较好的基金在仓位控制上更灵活。其中较为典型的基金如嘉实主题,该基金历史上仓位调整幅度较大,仓位最高时达94.4%,而最低时低至30%左右。在2010年二季度的下跌行情中,嘉实主题将仓位从60%左右下调到30%;再如,大摩资源在2010年第二季度将仓位由70%调低至42.28%后,在第三季度又将仓位调高至78.20%(见表2.8)。

表2.8　　　　　　　　2010年震荡市中排名靠前的基金

		股票型			混合型	
序号	代码	名称	年度增长率	代码	名称	年度增长率
1	000021	华夏优势	23.95%	070002	嘉实增长	24.92%
2	070099	嘉实优质	23.24%	000011	华夏大盘	24.24%
3	580002	东吴动力	23.01%	070011	嘉实策略	20.19%
4	162201	泰达成长	22.26%	161005	富国天惠	19.31%
5	519019	大成景阳	20.40%	070010	嘉实主题	19.11%
6	000031	华夏复兴	16.81%	150103	银河银泰	18.52%
7	180012	银华富裕	15.66%	163302	大摩资源	18.44%
8	519017	大成成长	12.87%	350002	天治品质	18.36%
9	162204	泰达精选	12.73%	270006	广发优选	18.28%
10	160106	南方高增	12.35%	100016	富国天源	18.07%

数据来源:上海证券基金评价研究中心、Wind

注:本文仅统计至2010年底成立满三年的基金

此外,2010年业绩好的基金重仓医药生物、信息技术业、食品饮料行业,回避金融地产板块。2010年各行业之间的业绩差距较大,医药生物、信息技术业、食品饮料行业收益率较好,年收益率均在10%以上,而房地产、金融行业全年跌幅较深,达20%左右。2010年业绩较好的基金,普遍重仓医药生物、信息技术业、食品饮料行业。例如,嘉实增长在以上三大行业的配置比例分别为20.30%、13.48%和12.28%,而金融地产板块总共占比不足8%;东吴动力也与之类似,在医疗、食品板块的配置比例均在10%左右,而在金融地产板块的配置比例为零。

总的来说,基金的业绩难以持续,市场的特点和基金的风格决定了其在不同年份的业绩。对投资者而言,基金的短期表现可供参考,但是不能仅根据基金的短期表现来做出投资决策,而应该根据自己的投资目标、风险承受能力来精选基金。在选择基金时,可以重点考虑基金的中长期业绩表现,综合评级、成本、风险、基金管理公司和基金经理的历史业绩等因素,并了解基金历史仓位、行业配置偏好、历史重仓股票的特征等投资风格;同时,在精选基金的基础上对基金进行一定的配置,以长期业绩稳定的大盘风格的基金作为核心基金,配置一定比例的中小盘风格的基金作为卫星基金,也可以考虑一定比例的QDII产品和行业基金,以组合的多样化来分散风险。

决策:短期 VS 中期
——基金投资决策效果模拟

成熟市场的学术研究和投资实践都表明,优秀基金的业绩很难持续,依据短期业绩进行投资决策的效果不佳。基金投资者普遍关注基金的短期业绩,众多的投资者会根据基金的短期业绩进行投资决策,但是国内基金的业绩频频变脸,往往达不到预期的投资效果。我们对多种投资决策的模拟表明:

- 整体上,国内基金业绩难以持续;

- 依据基金短期业绩投资的决策效果不佳；
- 依据长期表现或评级高的策略进行基金投资决策,短期(一年)的业绩也不显著,但在中期(三年)的业绩比较显著。

基金业绩持续性再考察

国外的多项研究表明,在某些阶段,基金投资中存在一种"热手"(hot hand)现象,即某一时段业绩好的基金会连续地取得良好的业绩。国外研究通过生存者偏差来解释这一现象,费率也是一个重要的因素,低费率的基金比高费率的基金业绩持续性更好。我们再次考察基金的业绩持续性,对国内混合基金2003～2010年的数据分析表明,总体上国内基金的业绩难以持续。

如果投资者根据当年的业绩来选择基金,这些基金在下一年同样能超过平均业绩的可能性不大。遵循Goetzmann和Ibbotson(1994)、Malkiel(1995)的方法,我们构建双向表来评估基金业绩的预测能力(见表2.9)。在表2.9中,定义成功者(失败者)为在过去的一年中业绩超过(落后)平均值的基金。研究表明,在2003～2010年,国内基金业绩难以持续,当年业绩好并且在下一年继续表现好的基金所占比例不均衡。在有的年份超过50%,如2003年和2006年的赢家,在下一年度能够继续成为赢家的可能性较大,比例分别达到57.1%和60%；在其他的年份,这一比例较小。说明如果投资者根据当年的业绩来选择基金,在下一年同样能取得超过平均业绩的可能性不大,这一"热手"现象在国内效果不显著。

表2.9 基金业绩持续性不明显

年度		下一年 赢家	下一年 输家	赢家重复的比例	输家成为赢家的比例	备注(统计基金数量)
2003	赢家	4	3	57.1%	42.9%	14
	输家	3	4			
2004	赢家	7	9	43.7%	56.3%	32
	输家	9	7			
2005	赢家	18	15	56.3%	43.7%	66
	输家	14	17			
2006	赢家	24	16	60%	40%	80
	输家	16	24			

续表

年度		下一年		赢家重复的比例	输家成为赢家的比例	备注（统计基金数量）
		赢家	输家			
2007	赢家	16	37	31.4%	68.6%	106
	输家	35	14			
2008	赢家	21	41	33.9%	66.1%	124
	输家	41	21			
2009	赢家	37	33	52.9%	47.1%	140
	输家	33	37			

数据来源：上海证券基金评价研究中心、Wind

相反，那些在当年表现较差、业绩落后于平均回报的基金，在下一年度能够翻身，成为业绩超越平均回报的赢家的可能性也不显著。除了2007年和2008年这一比例超过60%外，在其他的年份，输家在下一年能翻身的可能性都较低（见表2.9）。对投资者来说，不能只根据基金一年业绩的好坏来选择基金进行投资，那些业绩较好的基金下一年不能保证有同样的好业绩，同样的，那些业绩落后的基金，在下一年也未必能翻身。投资者不宜以基金的短期业绩（一年）作为投资决策的重点，基金的管理能力、投资风格等因素更为重要。下面模拟不同决策下基金的投资业绩，检验这些决策的有效性。

决策一：依据短期排名

投资者普遍根据短期的业绩排名来进行投资决策，但是这样的投资决策效果如何呢？我们模拟投资热门基金的决策效果，统计这些热门基金构成的组合在下一年的总体回报，检验这一决策的有效性。这一决策是指投资者在每年初，从前一年基金的排名中挑选热门的基金，分别投资排名前10、前20和前30的热门基金。例如，在2011年初，投资者购买在2010年排名前10、前20和前30的基金，各年份采取同样的办法。

模拟结果表明，购买上一年绩优的基金在下一年是熊市和震荡市的年份表现较好，而在牛市中表现不好。在2004年、2005年、2008年和2010年的熊市和震荡市中，投资前一年领先基金的策略是有效的。在这些年份，前一年领先的基金收益都好于沪深300指数的回报，超越幅度都在10～20个百分点（见表2.10）。但是这一决策在牛市时就失效了，在2006年、2007和2009年，前一年领先的基金回报落后于沪深300指数的回报，落后的幅度较大,达到了20~40个百分点。国内基金的业绩虽然部分反映了基金的管理能力,但很大程度是由基金的风格与市场决定的。在不同的市场条件下,基金的仓位、行业配置和股票配置等因素决定了基金的不同表现。对于未来的市场走向,投资者很难判断是牛市、熊市还是震荡市,因此,投资上一年排名靠前基金的决策无效。

表2.10　　　　　　前一年领先基金当年表现与指数的对比　　　　　单位:%

年　份		TOP10	TOP20	TOP30
2004	模拟回报	−1.26	—	—
	沪深300	−16.30	—	—
2005	模拟回报	3.59	6.20	4.95
	沪深300	−7.65	−7.65	−7.65
2006	模拟回报	106.29	107.60	104.84
	沪深300	121.02	121.02	121.02
2007	模拟回报	102.52	103.21	102.00
	沪深300	161.5	161.55	161.55
2008	模拟回报	−45.03	−44.41	−43.30
	沪深300	−65.95	−65.95	−65.95
2009	模拟回报	45.92	53.54	50.42
	沪深300	96.71	96.71	96.71
2010	模拟回报	3.63	2.81	2.61
	沪深300	−12.51	−12.51	−12.51

数据来源:上海证券基金评价研究中心、Wind

决策二:依据长期表现

第二个决策是投资者既考虑基金相对长期的绩效,也考虑在不同市场状态下表现的持续性。用夏普比率(风险调整后收益)作为筛选的指标,夏普比率同时考虑了基金的超额回报及回报的波动性。以在一个三年期中夏普比率为正值的基金为绩优基金,考察这些在短期(一年)和中期(三年)的表现,检验投资者购买这些"表现一致"的基金是否能取得良好的回报。

结果表明,那些历史上"表现一致"的基金,虽然短期内的表现受市场的影响较大,但在中长期业绩好于市场,甚至不受市场走势的影响。在短期内(一年),这些"表现一致"的基金在熊市和震荡市的表现好于市场,在牛市中落后于市场(见表2.11);而在中长期(三年),这些基金表现远远好于市场,无论市场是怎样的走势(见表 2.12)。这说明,投资者采用这一决策,短期内的有效性不确定,但在中长期内是有效的。

表 2.11　　　　3 年夏普比率为正值的基金在下一年度的表现　　　　单位:%

年份	3 年夏普比率为正值的基金在下一年度的平均收益	沪深 300 指数
2003~2005	103.17	121.02
2004~2006	108.32	161.55
2005~2007	−43.73	−65.95
2006~2008	56.93	96.71
2007~2009	4.29	−12.51

数据来源:上海证券基金评价研究中心、Wind

表 2.12　　　　3 年夏普比率为正值的基金在未来 3 年期的表现　　　　单位:%

年　份	3 年夏普比率为正值的基金在随后 3 年期的平均收益	沪深 300 指数
2003~2005 年基金	138.43	96.84
2004~2006 年基金	82.01	75.19
2005~2007 年基金	−9.12	−41.4

数据来源:上海证券基金评价研究中心、Wind

决策三:依据综合评级

第三种决策考虑那些综合能力评级高的基金在短期和长期内的表现。上海证券基金评价体系对基金进行综合评级,考虑基金过去三年的选股能力、择时能力和风险控制能力。基金在投资决策过程中的这三种能力,具有一定的预测性。以各年三年期综合评级为五星的混合基金构建一个组合,权重相同,考察这一五星组合在短期或中期内能否超越市场。

结果表明,三年综合评级为五星的基金在短期(一年)的业绩优势并不显著,但是在中长期(三年)的业绩优势较为显著。在短期(一年)的 5 个年份中,只在 2008 年的熊市和 2010 年的震荡市中超越了市场(见表 2.13)。在中期(3 年),五星组合的业绩在随后的三年都超越了市场,并且不需考虑市场的状态(见表 2.14)。

表 2.13　　　3 年综合评级为五星的基金在下一年度的表现　　　　单位:%

年份	3 年综合评级为五星的基金在下一年度的平均收益	沪深 300 指数
2003~2005	106.48	121.02
2004~2006	125.84	161.55
2005~2007	−40.54	−65.95
2006~2008	51.67	96.71
2007~2009	3.95	−12.51

数据来源:上海证券基金评价研究中心、Wind

表 2.14　　　3 年综合评级为五星的基金在随后 3 年期的表现　　　　单位:%

时间	3 年综合评级为五星的基金在随后 3 年期的平均收益	沪深 300 指数
2003~2005 年五星基金	140.79	96.84
2004~2006 年五星基金	107.51	75.19
2005~2007 年五星基金	−8.42	−41.40

数据来源:上海证券基金评价研究中心、Wind

总的来说,在业绩的可持续性方面,国内基金表现出了与海外成熟市场相似的特征,即基金的业绩难以持续。依据基金短期业绩投资的决策效果不佳,依据长期表现一致性强或评级高的基金进行投资,短期(一年)的业绩也不显著,但在中期(三年)业绩比较显著。投资者应该放弃根据短期业绩进行投资决策的做法,考察那些在长期内表现出了较好选股、风险控制能力的基金,并且忽略组合短期的业绩波动,进行长期投资。

能力:择时 VS 选股
——国内基金择时能力和选股能力考察

成熟市场的经验表明,基金不具备选股能力和择时能力。国内的市场环境与国外有较大的差别,一方面,国内股票市场的基本特征是散户参与度高、信息不对称程度大。在这样的环境下证券被错判的可能性增大,基金有可能通过选择被低估的证券来获得超额收益;另一方面,国内股票市场大起大落,大多数基金进行积极的市场择时操作,期望通过择时来获得超额收益。研究表明:

- 国内基金在总体上不具备择时能力,通过择时操作获得的超额收益为负;
- 国内基金在总体上具备良好选股能力,通过选股取得了不错的超额收益。

择时能力

在海外成熟市场,基金基本上不做大类资产配置,股票仓位通常维持在90%以上,而国内基金仓位调整频繁且幅度很大。面对国内大幅波动的市场,基金投资管理人的自然倾向是要通过择时,即适时调整基金的仓位来规避市场向下的风险或者抓住市场上涨的机会,普遍采用市场择时策略。但是择时是一把双刃剑,成则可以为投资者创造超过基准的额外收益,否则适得其反,不仅增加了投资的风险,也会损害投资的业绩。

基金择时效果评估

国内基金积极进行择时操作,表现为一直以来超高的换手率。据测算,2011年上半年,普通股票型基金的平均换手率达到了141.9%,最高换手率为天弘成长的573%,最低换手率为长城消费的5.02%;在偏股混合型基金中,平均换手率达到了114.69%,最高换手率为华富价值的679%,最低换手率为富国天益的17%(见表2.15)。

表2.15　　　　2011年上半年基金换手率前十名和后十名

普通股票 基金换手前十名	普通股票 基金换手后十名	偏股混合 基金换手前十名	偏股混合 基金换手后十名
天弘成长(573%)	银华优选(26.71%)	华富价值(679%)	建信优化(36.7%)
华富量子(538%)	汇添富医药(26.65%)	华富策略(652%)	嘉实主题精选(35.8%)
纽银策略(467%)	富国天博(26.50%)	农银平衡(504%)	交银稳健(33.90%)
华富成长(447%)	国富弹性(24.25%)	信达澳银精华(435%)	广发策略优选(33.5%)
诺安中小盘(438%)	金元比联消费(21.44%)	金鹰红利价值(415%)	博时策略灵活(32.9%)

续表

普通股票 基金换手前十名	普通股票 基金换手后十名	偏股混合 基金换手前十名	偏股混合 基金换手后十名
华商产业升级(436%)	易方达中小盘(20.6%)	华富竞争力(397%)	易方达积极(32.7%)
民生内需增长(434%)	金元比联增长(13.7%)	万家和谐(382%)	兴全趋势(29.6%)
民生稳健成长(399%)	长城久富(10.47%)	宝盈核心(333%)	大摩资源优选(26.9%)
农银中小盘(399%)	长城优选(8.19%)	诺德灵活(318%)	华商阿尔法(18.2%)
农银策略价值(379%)	长城消费(5.02%)	中欧新蓝筹(265%)	富国天益(17%)

数据来源：上海证券基金评价研究中心、Wind

注：统计数据为纳入三年期评级的基金

总体上来说，基金没有通过择时产生正的超额收益。采用上海证券基金评价方法中的择时能力指标来评估基金的择时能力(参见"二因素分析模型")，该指标为正，说明基金通过择时取得了正的超额收益，反之则取得了负的超额收益。根据对2008年10月～2011年9月的数据测算，股票型基金择时产生负超额收益的比率高达63.6%，偏股混合型基金择时产生负超额收益的比率约50%。因此，可以说，基金作为一个总体，并不具有择时能力，当然，也有一部分基金取得了正的择时超额收益(见表2.16)。此外，需要注意的是，基金择时能力的好坏对业绩的影响不大。

表2.16　　　　　　　　择时能力好与不好的基金

股票型基金择时 前十名	股票型基金择时 后十名	混合型基金择时 前十名	混合型基金择时 后十名
融通领先(0.35)	诺安价值(−0.18)	东方龙(0.29)	长盛精选(−0.13)
天治核心(0.32)	建信价值(−0.19)	天治财富(0.28)	诺安平衡(−0.14)
融通动力(0.28)	宝盈增长(−0.20)	大摩资源(0.27)	华泰成长(−0.14)
国泰金牛(0.21)	华宝动力(−0.20)	博时价值(0.25)	工银平衡(−0.16)
华富成长(0.20)	景顺鼎益(−0.22)	广发优选(0.25)	招商先锋(−0.17)
宝盈策略(0.19)	量化核心(−0.24)	长盛同治(0.24)	大成价值(−0.19)
汇丰龙腾(0.19)	华宝成长(−0.25)	嘉实策略(0.22)	嘉实服务(−0.19)
泰信优质(0.18)	博时主题(−0.28)	东吴嘉禾(0.21)	招商平衡(−0.21)
澳银领先(0.18)	诺安股票(−0.32)	中海能源(0.19)	博时精选(−0.28)
鹏华治理(0.17)	交银精选(−0.46)	华夏大盘(0.19)	中海分红(−0.37)

数据来源：上海证券基金评价研究中心

注：统计数据为纳入三年期评级的基金

基金公司择时效果评估

在每一次的市场反弹中,有的基金公司旗下基金保持了较高的仓位,从而获得了良好的收益,而有的基金公司旗下基金会因为前期的大幅减仓,部分地踏空了行情。在判断单只基金择时能力的基础上,考察基金公司作为一个整体是否具备择时能力?研究关注那些至少有3只股票型或混合型基金满足上海证券三年期4个以上季度评级的基金公司,符合这个条件的基金公司共34家,其他的公司不参与评估。

在考察的对象中,几乎所有的基金公司在2008年10月~2011年9月间的择时操作中获得的超额收益均为负,也就是说,基金公司总体上并不具备择时能力。具体而言,计算期间内各基金公司旗下单只基金的择时能力指标,并以指标均值来衡量基金公司的择时能力。分析表明,在评估的34家基金公司中,只有天治和上投摩根两家公司的择时能力指标为正,分别达到了0.06和0.01,易方达、国投瑞银、富国和长信四家公司的择时能力指标为0,其他28家基金公司的择时操作,在总体上对基金业绩的影响是负面的(见图2.2)。

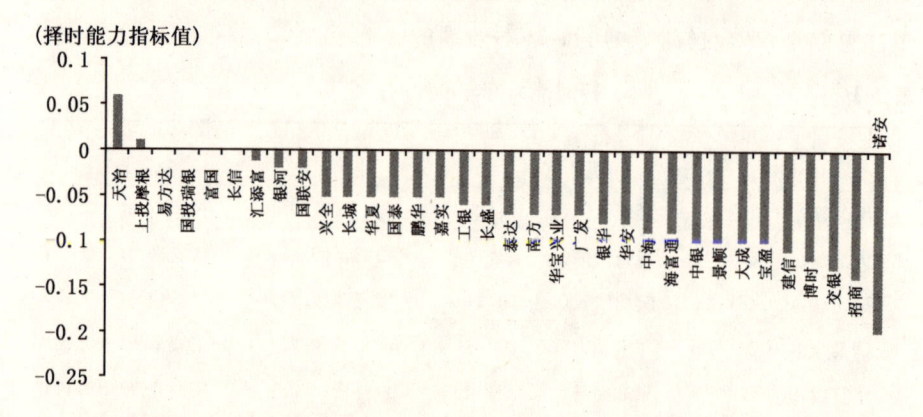

数据来源:上海证券基金评价研究中心

图2.2 部分基金公司择时能力相对排序

在考察的区间,基金公司作为一个总体在择时能力上并没有实质性的改善。统计基金公司各季度上证三年择时指标,发现2011年第3季度基金公司总体的择时能力值为-0.01,择时能力相对来说有所改善,但是仅一个季度的改善还不具有显著意义。在此之前的多个季度,基金公司总体择时能力指标值基本上没有大的变化，维持在—0.06 到—0.08 区间（见图 2.3）。

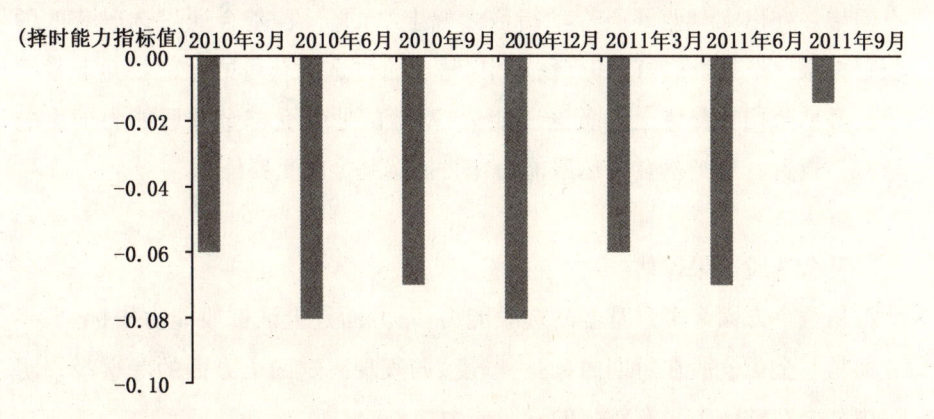

图 2.3 基金公司总体择时能力

数据来源：上海证券基金评价研究中心

不过，从单个公司来说，除了大多数基金公司维持了同等水平的择时能力外，也有一部分基金公司择时能力在讨论期间内逐步变好或变坏。具体来看，择时能力明显逐步变好的基金公司有天治、长信、银河、国泰、鹏华、工银、海富通、宝盈，明显变差的基金公司有华宝兴业和交银，其他的大多数基金公司在不同的区间维持着同等的择时能力。

更进一步，从基金的择时能力能推测出部分公司更注重整体性，而部分公司更注重差异化。注重整体性的公司，表现为同一时间旗下基金的择时能力指标一致性较强，而有的公司基金投资风格差异明显，表现为在同一时间基金择时能力指标差别较大。因此，可以依据各基金公司旗下基金的择时能力来判断不同基金公司是更注重整体性还是更注重差异化。通过对历史数据的解读，推测出注重整体性的基金公司包括招商、银河、天治、诺安、嘉实、交银、华宝兴业、华安、国投瑞银、广发、工银、长信、长盛、博时；注重差异化的基金公司包括易方达、华夏、兴全、海富通、泰达、南方、国泰、景顺、鹏华、宝盈、国联安、中海。

选股能力

基金频频踩中地雷，基金的选股能力广受质疑。对国内基金选股能力的研究表明，国内基金整体上表现出了较强的选股能力，超过 70% 的基金通过选股取得了正的超额收益。但是，在不同的市场状况下，基金选股的能力有差异。在以大盘蓝筹股带动指数大幅上涨的阶段，基金通过选股获取的收益大幅落后；而在熊市和震荡市中，基金通过选股获得的超额收益非常明显。基金公司在整体上具备选股能力，基金的业绩受基金选股能力的影响较大。投资者可把基金的选股能力作为挑选基金的重要依据。

基金选股效果评估

从两个方面来考察基金的选股能力，一方面是上证选股能力指标，另一方面是基金重仓股在短期内(后一季度)的表现。这两个方面的考察都表明国内基金在整体上具有较强的选股能力。

一方面，上证选股能力指标表明国内基金整体上具备较强的选股能力，混合基金的选股能力比股票基金更好一些。上海证券基金选股能力指标考察基金在一个较长的时间(三年)的选股能力(参见"二因素分析模型")，该指标是对基金由选股所产生的超额收益率的平均大小及其稳定性的综合度量。指标值为正，表明基金通过选股获得了正的超额收益，该指标值越大表明基金的选股能力越强。在2008年10月～2011年9月间，股票型基金和混合型基金整体上取得了不错的选股超额收益。基金三年的选股能力指标值为0.08，约73%的基金取得了正的超额收益。其中，股票型基金三年选股能力指标值为0.07，通过选股取得正的超额收益的股票基金占比为69%；混合型基金三年选股能力指标值为0.09，通过选股取得正的超额收益的混合基金占比为76%。

从另外一个角度来看，与行业配置相比，每季基金加仓的重仓股在短期内(下一季)的表现显著好于市场及超配行业。在2009年第二季度到2011年第一季度区间，每季基金超配行业在短期内(下一季度)的收益均值为4.64%，同期市场(沪深300指数)的收益均值为4.31%。相对来说，基金在股票配置方面的表现比较显著。基金加仓重仓股在短期内(一个季度)的平均收益率为7.61%，显著的好于市场4.31%的收益率和季度超配行业4.64%的收益率(见图2.4)。在8个季度中，基金加仓重仓股只在2009年第二季度和2011年第一季度弱于市场，这两个季度都是指数受蓝筹股带动大幅上涨的阶段，其他时间，基金加仓重仓股的表现更好。从这个角度，也说明基金具有较强的选股能力。

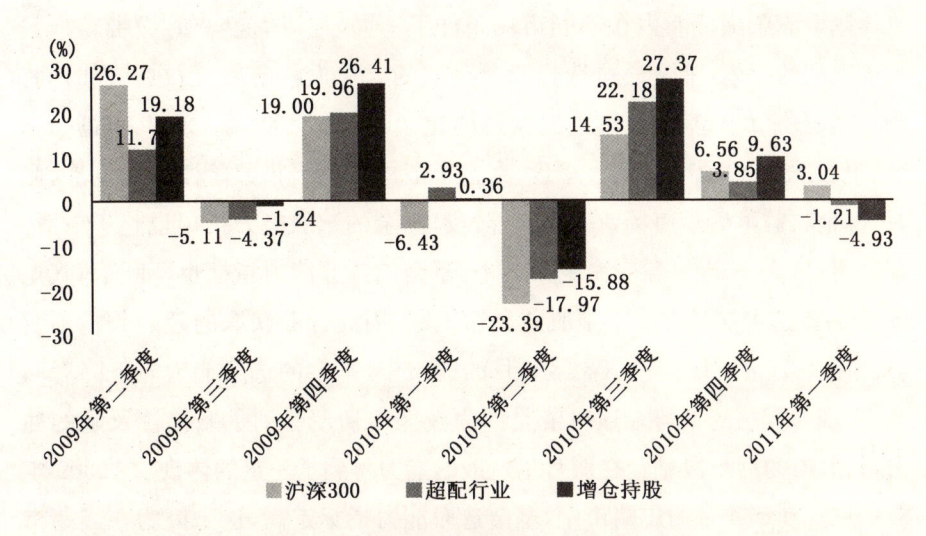

数据来源：上海证券基金评价研究中心、Wind

图2.4　基金加仓重仓股短期业绩(一个季度)显著好于市场和超配行业

虽然基金总体上表现出了较强的选股能力,但是不同基金在选股方面的差异很大。在2008年10月～2011年9月间选股能力评价中,股票型基金中选股能力最强的量化核心,选股能力指标值达到了0.35,表现不佳的中欧趋势则为－0.35;混合型基金中选股能力最强的华夏大盘,选股能力指标值高达0.61,表现不佳的宝盈鸿利则为－0.34(见表2.17)。需要注意的是,基金通过选股获取的超额收益率并不稳定。

表2.17　　　　　2008年10月～2011年9月间选股能力排名

股票型基金前十名	股票型基金后十名	混合型基金前十名	混合型基金后十名
量化核心(0.35)	上投先锋(－0.16)	华夏大盘(0.61)	景顺平衡(－0.16)
国泰金鹰(0.35)	易基科讯(－0.17)	东方精选(0.46)	泰信先行(－0.17)
华夏复兴(0.33)	宝盈策略(－0.17)	富国天瑞(0.40)	上投双息(－0.18)
华夏收入(0.32)	融通动力(－0.18)	国投融华(0.36)	长城久恒(－0.19)
鹏华收益(0.30)	景顺成长(－0.19)	长盛精选(0.35)	万家和谐(－0.19)
国泰金牛(0.30)	景顺蓝筹(－0.19)	易基成长(0.35)	嘉实稳健(－0.21)
兴全全球(0.29)	南方稳健(－0.25)	华安宝利(0.34)	华富优选(－0.22)
广发小盘(0.28)	长信增利(－0.27)	嘉实服务(0.33)	易基平稳(－0.25)
银华优选(0.28)	宝盈增长(－0.34)	宝康消费(0.33)	大摩基础(－0.25)
鹏华价值(0.27)	中欧趋势(－0.35)	国泰金鹏(0.33)	宝盈鸿利(－0.34)

数据来源：上海证券基金评价研究中心

基金股票配置能力在不同市场条件下不同,在以大盘蓝筹股带动指数大幅上涨的阶段,基金通过选择股票获取的收益大幅落后,而在其他时间,特别是震荡市中,基金通过选股获得的超额收益非常明显。2009年第一季度、第二季度和2011年第一季度,在蓝筹股的带动下指数阶段性的上涨,此时,基金收益落后于市场,在这两个阶段,基金的选股能力指标也趋于下滑。2008年11月~2009年7月的牛市中,基金的选股能力指标也不断下降(见图2.5)。这可能是在牛市中股票普遍上涨,因此选股获取的超额收益不明显。在2007年11月~2008年9月的熊市中,基金的选股能力先下降后回升,表现为震荡的走势。这可能是因为在熊市初期受到了系统性风险的冲击,在熊市的后半段基金在弱势里选股的能力得到了一定的体现;在2009年8月~2010年4月的震荡市中,基金选股能力指标走高,这是因为在震荡市中股票的表现差异很大,在这样的市场条件下,基金选股的能力得到了一定程度的体现。

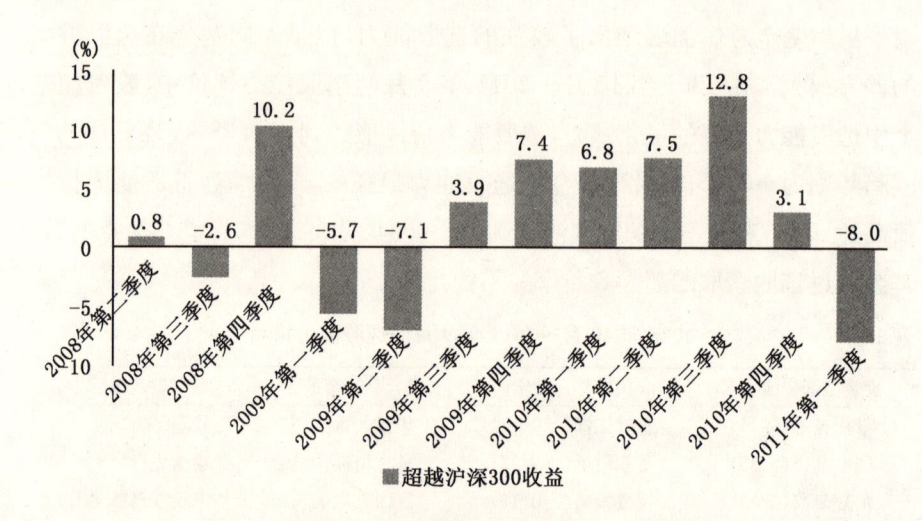

数据来源:上海证券基金评价研究中心、Wind

图2.5 基金在震荡市中选股能力更突出

基金公司选股效果评估

在对单只基金选股能力考核的基础上,考察基金公司作为一个整体的选股能力。关注那些至少有3只股票型或混合型基金满足上海证券三年期4个以上季度评级的基金公司,符合这个条件的基金公司共34家,其他的公司不参与评估。

在考察的对象中,几乎所有的基金公司在过去3年的选股操作中获得的超额收益均为正,也就是说,基金公司总体上具备较强选股能力。在符合条件的研究对象中,计算过去3年间各基金公司旗下单只基金的选股能力指标,并用指标均值来衡量基金公司的选股能力。在评估的34家基金公司中,只有国联安、长信和宝盈三家公司的选股能力指标为负,分别是－0.01、－0.06和－0.25,其他31家基金公司的选股操作,在总体上对基金业绩的影响是正面的(见图2.6)。

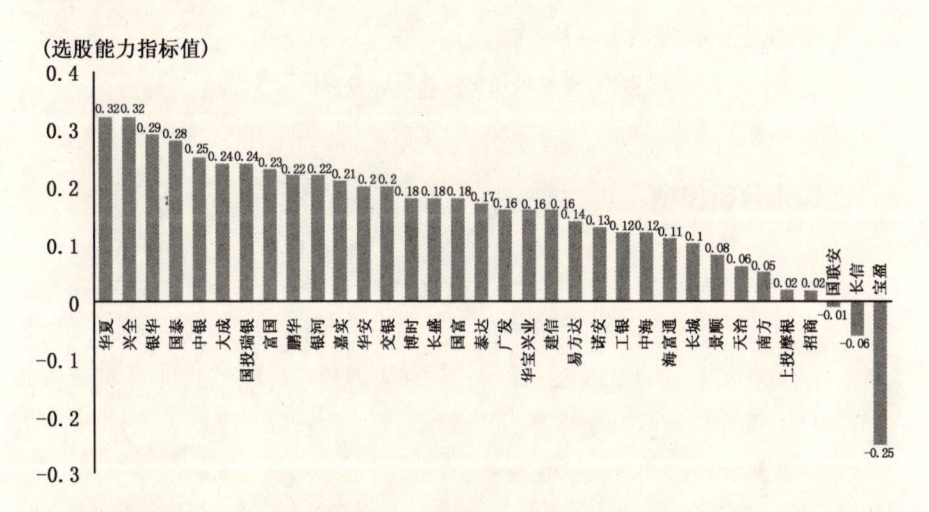

数据来源:上海证券基金评价研究中心

图2.6 基金公司选股能力排名

在考察的区间,基金公司作为一个整体选股能力有所下滑。统计基金公司各季度上证三年选股指标,发现2011年第一季度后基金公司总体的择时能力值下降到了0.1以下,这说明基金公司作为整体选股能力有所下滑,在此之前的多个季度,基金公司总体选股能力指标值维持在0.1~0.2之间(见图2.7)。

对投资者而言,在挑选基金时,可把基金的选股能力作为考核的指标之一。基金的选股能力是基金业绩的重要影响因素。选股能力强的公司,如华夏、兴全、国泰等公司,往往也就是业绩比较好的公司。在之前有关基金择时的研究中,发现只有天治、上投摩根的择时能力指标为正,但是其业绩表现一般,如果从选股能力角度考量,这两家公司的选股能力排名不太理想,这也说明基金的选股能力更能解释其业绩的排序。

(选股能力指标值)

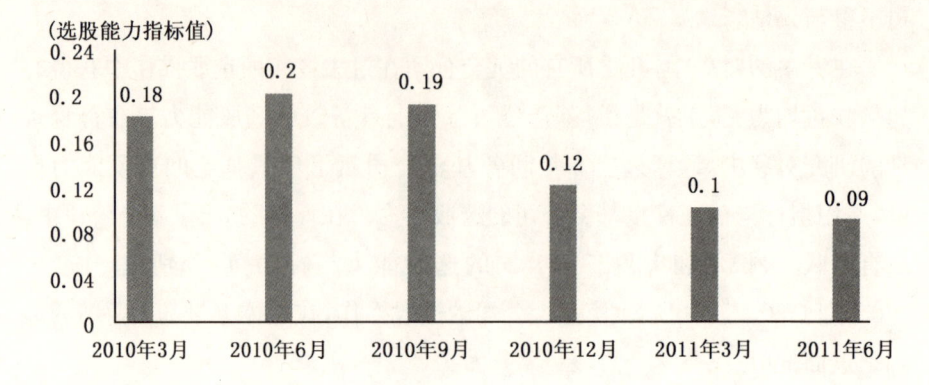

时间	值
2010年3月	0.18
2010年6月	0.2
2010年9月	0.19
2010年12月	0.12
2011年3月	0.1
2011年6月	0.09

数据来源：上海证券基金评价研究中心

图 2.7　基金公司整体选股能力有所下滑

二因素分析模型

国内股票型基金往往持有不可忽略的债券类资产，而债券型基金则往往持有不可忽略的股权类资产。为了避免将股票型基金承受债券市场风险所产生的收益率或债券型基金承受股票市场风险所产生的收益率误当作基金市场风险调整后的超额收益率，上海证券采用如下二市场风险因素分析模型：

$$R_p - R_f = \alpha + \beta_s(R_s - R_f) + \beta_b(R_b - R_f) + \varepsilon$$

其中 R_p 为基金收益率，R_f 为无风险收益率，R_s 为股票市场收益率，R_b 为债券市场收益率，α 为市场风险调整后的超额收益率，β_s 为基金的股市贝塔，β_b 为基金的债市贝塔，ε 为随机误差。

二市场风险因素分析模型将基金的总收益率分解成四部分：(1)无风险收益率；(2)承受股票市场风险所产生的收益率；(3)承受债券市场风险所产生的收益率；(4)市场风险调整后的超额收益率。二市场风险因素分析模型不仅应用于混合型基金，而且应用于股票型基金与债券型基金，以准确地理解和度量基金收益率的来源。

选股和择时能力指标

上海证券运用二市场风险因素分析模型估计基金由选股所产生的市场风险调整后的超额收益率（A 值）：

$$A = (R_p - R_f) - \beta_s(R_s - R_f) - \beta_b(R_b - R_f)$$

A 值标准差反映了基金由选股所产生的市场风险调整后的超额收益率的稳定性（或不稳定性）。A 值与其标准差之比即上海证券的基金选股能力指标，该指标是对基金由选股所产生的超额收益率的平均大小及其稳定性的综合度量，旨在避免将运气误当作选证能力。

上海证券运用上述二市场风险因素分析模型估计基金及基金基准的股市贝塔(β_{ps} 与 β_{ts})与债市贝塔(β_{pb} 与 β_{tb}),从而计算基金每月由择时所产生的超过基准的收益率(T 值):

$$T = (\beta_{ps} - \beta_{ts})(R_s - R_f) + (\beta_{pb} - \beta_{tb})(R_b - R_f)$$

T 值标准差反映了基金由择时所产生的超过基准的收益率的稳定性(或不稳定性)。T 值与其标准差之比即是上海证券的基金择时能力指标。

资料来源:上海证券基金评价研究中心

基因:优基 VS 劣基
——寻找优质基金的基因

面对市场上众多的基金,投资者的困惑是如何从中挑选出优质的基金。事实上,就算是同类型的基金,在运行一段时间后,业绩差距也会有天壤之别。因此,筛选基金是投资者面临的一个重要的问题。什么是好的基金,优质基金的根本特征是什么?这些问题是基金投资者普遍关心的。一般来说,挑选基金时需要关注基金投资的标的、投资的风格、基金经理等因素;此外,在成熟市场,基金的投资成本是影响业绩的一项重要因素,因此,与基金成本相关的费率、换手率是挑选基金的重要考虑因素,投资者并不关注基金的选股能力和择时能力,因为成熟市场的基金并不具备选股与择时的能力。在界定优质基金和劣质基金的基础上,考察这两组基金在选股能力、择时能力、运作费率、换手率、规模和机构投资者持有比重六个方面的差别,发现:

● 在国内的投资实践中,投资者应重视基金的选股能力、机构投资者持有比重和基金的规模;

● 基金的择时能力、运作费率和换手率并不是重要的业绩影响因素。

选股能力

对基金的评价关注的是相对业绩,即相对于自身基准的业绩,超越自身基准的部分称为超额收益。计算所有股票型基金在 2008 年、2009 年和 2010 年超额收益的平均值,把连续三年超额收益在平均值以上的基金称为优质基金,连续三年超额收益在平均值以下的称为劣质基金,确定出符合条件的优质基金 11 只和劣质基金 9 只(见表 2.18)。

表 2.18　　　　　　　　优质基金与劣质基金的研究样本

连续三年在超额收益均值之上的基金	连续三年在超额收益均值之下的基金
兴全全球	广发小盘
银华富裕	诺德价值
国泰金鹰	德盛优势
信诚精粹	诺安股票
泰达周期	融通动力
富国天合	天治核心
银华优质	长信增利
泰达成长	中欧趋势
国投创新	宝盈增长
建信价值	
国富弹性	

数据来源:上海证券基金评价研究中心、Wind

优质基金显示出了显著的选股能力,而劣质基金在选股方面表现较差。选股能力表明了基金通过选择优质的股票来获取超额收益的能力。优质基金组的选股能力指标值达到了 0.35,而落后基金组的选股能力指标值较差,甚至选股能力指标值为负,为 −0.07(见图 2.8)。选股能力指标值高表明这些基金具有较好的研究能力,能够通过深入的挖掘筛选出有价值的股票。

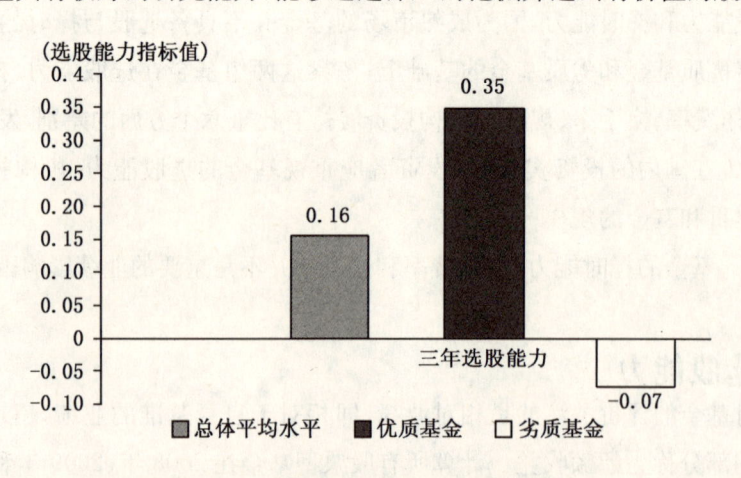

图 2.8　优质基金的选股能力突出

择时能力

优质基金在择时方面做得并不好,总体上择时收益为负,在这方面并没有显示出与劣质基金的差别。优质基金组的择时能力指标值为-0.01,劣质基金组的择时能力指标值为-0.02,基金总体的择时能力指标值为-0.03(见图2.9)。此外,优质基金与劣质基金在择时上的无差异也可以通过这两组基金的仓位来反映,优质基金与劣质基金在仓位上也没有明显的差异,在不同季度二者间的差异在3个百分点左右(见图2.10)。这一结论表明,基金期望通过积极择时,试图把握住趋势来进行低买高卖的策略是失败的,在这方面,优质基金与劣质基金表现同样拙劣。

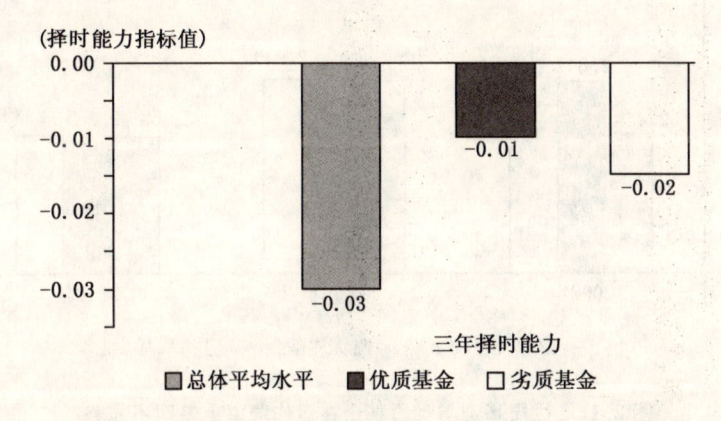

图 2.9　优质基金与落后基金在择时能力方面的差别不显著

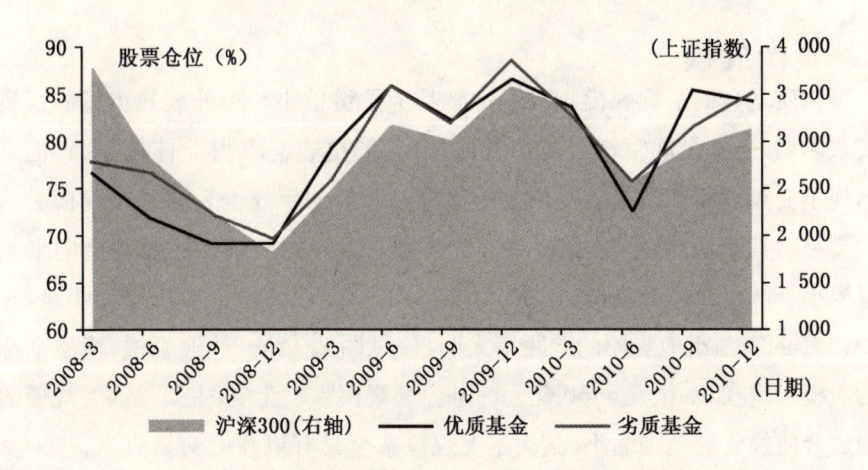

图 2.10　优质基金与劣质基金的仓位没有显著差异

运作费率

优质基金与劣质基金在运作费率方面没有显著的差距。在海外成熟市场,费率与业绩负相关的关系非常明显,即费率高的基金,在长期内业绩会相对表现不好,因此,投资者把费率作为购买基金的一个重要的参考依据,回避那些费率相对较高的基金。基金总体、优质基金组与劣质基金组在运作费率上的差距不显著,总体运作费率在 2.5% 左右(见图 2.11)。优质基金组在 2008 年运作费率高于劣质基金组 30 个基点,但是在 2009 年和 2010 年低于劣质基金组 10 个基点,总体上差异不显著。

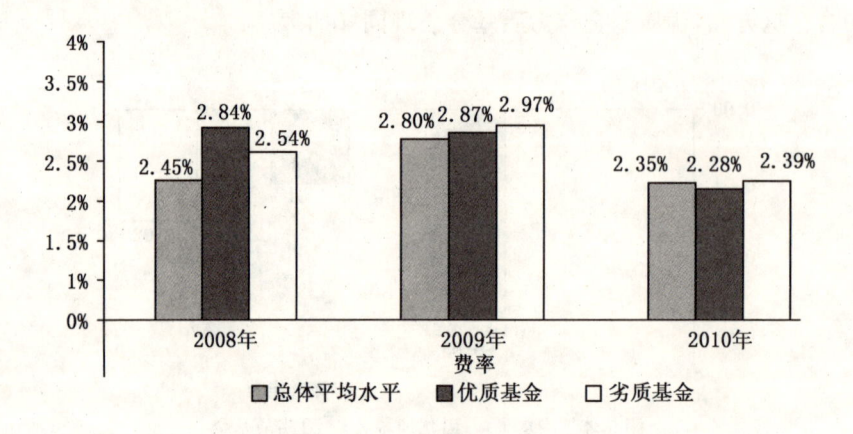

图 2.11　优质基金与劣质基金在运作费率上差别不显著

资产规模

优质基金的平均规模相对于劣质基金显得较小。海外成熟市场的投资实践表明,当基金规模相对较小的时候,它们更容易取得上佳的业绩,但是当规模变大以后却失去了业绩上的优势。我们的研究也表明基金规模的增大会制约其业绩,中小规模的基金更容易取得好的业绩。优质基金的平均规模小于基金总体规模均值,在 2008 年和 2009 年的单边市里更为明显,在 2010 年的震荡市中规模的差距不太明显(见图 2.12)。一般来说,优质基金的规模普遍在 30 亿元至 50 亿元。基金的规模影响业绩,主要是因为规模的增加会使投资的范围缩小;其次是大规模基金具有更高的交易成本,这一交易成本除了佣金外,还包括交易带来的市场影响和机会成本等隐性成本;此外,大规模的基金不像小规模基金那么灵活,大规模基金在投资过程中的繁杂程序、组织的低效率,使投资的重点放在了"过程"上而不是"判断"上,最终影响了基金的总体业绩。

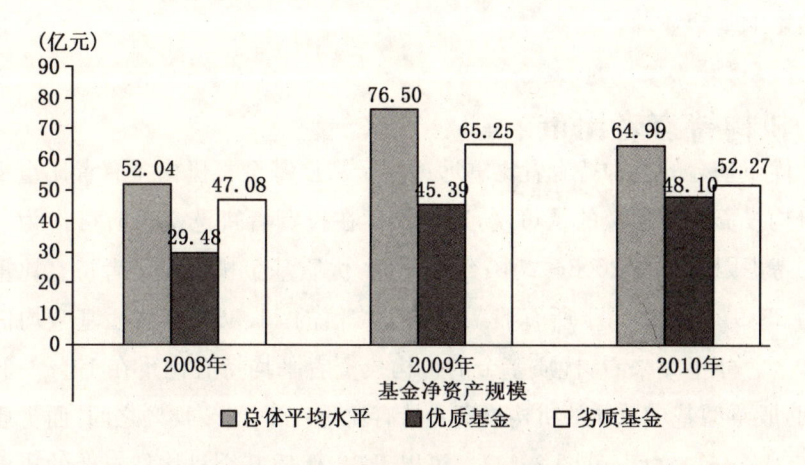

图 2.12 优质基金的规模适度偏小

换手率

优质基金的换手率与劣质基金的换手率也没有显著的差异。在海外成熟市场,基金的换手率近年来也有不断增加的趋势,但是总体上换手率在65%～95%,与之相比,国内基金的换手率极度的高,近年来平均换手率在250%左右,有的基金换手率高达2 000%,这意味着基金每18天就调仓一次。总的来说,基金的换手率与业绩的关系不显著,优质基金的换手率与落后基金的换手率没有显著的差距(见图2.13)。在2008年的熊市中,优质基

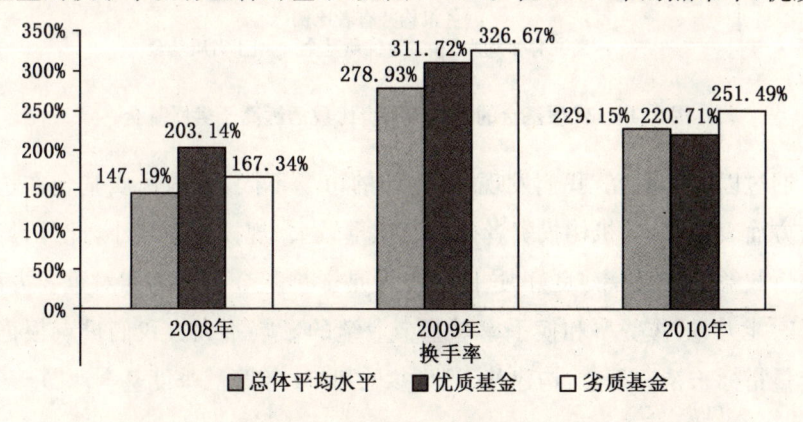

图 2.13 优质基金与劣质基金在换手率上差异不显著

金的换手率稍高,可以理解为在熊市中通过基金的操作可以避免一定的系统性风险,而在2009年的牛市中,持有股票的策略业绩更优,积极的操作相反会影响基金业绩。

机构持有者比重

优质基金的机构持有者比重远远高于劣质基金。机构持有者比重反映了机构投资者对基金的认可度,这一指标在投资者挑选基金时可作为一个重要考虑因素。在2008～2010年三年间,优质基金机构投资者持有比重均值为23.9%,远远高于所有股票型基金均值的11.86%和劣质基金均值的4.49%。分年度来看,优质基金的机构投资者平均持有比重在19%～30%之间,股票型基金总体的机构投资者持有比重在10%～13%之间,而劣质基金在3%～6%之间(见图2.14)。可以看出,优质基金机构持有者的比重远远高于劣质基金。

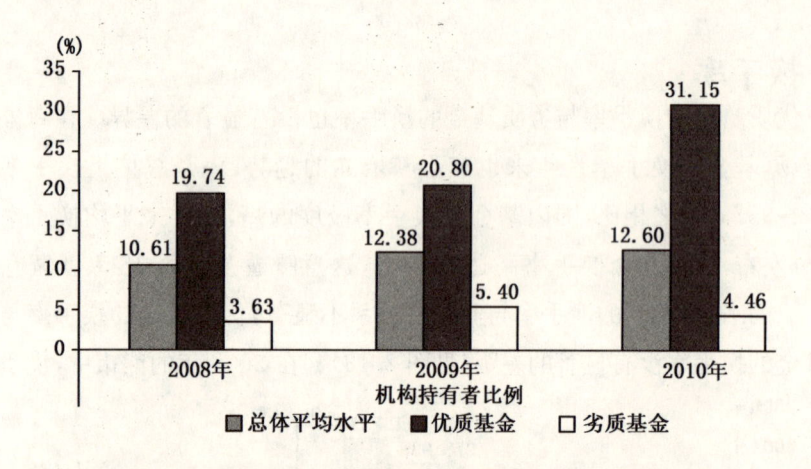

图2.14 优质基金的机构持有者比重远远高于劣质基金

通过以上的研究,我们发现,与海外的市场不同,国内优质基金在选股能力方面表现突出、机构投资者持有的比重较大、规模相对较小,此外,风险调整后收益(夏普比率)良好,这四个因素是影响基金业绩的相对重要方面,而择时能力、运作费率和换手率对基金业绩的影响不大。我们重点根据这些定量指标来精选基金,构建基金池(参见"2011年第三季度基金池")。

2011年三季度基金池

股票型基金:兴全全球、国泰金鹰、国泰金牛、交银成长、嘉实优质、大成景阳、景顺增长、建信价值(皆为大盘成长型风格)。

混合型基金:富国天惠(偏股混合、大盘成长型风格);大摩资源(偏股混合、中小盘成长型风格);华安宝利(标准混合、大盘成长风格);鹏华成长、金鹰中小盘、嘉实增长(标准混合、中小盘成长风格);国投融华、兴全转基(保守混合型)。

债券型基金:富国天利、工银强债A(激进债券型);鹏华债券、大成债券AB(普通债券型)。

资料来源:http://weibo.com/daihongkun/profile,每季度更新。

论剑:基金 VS 散户
——散户投资业绩与基金投资业绩比较

又一年喧嚣尘上的基金业绩排名已落下大幕。面对大多数基金,持有人再次表达不满和质疑,甚至赎回自己的份额,基金投资专家的形象已支离破碎。很多基民转为了股民,宁可把命运掌握在自己的手里。随着基金数量的增多,基金份额却大幅度缩水。理性地讲,神话基金和过分贬低基金都是不可取的,应理性看待基金业绩。质疑基金,但个人投资者是否就能做得比基金好呢?对2006~2010年基金和个人投资者的投资业绩进行的分析表明:

- 在牛市中,基金业绩远远好于个人投资者,但跑输指数;
- 在熊市中,基金不能为投资者赚到钱;
- 在三种市场下,基金的投资业绩整体上都好于个人投资者整体,尽管基金的投资业绩为人诟病,但基金仍是个人投资者的较好选择。

牛市

以多个权威媒体在每年末对个人投资者调查的结果来反映当年个人投

资者的业绩,基金的业绩取当年所有股票型基金投资业绩的均值。

在牛市中,基金充分分享了牛市的盛宴,而大多数个人投资者却只能望指数兴叹。在2006年、2007年基金取得超过100%净值增长率的比例为87.1%、88.23%,而同期能获得超过100%收益的个人投资者的比例仅为5%和3%(见图2.15、图2.16)。在2009年取得50%~100%业绩的基金比例为86.20%,同期取得这一业绩的个人投资者的比例仅为11.5%(见图2.17);在这三年的牛市中,统计的基金全部实现了盈利,却有很大比例的个人投资者在牛市里亏损,个人投资者在这三年亏损的比例分别是28%、38%和19.6%。较高的仓位限制使基金在牛市里能分享到果实,而个人投资者难以克服人性的弱点,往往在指数由弱转强的过程中踏空了行情,或者随着指数的上涨而患上了恐高症。

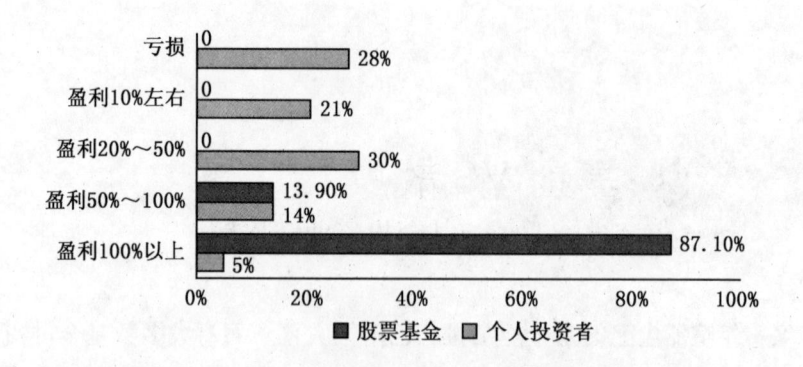

图 2.15　2006 年股票型基金收益率和个人投资者收益率

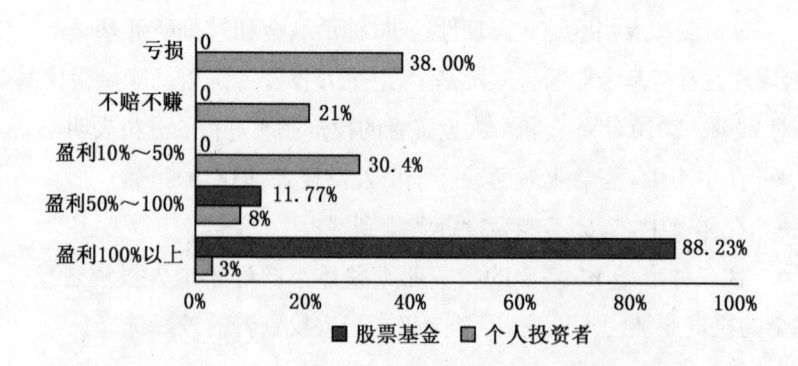

图 2.16　2007 年股票型基金收益率和个人投资者收益率

第二章 绩效与能力

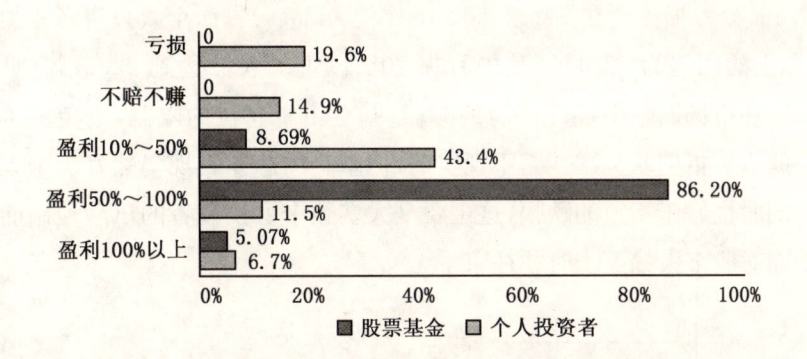

亏损	0 / 19.6%
不赔不赚	0 / 14.9%
盈利10%~50%	8.69% / 43.4%
盈利50%~100%	86.20% / 11.5%
盈利100%以上	5.07% / 6.7%

图 2.17 2009年股票型基金收益率和个人投资者收益率

虽然牛市中基金完胜个人投资者,但主动管理型基金却跑输指数。在2007年,主动管理型基金的平均业绩为144.5%,而沪深300指数的涨幅为161.6%;在2009年,主动管理型基金的平均业绩为76.3%,而沪深300指数的涨幅为96.7%(见图2.18)。可见,在牛市中,虽然主动管理型基金完胜个人投资者,但却跑输了指数。也就是说,在牛市中,投资者只要购买费率较低的指数基金,就能战胜主动管理型基金,自己也不需要在股市中耗费太多的精力,但问题是,投资者没有办法预判市场的走向。

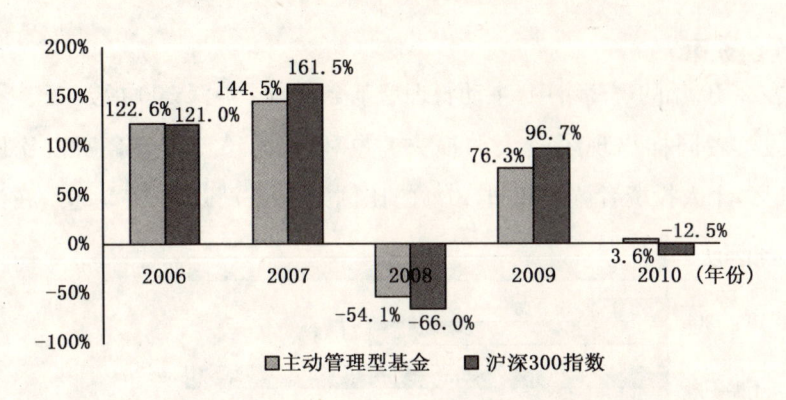

年份	主动管理型基金	沪深300指数
2006	122.6%	121.0%
2007	144.5%	161.5%
2008	−54.1%	−66.0%
2009	76.3%	96.7%
2010	3.6%	−12.5%

图 2.18 主动管理型基金与指数基金业绩比较

熊市

在熊市中,股票型基金和个人投资者都亏损严重,基金亏损的幅度要小于个人投资者,在这种行情下,指望基金为持有人赚到钱是不可能的。在2008年的大熊市中,基金整体上亏损,大多数的亏损为50%~60%,比例达到60.19%,亏损控制在20%~50%的比例为35.9%;而个人投资者亏损达60%以上的比例为32.4%,其中亏损70%以上的人数达到22.31%(见图2.19)。在市场面临系统性风险的时候,基金由于仓位的限制,避免不了亏损,在熊市里指望基金赚钱是不现实的,但基金的总体表现仍然好于个人投资者,同时也好于指数的跌幅,这主要是大多数个人投资者的风险控制能力较弱,面对股市大幅下跌时往往束手无策。

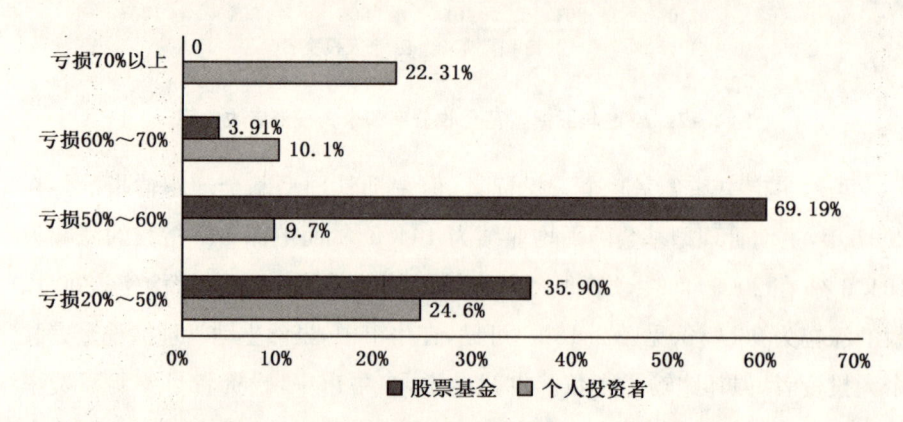

区间	股票基金	个人投资者
亏损70%以上	0	22.31%
亏损60%~70%	3.91%	10.1%
亏损50%~60%	69.19%	9.7%
亏损20%~50%	35.90%	24.6%

图2.19 2008年股票型基金收益率和个人投资者收益率

震荡市

在2010年的震荡市中,主动管理型基金跑赢了沪深300指数,而大多数个人投资者同样出现了较大的损失。盈利超过10%的基金所占比例为36.55%,个人投资者盈利超过10%的比例为19.97%(见图2.20),在沪深

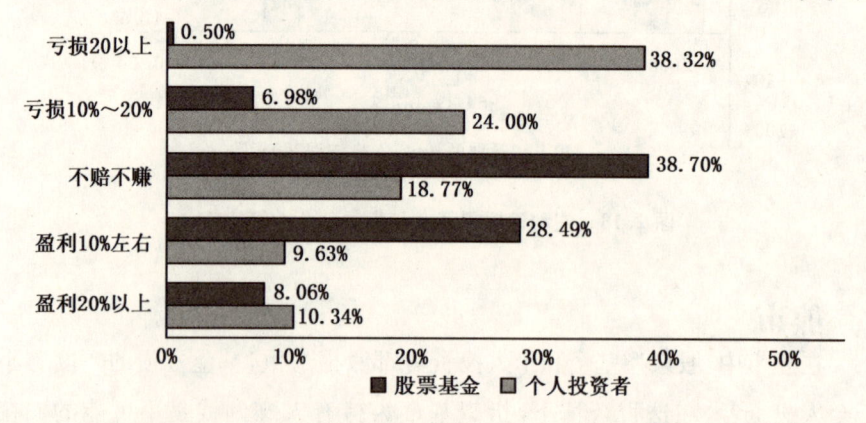

区间	股票基金	个人投资者
亏损20以上	0.50%	38.32%
亏损10%~20%	6.98%	24.00%
不赔不赚	38.70%	18.77%
盈利10%左右	28.49%	9.63%
盈利20%以上	8.06%	10.34%

图2.20 2010年股票型基金收益率和个人投资者收益率

300指数全年下挫12.51%的背景下,有不到8%的股票型基金出现亏损,相比之下,有超过六成的个人投资者亏损。

定位

在牛市中,基金业绩远远好于个人投资者,但跑输了指数;在熊市中,基金不能为投资者赚到钱;在三种市场状况下,广大的个人投资者都亏损严重。认清这一事实,能让我们理性地看待基金,给基金在资本市场上的角色一个合理的定位。

基金是长期累积财富的专业投资者,而不是短期获取高额收益的专家。在海外成熟市场,基金已经成为一个不可或缺的投资工具。个人投资者将其作为退休、储蓄的工具,社会名流将其作为资产保值的手段。在美国基金发展的历史上,在20世纪70年代前,由于基金主要投资于股票市场,市场所经历的多次熊市打击着投资者对基金的信心。事实上,美国基金的发展,是由于20世纪70年代中期的几起事件激发了小投资者对货币市场基金和债券基金的兴趣而发展起来的,货币市场基金和债券基金让投资者在获得高利率的同时满足了最低投资的要求;其后,随着《1981年税收法案》推出的个人退休账户使人们意识到基金的好处,从而投资者把基金当作为退休而准备的投资工具;到了20世纪90年代,欣欣向荣的股票市场与401(K)退休计划的流行加速了共同基金行业的发展。作为专业的投资者,基金为个人投资者提供了管理专业化、投资分散化、低成本、买卖的便捷性和充分的流动性。另一方面,作为一种投资的工具,投资基金也有较大的风险,它克服不了由于市场的波动而带来的风险。投资者不能期望基金在短期内获取高额的利润,不能把基金当作是短期内能让持有人发财的投资专家。

对个人投资者而言,要认识到在市场上获取利润很难,专业的事情要交给专业的机构来做。与其自己在市场中折腾,不如把投资理财的事交给可信赖的基金,自己安心做好自己的工作。在美国资本市场的发展史上,在开始很长的一段时间内,个人投资者所占的比重也非常高,随着资本市场和个人投资者的不断成熟,个人投资者在市场上所占的比重逐步下降,大多数投资者转而去购买基金。国内的个人投资者,普遍相信自己的能力,幻想通过资本市场来发财,把大量的资源投入股市,耗费了时间、荒废了自己的专业,不要说大多数人损失惨重,就算是有所盈利,那也是得不偿失的。

评级:高星 VS 低星
——高星级基金的业绩分析

在 2010 年国内公布了第一批获得基金评级资格的机构后,投资者在媒体能够广泛地接触到这些"星星"评级。那么,购买高星级的基金是否就能够有好的回报呢?在前面的相关章节,我们模拟了一项高星级基金组合的业绩,表明根据高星级的基金进行投资,短期内(一年)业绩跟其他基金没有显著差异,但是在中期内(三年),获评高星级的基金能够显著地战胜其他基金。当然,我们不主张投资者只根据星级这一单一指标来进行投资决策,而是建议投资者把评级作为筛选基金的第一步,在此基础上,再考察其他的因素,最终选出好的基金。因为基金的评级是建立在历史数据的基础上,而历史的评级与未来市场的走势之间会有差异。但是,评级仍然能给投资者启示。此部分进一步探讨高星级基金的业绩,从总体上比较高星级基金(五星、四星)与低星级基金(三星、二星、一星)在长期内的业绩。以 2004~2007 年 3 年评级为基础筛选出两组基金样本,从"固定组合"和"动态组合"两个角度来进行对比。"固定组合"是指随着评级的变化不调整初始组合。"动态组合"是指根据每个季度的评级结果调整组合,调入升级的基金、调出降级的基金。从这两个角度来跟踪基金在 2007 年 7 月~2011 年 3 月 3 年多的时间里的表现,发现:

● 在一个相对较长的时间内,固定高星级组合的业绩未能显著超越低星级基金组合;

● 对于动态的高星级基金组合,其中期(三年)业绩显著地超越了低星级基金组合,五星基金组合表现尤为突出。

固定组合

研究关注的第一个问题是:当投资者选择一组高星级的基金,与在同期选择一组低星级的基金,在随后一个较长的时间内,在总体上高星级的基金是否能比低星级的基金表现更好?为了使比较更具客观性,选择2004年7月～2007年6月三年评级为五星、四星的高星级基金,与同期被评为三星、二星和一星的低星级基金进行比较,考察这两组基金在2007年7月～2011年3月间的表现。在这个过程中,不改变两组基金的构成。考虑到股票型基金能够满足2004年～2007年三年评级的只有三只基金,因此在固定型组合分析时只考虑混合型基金。

在长期范围内,固定五星组合的业绩与低星级组合的业绩无差异。2004年7月～2007年6月的三年评级中,高星级基金(五星、四星)共9只,低星级基金(三级、二级、一级)共18只。统计表明,在2007年7月1日～2011年3月31日,低星级基金的累积收益率为－3.95%,高星级基金的累积收益率为2.95%(见图2.21),高星级基金组虽然超越了低星级基金组,但是超越的幅度很小,基本上可以看作是无差异,固定的高星级基金组没有体现出其优势。此外,固定的五星基金组,其业绩在3年中超越低星级组的程度也不高,五星基金组的累积收益率仅为2.07%。这些结果说明固定型的高星级组与低星级组在长期内业绩无差异。实际上,开始阶段的五星基金,在随后三年多的走势中,业绩出现了很大的分化。起始时候的八只五星基金,在另一个三年期评级中(2008年4月1日～2010年6月30日)出现了分化(见表2.19),仅有2只继续评为五星,1只评为四星,3只评为三星,二星和一星各1只。

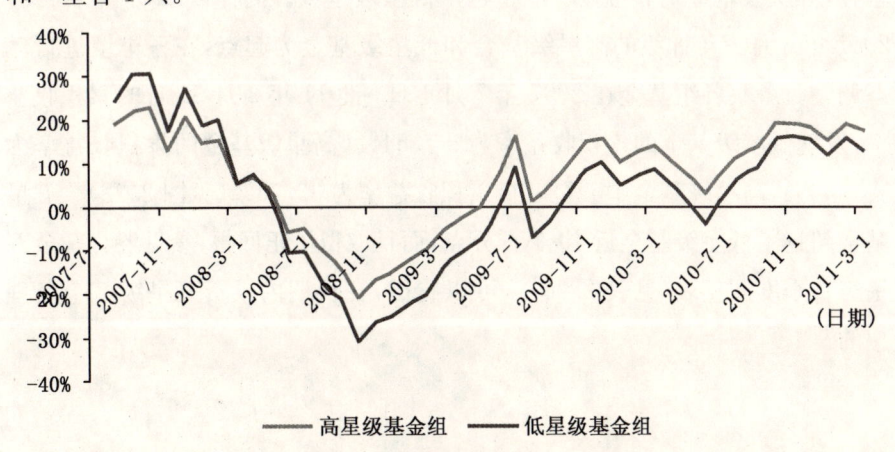

图 2.21　固定高星级基金组和低星级基金组长期业绩无差异

表 2.19　　　　　　固定基金组合在两个区间内评级分化严重

基　金	2004年7月~2007年6月	2007年7月~2010年6月
华夏红利	★★★★★	★★★★★
兴全趋势	★★★★★	★★★★★
东方精选	★★★★★	★★★
海富通回报	★★★★★	★
华宝收益	★★★★★	★★★★
交银稳健	★★★★★	★★★
工银平衡	★★★★★	★★
华夏稳增	★★★★★	★★★

数据来源：上海证券基金评价研究中心、Wind

动态组合

研究关注的第二个问题是：动态型高星级基金在一个较长的时间内会有怎样的表现？动态是指根据季度基金评级来调整高星级基金和低星级基金的构成，各组中基金的数量和星级在各个季度都是动态的，赋予各组中基金相同的权重。

对于混合型基金，长期内高星级基金业绩在一定程度上超越了低星级基金，五星级基金则非常显著地超越了低星级基金。同样以2004年7月~2007年6月三年评级的高星级基金和低星级基金为起点，在各季度进行动态调整。考察各组基金在2007年7月1日~2011年3月31日的累积收益率，发现低星级基金的累积收益率为-7.54%，高星级基金的累积收益率为-1.46%，高星级基金中五星基金累积收益率为32.75%（见图2.22）。五星基金超越了低星级基金近40个百分点，而且取得了正回报，参见混合基金五星组合季度调整表（见表2.20）。可以看出，在长期内投资五星级基金是理想的。

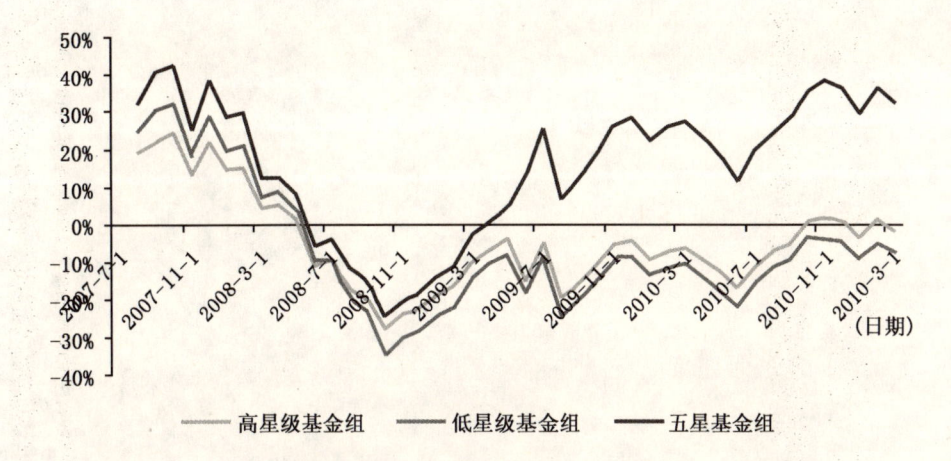

数据来源：上海证券基金评价研究中心、Wind

图 2.22　动态五星基金组长期显著超越低星组

表 2.20　　　　　　　　混合型五星基金动态调整过程（节选）

时　间	加　入	剔　除
2007 年 3 季末	—	—
2007 年 4 季末	—	—
2008 年 1 季末	华夏大盘、宝康配置、华安宝利、国投融华、银河收益、上投优势	信诚四季红、东方精选、海富通回报、交银稳健、工银平衡
2008 年 2 季末	华夏回报、银华优势、华宝策略	上投摩根双息平衡、华宝收益、华夏稳增、国投融华、上投优势
2008 年 3 季末	—	—
2008 年 4 季末	中银中国、银河稳健	宝康配置、华安宝利
2009 年 1 季末	国投融华、华夏经典	中银中国
2009 年 2 季末	大摩资源	华宝策略
2009 年 3 季末	华宝收益、中银中国	—
2009 年 4 季末	华宝策略、国泰金鹏	华夏经典
2010 年 1 季末	宝康消费、嘉实增长、嘉实策略	银河收益
2010 年 2 季末	鹏华 50，剔除华夏回报、国投融华、华宝收益、国泰金鹏	

数据来源：上海证券基金评价研究中心、Wind

注：①研究没有考虑每个季度组合调整的成本；②起始五星组合为：华夏红利、兴全趋势、东方精选、海富通回报、华宝收益、交银稳健、工银平衡、华夏稳增

总的来说，本报告实证检验的结果表明，在长期内经动态调整的高星级基金能够显著地超越低星级基金，其中五星级基金表现尤为突出。

集中还是分散，风格并非业绩的密码。基金普遍采取市场择机策略，试图通过频繁的操作来把握机会，表现为超高的换手率，由此加大了基金的运作成本，这些"隐性成本"尚未为投资者所重视。

第三章

风格与费用

风格：集中无关风险
规模：迷你不是问题
换手：行业整体高企
成本：保持相对稳定

风格：集中无关风险

观察国内基金的持股数量，有的高达 200 只以上，有的低至 30 只。一般来说，基金通过投资于众多的股票，来充分地分散个股的风险，减少组合的波动。从直观上来说，投资者会认为 50 只股票构成的组合比 200 只股票构成的组合风险更高。但是，对分散投资一直有来自各方的不同看法。巴菲特就认为分散投资应该受到谴责，他从来就不认为有必要分散投资。在实际的操作中，也有很多基金经理有自信通过深度挖掘、集中持股，来获取更大的收益。对国内过去几年集中持股的基金进行的研究表明：

- 集中持股的基金在业绩上并没有显著好于分散持股的基金；
- 集中持股基金并不意味着高风险，相比同类基金，集中持股基金的波动幅度并不特别高或者特别低；
- 在集中持股的基金中，换手率较高的"相对灵活群体"与换手率较低的"长期持有群体"，在业绩和波动性上并没有显著的差异。

集中还是分散

为了从一个较长的时间周期来考察基金在股票配置方面的分散化程度，我们关注 2007 年底前成立的股票型基金，在统计的总共 98 只基金中，所有基金在 2007～2010 年四年的平均持有股票数量为 74 只。平均持有股票数量最多的基金包括富国天合、诺安股票，平均持股数量分别达到了 211 只和 174 只，平均持有股票数量最少的基金包括国富弹性、泰达周期、博时卓越，平均持股数量分别为 32 只、33 只和 33 只。

这些基金有的一直保持一种风格，有的持股风格变化较大。在保持同一风格的基金中，有的保持高度分散化的持股风格，如富国天合、诺安股票、华泰博瑞等（见表 3.1），有的保持高度集中化的持股风格，如国富弹性、泰达周期、博时卓越等（见表 3.2）。还有不少的基金，持股的风格变化较大，如诺安价值增长，在 2007 年、2009 年和 2010 年都持有 100 只股票以上，而在 2008 年只持有 41 只股票；鹏华优质治理，在 2007 年和 2008 年分别持有 159

只和142只股票,而在2009年和2010年分别只持有41只和49只股票(见表3.3)。

表 3.1　　　　　　　　保持低持股集中度的典型基金

基　金	2007年	2008年	2009年	2010年	平均
富国天合	227	218	219	181	211
诺安股票	200	169	195	131	174
华泰博瑞	120	78	188	197	145
汇添富均衡	110	94	156	149	127
易方达价值	91	99	106	185	120
华宝兴业行业	119	127	104	116	116
诺安价值优势	98	142	119	100	114
华安中小盘	112	85	113	134	111
广发聚丰	131	103	90	117	110
华夏优势	98	97	123	116	108

数据来源:上海证券基金评价研究中心、Wind

表 3.2　　　　　　　　保持高持股集中度的典型基金

基　金	2007年	2008年	2009年	2010年	平均
国富弹性	41	24	27	35	32
泰达周期	28	31	30	41	33
博时卓越	33	35	36	29	33
万家公用	28	35	42	43	37
国联安优势	45	38	40	32	39
宝盈策略	55	37	31	42	41
景顺长城	42	53	45	31	43
景顺长城2	42	56	45	31	43
景顺长城新兴	30	39	57	50	44
景顺长城优选	36	45	51	44	44

数据来源:上海证券基金评价研究中心、Wind

表 3.3　　　　　　　　持股集中度变化大的典型基金

基　金	2007 年	2008 年	2009 年	2010 年	平均
诺安价值增长	131	41	134	104	102
鹏华优质治理	159	142	41	49	98
光大宝德信	84	97	138	53	93
南方成份精选	86	47	126	108	92
华夏行业精选	57	93	152	61	91
南方绩优成长	71	59	153	76	90
国泰金牛创新	122	105	76	50	88
富国天博创新	103	42	114	78	84
景顺长城精选	51	50	137	93	82
中欧新趋势	33	59	122	65	70

数据来源：上海证券基金评价研究中心、Wind

集中持股与业绩

巴菲特认为降低风险的最好办法是专注于熟悉的公司和有强竞争力的公司，他旗下公司伯克希尔的股票组合，大约 90％的市值集中在前 10 大股票。国外的研究也表明，投资风格集中的基金总体表现并不逊色（参见"投资风格集中的基金总体表现不逊色"）。把 2008～2010 年平均持股数量不超过 70 只的基金界定为集中持股的基金，这样的基金共有 47 只，占 2007 年底前成立的 98 只股票型基金的约一半。在实际的操作中，部分基金有自信通过深度挖掘个股、集中持有，来获取更大的收益。但是，与一般的直觉不同的是，研究发现这些集中持股的基金并没有获得显著好于其他基金的业绩。

从总体来看，集中持股的基金并没有获得比相对分散投资更好的业绩。从三年累计收益率来看，集中持股的 47 只基金在 2008～2010 年三年的累计收益率为 −16.44％，而分散持股的 51 只基金三年的累计收益率为 −16.07％。可以看出，集中持股和分散持股的基金在收益率上并没有太大差异。

从个体来看，集中持股的基金在业绩上分化严重。从三年风险调整后收益（夏普比率）评级来看，集中持股的 47 只基金的星级接近正态分布，极好和极差基金的比例相对较少,处于中等水准的基金占比相对较大(见图3.1)。从个别基金来看,在这些集中持股的基金中,既有三年业绩很好的兴全全球、大成景阳、嘉实优质等基金,也有三年业绩较差的长信增利、宝盈沿海、融通动力等基金。

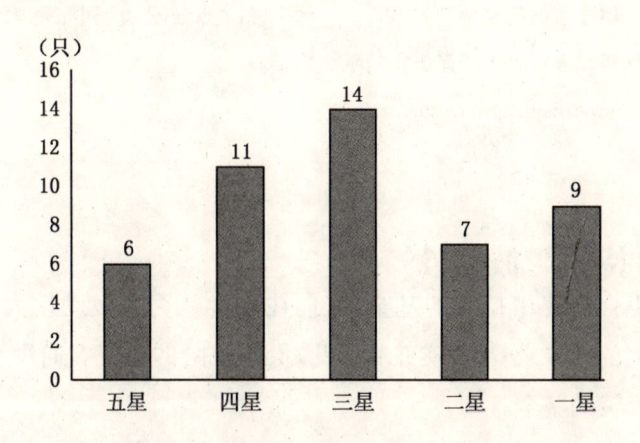

(只)

五星	四星	三星	二星	一星
6	11	14	7	9

数据来源:上海证券基金评价研究中心

图3.1　47只基金3年夏普比率评级分布

投资风格集中的基金总体表现不逊色

在美国基金众多的投资策略中,部分基金偏向采用相对集中的投资策略。这种策略主要采用自下而上对个股进行研究,并选择在组合中配置长期看好的股票。这可以反映在基金个股占股票投资比例等数据中。一般地,采用集中投资策略的个股投资比例较其他同类基金高,且持有的个股数量较少,也因此单只股票的表现对基金业绩的贡献度较同类要大。如果市场表现向上,那么基金净值上涨速度可能会较同类快。当然,这也取决于基金经理的优秀选股能力。相反,当市场下跌时,集中投资的基金由于持有个股数量较小,相对减弱了非系统风险的分散能力,下跌速度也因此会超过同类。另外,持有股票过于集中,尤其对于规模较大的基金来说,在抛售股票时会承受较其他相对分散投资的基金更大的交易成本,原因是基金抛售股票量会比较大,若接货的投资者不够多,基金会进一步压低出售价格,这也是我们通常提及的流动性风险。如果基金持有的是小盘股票,流动性风险会更加突出。由此也造成这类基金的波动性会较投资相对分散的同类基金大一些。毫无疑问,投资集中的基金对于基金经理和投资人来说都是一把双刃剑。

由于集中投资策略基金的风险较大,且较大程度上依赖基金经理的选股能力,因此基金公司一般会聘用选股能力突出的基金经理来运作这类基金,以降低这类基金的风险。由此,我们也有理由相信在这类基金中存在在市场下跌时能克服投资过度集中而导致业绩下滑明显的基金。为证实此推断,考察采用集中投资策略的基金在近期市场表现欠佳的情况下的业绩是否好于其他同类基金。总体来说,在大部分类别中,采用集中投资策略的基金的长期平均表现好于所属类别的平均水平。

资料来源:www.morningstar.com

集中持股与波动性

对于组合中集中持股的基金,人们往往会认为其波动性大、风险会很高。从研究的结果来看,事实并非如此,厌恶风险的投资者们没有必要特别回避集中投资的基金。

相比所有基金,集中持股基金的波动幅度并不特别高或者特别低。对波动幅度按四分位进行排序,观察上述47只基金在全体基金中所处的位置。发现集中持股未必就意味着高波动,这些集中持股基金的波动程度均匀地分散在整体基金中,约20%的基金处于最低的1/4,约30%的基金处于第二个1/4,约23%的基金处于第三个1/4,约28%的基金处于第四个1/4(见图3.2)。从个别基金来看,那些高集中持股、高波动性的基金包括国联安精选、广发小盘、长城品牌优选等,高集中持股、低波动性的基金包括国富弹性

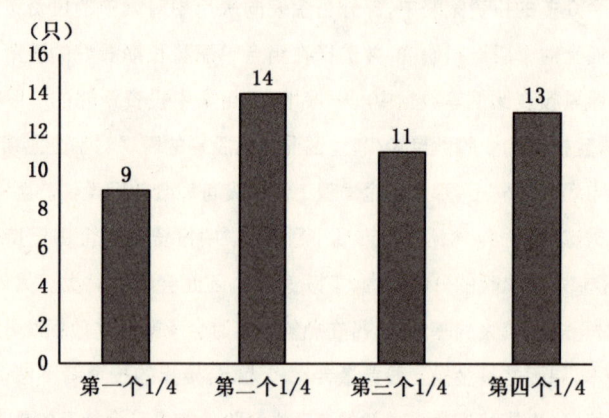

数据来源:上海证券基金评价研究中心

图3.2 三年波动幅度分布

市值、东吴价值成长、南方隆元产业主题等基金。

不同风格基金的业绩和波动性

在投资行业,高集中持股、低换手率和长期持有的策略备受推崇。国内基金的总体换手率比较高,但是不同基金之间换手率也存在很大的差别。进一步考察持股集中的基金里"长期持有群体"和"相对灵活群体"在业绩和波动性方面的差别。根据换手率的高低把47只集中持股的基金划分成两类不同的操作风格。以股票基金2008～2010年三年平均换手率的中位数191%为划分标准,分为换手率小于或等于191%的"长期持有群体"(共有20只基金)和年换手率大于191%的"相对灵活群体"(共有27只基金)。以下就分别考察这两类群体的业绩与波动性。

长期持有的高集中度基金,在业绩上大多数处于中等水平,极好与极差的基金都是少数,波动性并不特别高或者特别低。在业绩方面,从三年风险调整后收益(夏普比率)来看,采纳长期持有策略的高集中度基金的表现呈现正态分布,大多数基金业绩处于一般水平,极好和极差的基金都相对较少,这类基金的业绩分化严重(见图3.3)。在所有股票基金三年业绩波动幅度的四分位排序中,这类基金比较均匀地分布在各个区间,处于高波动期间和低波动期间的比例接近。在20只采用长期持有策略的高集中度基金中,30%处于波动性由高到低排列的第一个1/4,20%处于第二个1/4,30%处于第三个1/4,20%处于第四个1/4(见图3.4)。

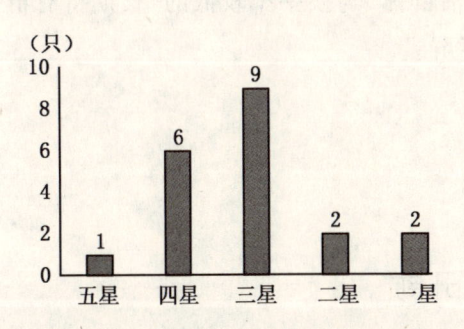

数据来源:上海证券基金评价研究中心

图3.3 长期持有群体三年评级分布

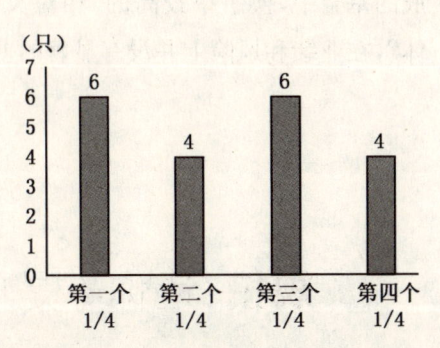

数据来源:上海证券基金评价研究中心

图3.4 长期持有群体三年波动幅度排序

在集中持股的基金中,换手率较高的"相对灵活群体"业绩分布比较均匀,波动性也并不特别高或者特别低。在相对灵活群体27只基金中,从风险调整后收益来看,在不同业绩水平上的基金所占比例大致相同(见图3.5)。在所有股票基金三年业绩波动幅度的四分位排序中,这类基金比较均匀地分布在各个区间,处于高波动期间和低波动期间的比例接近。在20只采用长期持有策略的高集中度基金中,22%处于波动性由高到低排列的第一个1/4,27%处于第二个1/4,26%处于第三个1/4,15%处于第四个1/4(见图3.6)。

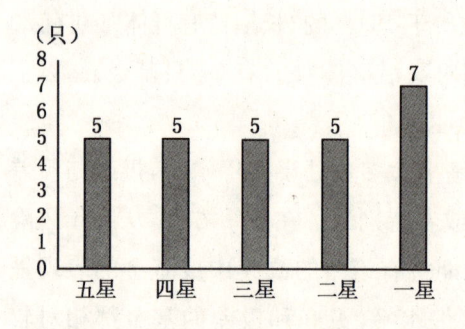

数据来源:上海证券基金评价研究中心

图3.5 相对灵活群体三年评级分布

数据来源:上海证券基金评价研究中心

图3.6 相对灵活群体三年波动幅度排序

总的来说,集中持股的基金在业绩上并没有显著好于分散持股的基金,集中持股基金的波动幅度相比同类基金并不特别高或者特别低。在基金持股的基金中,换手率较高的"相对灵活群体"与换手率较低的"长期持有群体",在业绩和风险上并没有显著的差异。

规模:迷你不是问题

新基金发行困难,加上近几年来老基金的不断失血,市场上涌现出了众多的"迷你"基金。投资者普遍认为基金规模适中最好,规模小的基金受投资者申购赎回的影响大,容易使基金经理偏离既定的投资策略,有时甚至不得不为避免清盘的危险而采取一些非最优的投资策略,这会给基金业绩带来一定的负面影响。这样的想法有一定的合理性,但是如果过度地夸大"迷你"基金的问题,就有点危言耸听了。事实上,国内开放式基金至今没有清盘的例子,构建保护持有人利益的基金退出机制更加重要。

● 在基金丛林中,众多"迷你"基金的存在是生态健康的反映,这一点为成熟市场基金生态所证实。国内"迷你"基金的相对数量尚不多;

● 从业绩和操作风格来看,在过去四年一个完整的牛熊周期中,我们跟踪的小基金样本组业绩分化严重,稍逊于大基金样本组;在选股能力上大小基金组没有差别,但小规模基金组的择时能力相对更差;与一般印象相反的是,小基金并不活跃,换手率低于大基金,运作成本也更低;机构投资者偏爱规模适度的基金,在大小基金中更偏爱小基金;

● 2007~2010年,小基金组生长的轨迹可归纳为三种:规模逐步增长的"健康成长"型,如国泰金鹰增长;规模保持在一个相对高位的"阶段绩优型",如银华核心价值;更多的是短期辉煌后逐步滑落的"跟随大势型",如申万菱信。未来的市场环境不一样,"迷你"基金生长的轨迹也会有变化。

基金的生态丛林

基金丛林应该是一个多样化的生态系统,一个生机勃发的丛林,不单要有凶猛的巨无霸,更要有众多目不能见的微生物。虽然我们目前的环境还不能真正做到物竞天择、优胜劣汰,但"迷你"绝不是问题,"迷你"基金数量的增加,能促进国内基金丛林生态的多样化。

在美国的基金丛林中,体型庞大的巨无霸数量并不多,丛林的主角是那些处于底层的众多"迷你"基金,这样的结构形成了生机勃勃的生态。观察美国共同基金的规模,近8 000只共同基金的平均规模为17.8亿美元,中位数是2.87亿美元,意味着近一半的基金规模在2.87亿美元以下。最大的基金PIMCO TOTAL RETURN FUND-INST规模达到了2 400亿美元,最小的基金FORWARD REAL ESTATE L/S-M甚至只有1万美元。在美国共同基金的规模分布中,百亿美元以上的巨无霸基金仅占比3.39%,50亿美元以上的基金占比7.08%,10亿美元以上的基金占比25.9%;数量众多的是小规模的基金,总资产在 2 亿美元以下的基金占比 43.4%,规模在 1 亿美元以下的基金占比 30.9%,规模在 5 000 万美元以下的基金占比 20.4%,底端是数量众多的"微"基金,这主要是美国基金的准入门槛较低。

国内基金管理制度与国外有所不同,"退出"机制的效力不彰在某种程度上影响了基金的生态结构,虽然国内"迷你"基金数量增加,但分化程度远没有美国那么厉害,这是基金丛林生态健康的表现。目前,国内 924 只基金的平均规模为 26.1 亿份,中位数是 13.8 亿份,嘉实沪深 300 指数基金的规模达到了 400 亿份。在基金规模分布中,规模在百亿份以上的占比为 6.06%,50 亿份以上的占比为 13.2%,总份额在 5 亿份以下的基金占比为 31.7%,1 亿份以下的占比为 8.76%。从相对占比来看,国内"迷你"基金的占比还不如美国那么大。不必为"迷你"基金数量的增加感到担忧,建立保护持有人利益的有效退出机制,显得更为重要。

业绩和风格

为了更充分地说明小基金的生存状态,全面考察小基金的业绩和操作风格,我们在一个牛市、熊市、震荡市的完整周期下,考察在 2006 年底前成立,并且当时规模较小的基金在过去 4 年中的表现。把在 2006 年底规模在五亿份以下的股票基金定义为小基金,把规模在 50 亿份以上的股票基金定义为大基金,确定出符合条件的小基金 17 只和大基金 16 只(见表 3.4),考察小基金组和大基金组的业绩和风格。

表 3.4　　　　　　　　小基金和大基金研究样本

2006 年底份额在 5 亿份以下的小基金	2006 年底份额在 50 亿份以上的大基金
华泰盛世	华夏优势
招商成长	工银成长
申万新动	南方绩优
诺安股票	南方高增
宝盈增长	泰达首选
国泰金鹰	易基价值
光大增长	上投先锋
量化核心	交银成长
华宝动力	景内需贰

续表

2006 年底份额在 5 亿份以下的小基金	2006 年底份额在 50 亿份以上的大基金
银华优选	诺安价值
华夏收入	银华优质
光大红利	华宝成长
长信金利	博时主题
鹏华收益	银华富裕
德盛精选	添富均衡
天治核心	富国天合
长信银利	

数据来源：上海证券基金评价研究中心、Wind

业绩：小基金稍逊、且分化严重

从长期的业绩表现来看，小基金在业绩上稍逊于大基金，而且分化严重。统计样本基金从 2007 年以来的累积收益率，小基金达到 69.14%，大规模的基金达到了 86.11%，基金总体的平均值为 75.74%。从风险调整后的收益来看，小基金和大基金没有显著的差别，但是大基金总体表现比较稳定，小基金分化严重，有的表现很好，有的表现较差。以夏普比率为指标进行的最近一期的三年排名中，五星基金中小基金样本组的基金占比达到了 50%，大基金样本组中的基金为 37.5%；而在一星基金中，小基金的比重也达到了 30%，大基金的占比仅为 10%（见图 3.7）。

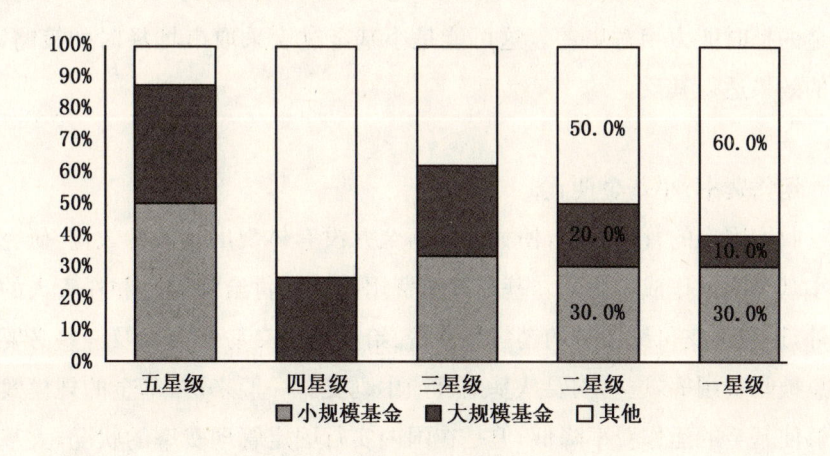

数据来源：上海证券基金评价研究中心

图 3.7　小规模基金业绩分化严重

选股能力：没有差别

两组基金总体上都显示出了显著的选股能力，而小基金和大基金在选股能力方面并没有显著的差别。选股能力表明了基金通过选择优质的证券来获取收益的能力。在海外成熟市场，基金不具备选股能力，在中国这一新兴市场，基金公司通过研究，经选股获得超额收益的可能性很大。实际上，我们的研究表明，超过80%的国内基金具备较好的选股能力。研究的样本组都表现出了一定的选股能力，选股能力指标值都为正，说明通过选股取得了超额收益，具备选股能力。大基金组选股能力指标值达到了0.12，小基金组的选股能力指标值达到了0.10，基本上处于同一水平线。

择时能力：小基金相对更差

各组基金都不具有择时能力，总体上择时超额收益为负，小基金的择时能力相对更差，并没有表现出一般认为的灵活配置的优势。与海外市场相一致的是，国内的投资实践也表明，国内基金总体上也不具备择时能力，我们的研究表明，接近70%的基金的择时收益为负值。本研究中，小基金组的择时能力指标值为－0.11，大基金组的择时能力指标值为－0.07。这一结论表明，基金期望通过仓位、行业配置的频繁调整，试图把握住趋势来进行低买高卖的策略是失败的。在这方面，小基金与大基金表现同样拙劣，但小基金的择时能力相对更差。这可能是小基金过度采取市场择时的策略，最终的效果适得其反。

运作费率：小基金便宜

收取固定的管理费率，使大规模基金并没有体现出规模的效应，研究表明小基金的运作成本更低。基金运作费用除了支付给管理人和托管人的费用外，还包括支付给渠道的销售服务费、给券商的交易佣金以及一些必要的信息披露费用等，这些均要从基金资产中列支。一般来讲，基金的规模效应能够使基金的运作费率降低，但是在国内实行固定管理费率的状况，大基金的运作费率不一定低。实际上，从统计的结果来看，小基金的运作费率小于大基金，这一结果与普遍的印象有出入。小规模基金四年的平均运作费率在2.16%,大规模基金组的平均运作费率为2.34%。

换手率：小基金并不活跃

小基金并不如想象中那么活跃,其几年来的平均换手率甚至比大基金还少。虽然在2007年后,样本组的小基金都较大幅度的扩展了规模,但对比组的大基金规模扩展的幅度同样很大,两组之间的规模差距还是显著的。在本研究的基金组中,小规模基金并不如大家想象的那么活跃,其四年平均换手率为167%,甚至不如大基金229%的换手率。

机构持有比重：偏爱规模适度的基金

机构持有人更偏好规模适度的基金,相对来说,对小规模基金的偏好甚于大规模基金。机构持有者比重反映了机构投资者对基金的认可度,这一指标在投资者挑选基金时可作为一个重要的考虑因素。在2007~2010年四年间,总体样本组的机构持有人比重最高,达到14.48%,对小规模基金的持有比重为11.45%,对大规模基金的持有比重为9.39%。可见,机构投资者偏好的是规模适度的基金,他们回避规模太大或者太小的基金。相对来说,在本研究的小规模基金和大规模基金的比较中,大规模的基金更不受偏爱。

"迷你"基金的生长轨迹

在国内基金总规模在2007年达到顶峰的背景下,小基金样本组的各只基金在2007年都获得了大量资金的流入,但是,同样的,在随后资金逐步流出市场的环境下,大多数基金也在不断流血。到目前为止,我们选定的2006年的小规模样本基金组的所有基金,规模都大于2006年底的时候。但不同的基金规模还是走出了不同的轨迹。虽然国内目前还没有被清算的基金,但在残酷的竞争下,有的小规模基金获得了成长,有的在短暂的辉煌后归于沉寂,还有一些成为僵尸基金。当然,未来的市场环境不同于过去的四年,给予小基金生长的机会也不一样,未来小基金的成长路径也会与过往不同。

一小部分基金属于"健康成长型",虽有阶段性的收缩,但规模或逐步扩大、或保持在相对的高点,走出了与整个市场相反的轨迹,是小规模基金中的佼佼者。这类健康成长型的基金如国泰金鹰增长（见图 3.8），在本研究的小规模基金组中是仅有的。在整个市场都在失血的背景下，取得这样的规模并不容易，规模的增长主要是靠基金的业绩支撑。

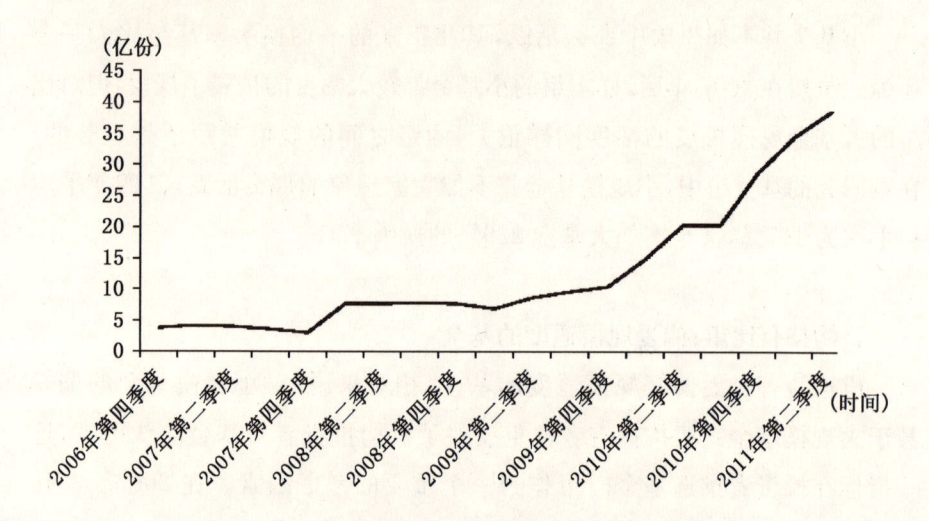

图 3.8 小规模基金"健康成长型"的典型代表

部分基金也算不错的基金，属于"阶段绩优型"，虽然难以保持最高峰的规模，但是有些阶段表现不错，重新燃起投资者的信心，获得阶段性的资金流入。总体上保持在一个相对较高的规模，这类基金如银华核心价值（见图 3.9）、鹏华普天收益、华泰柏瑞盛世中国、光大保德信红利、国联安精选等。

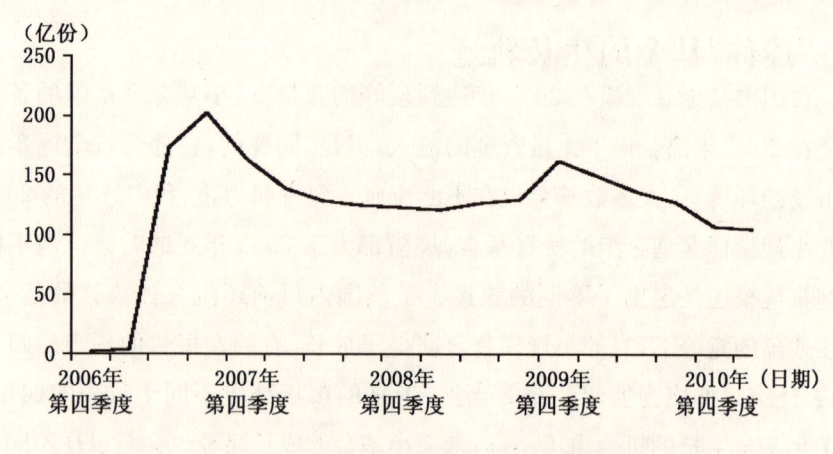

图 3.9 小规模基金"阶段绩优型"的典型代表

大多数小基金是"跟随大势型"，在 2007 年规模快速增长后，随着整个行业的规模回落而逐步下滑。这类基金的特征是比较中庸,业绩也随大流,有约一半的投资者选择赎回、一半继续持有。这类基金占了绝大多数,在小规模基金组中如招商优质成长、申万菱信新动力、诺安股票、光大保德信核心等等,都属于这样的类型,它们走出了相类似的轨迹(见图3.10)。

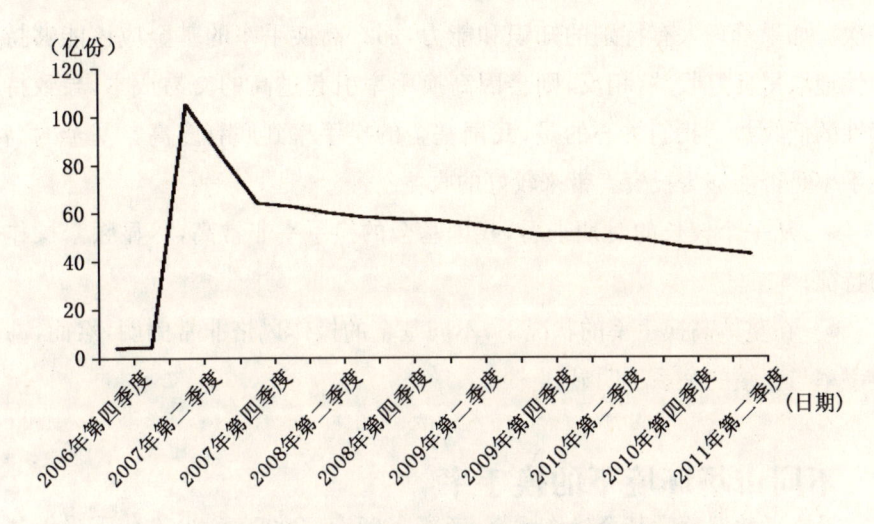

图 3.10 小规模基金"跟随大势型"的典型代表

总的来说,"迷你"基金不是问题,更为重要的是构建保护持有人利益的有效退出机制。"迷你"基金数量的增多是基金生态健康的表现,小规模基金也能成长,关键看业绩。在过去的四年中,小规模的基金分化严重、业绩稍逊于大规模基金,在选股能力上大小基金组没有差别,但小基金的择时能力相对更差;与一般想象不同的是,小基金并不活跃,换手率低于大基金,运作成本也更低;机构偏爱规模适度的基金,大小基金相比更偏好小基金。

换手:行业整体高企

中国股市在2007～2010年的时间里,经历了牛市、熊市、震荡市的走势。

基金在严酷的市场环境中形成了不同的操作风格,换手率是考察基金操作风格的一个特色指标,换手率的高低反映了基金买卖股票的频繁程度。与国外开放式基金平均65%～85%的换手率相比,我国开放式基金的换手率非常高,有的甚至达到了惊人的2 000%,这意味着基金平均每18天就转换一次。如果管理人有特别的知识和能力,那么高换手率的基金应该能够持续性地取得良好收益,相反,则会因高换手率引起过高的交易成本,导致持续性的低收益。我们关心的是,我国基金的换手率到底有多高?基金的高换手率是否能够为投资者带来较好的收益?

- 从一个较长的时期来看,我国基金的换手率非常高,尽显频繁操作的特征;

- 在整体高换手率的状况下,不同基金的操作风格非常鲜明,然而,高换手率与业绩的关系不明显。

不同市场环境下的换手率

投资者普遍感觉基金操作频繁,考察2007年、2008年、2009年下半年基金的换手率,基金频繁操作的程度还是超过了我们的想象。我们选取的股票型和偏股型基金的平均换手率在2007年牛市为486.8%,2008年熊市为342.7%,在2009年下半年的震荡市也保持了相似的水平。

2007年牛市

2007年,上证指数在见到6 224的高点后,尽管在年末最后两个月有近千点的跌幅,但不改2007年大牛市的特征。上证指数在2007年初以2 728.19开盘,年底收于5 261.56点,涨幅为92.58%。在此期间,研究选取的116只股票型和偏股型基金的平均换手率为486.8%,最高换手率与最低换手率之间相差1 540.02%。其中,金鹰中小盘精选以1 688.71%的换手率居第一位,上投摩根成长先锋的换手率为最低的148.69%。基金换手率前10名的平均换手率为1 133%,取得的平均业绩为102.8%;基金换手率后10名的平均换手率为189.7%,取得的平均业绩为132.9%(见表3.5)。

表 3.5　　　　　　　　2007 年典型基金换手率与净值增长率

2007 年基金换手率前 10 名			2007 年基金换手率后 10 名		
基金	换手率	净值增长率	基金	换手率	净值增长率
金鹰中小盘精选	1 688.71%	54.47%	国富弹性市值	217.47%	164.34%
金鹰成分股优选	1 287.95%	132.90%	上投摩根阿尔法	215.62%	139.91%
泰达宏利周期	1 240.35%	81.77%	博时第三产业成长	214.58%	55.82%
大摩基础行业混合	1 186.56%	128.02%	富国天益价值	210.43%	118.41%
泰达宏利稳定	1 064.59%	74.10%	广发稳健增长	202.46%	126.97%
中海优质成长	1 028.15%	129.27%	兴全全球视野	189.40%	134.97%
信诚四季红	1 005.18%	116.65%	招商优质成长	185.99%	134.97%
诺安平衡	977.97%	86.30%	广发策略优选	158.34%	144.03%
长城消费增值	928.79%	113.68%	兴全趋势投资	154.13%	153.24%
泰大宏利成长	922.04%	110.40%	上投摩根成长先锋	148.69%	156.73%

数据来源：上海证券基金评价研究中心、Wind

2008 年熊市

受全球金融危机的影响，2008 年中国股市走出了单边下跌行情，与 2007 的牛市形成了极大反差。上证指数从年初的 5 256 点跌到了年末的 1 820.81 点，跌幅为 65.4%。在此期间，研究选取的 180 只股票型和偏股型基金的平均换手率为 342.7%，最高换手率和最低换手率相差 1 109.89%。其中，新华优选分红以 1 170.90% 的股票换手率居第 1 位，换手率最低的富国天博创新主题为 61.01%。基金换手率前 10 名的平均换手率为 885.7%，平均业绩为 −51.9%；后 10 名平均换手率为 84.2%，平均业绩为 −52.6%（见表 3.6）。

表 3.6　　　　　　　　2008 年典型基金换手率与净值增长率

2008 年基金换手率前 10 名			2008 年基金换手率后 10 名		
基金	换手率	净值增长率	基金	换手率	净值增长率
新华优选分红	1 170.90%	−55.96%	易方达价值成长	99.81%	−53.62%
东吴价值成长	1 088.34%	−43.48%	诺安价值成长	99.46%	−56.55%
国泰金龙行业精选	986.46%	−50.06%	国富弹性价值	94.85%	−43.68%
天治核心成长	914.68%	−57.31%	国投瑞银创新动力	91.90%	−51.72%
嘉实服务增值行业	882.75%	−47.30%	诺安股票	85.68%	−53.35%

续表

2008 年基金换手率前 10 名			2008 年基金换手率后 10 名		
基金	换手率	净值增长率	基金	换手率	净值增长率
万家公用事业	790.10%	−50.42%	光大保德信核心	83.48%	−64.75%
中海分红增利	772.93%	−53.60%	广发大盘成长	83.16%	−54.63%
招商安泰股票	756.03%	−44.29%	富国天益价值	80.86%	−43.83%
建信恒久价值	750.53%	−49.94%	景顺长城精选蓝筹	61.95%	−52.66%
大摩基础行业混合	744.33%	−66.42%	富国天博创新主题	61.01%	−51.52%

数据来源：上海证券基金评价研究中心、Wind

2009 年下半年震荡市

2009 年，上证指数在持续了上半年的单边上涨到达相对高点 3 478 点后，在下半年持续震荡。在此期间，上证指数在 2009 年 7 月 1 日是 2 950.17 点，在 2009 年底报收 3 277.14 点，涨幅为 11.08%。研究选取的 253 只股票型基金和偏股型基金平均换手率为 330.4%，换手率最高和最低之间相差 1 794.08%。其中，长盛创新先锋以 1 837.68% 的股票换手率居第 1 名，易方达价值成长的换手率为 43.6%，换手率最低。前 10 名的平均换手率为 1 228.3%，平均业绩为 11.9%；后 10 名平均换手率为 62%，平均业绩为 15.9%（见表 3.7）。

表 3.7　　　　　　　　2009 年典型基金换手率与净值增长率

2009 年下半年基金换手率前 10 名			2009 年下半年基金换手率后 10 名		
基金	换手率	净值增长率	基金	换手率	净值增长率
长盛创新先锋	1 837.68%	13.14%	东方精选	72.52%	24.96%
金鹰红利价值	1 509.27%	0.73%	富国天益价值	72.30%	15.36%
天弘永定成长	1 279.08%	16.15%	光大保德信新增长	69.47%	20.17%
泰信优势成长	1 215.32%	4.17%	国富潜力组合	67.54%	16.97%
华商盛世成长	1 193.82%	21.66%	长城品牌优选	67.33%	7.62%
诺德主题灵活配置	1 187.45%	3.58%	诺安股票	64.69%	10.36%
诺安灵活配置	1 138.85%	29.35%	国泰金鼎价值精选	60.26%	16.99%
泰达宏利稳定	1 016.51%	5.61%	博时第三产业成长	54.90%	8.67%
宝盈核心优势	977.05%	12.62%	光大保德信优势	47.82%	16.23%
中欧新蓝筹	928.23%	11.60%	易方达价值成长	43.60%	22.15%

数据来源：上海证券基金评价研究中心、Wind

操作风格鲜明

在普遍很高的换手率中,基金之间的换手率也表现出了一定的分化,呈现出不同的操作风格。有的基金无论在什么样的市场下都频繁操作,而有的基金却较少操作,还有的基金根据对市场的预判来调整操作的频率。

基金公司表现出了鲜明的风格,有的频繁操作,有的操作较少。操作频繁的基金公司如金鹰基金公司,在2007年换手率排名前10名的基金中占据了前两位;泰达基金公司旗下的泰达宏利周期、泰达宏利稳定、泰大宏利成长占据了2007年换手率排名前10名中的三席,在2008年、2009年下半年也保持了这样的风格。操作较少的基金公司如上投摩根、广发和兴全,这三家公司在2007年换手率后10名中各占两席,在2008年、2009年也保持了这样的风格。当然,与成熟市场相比,国内所谓的低换手率仍显得偏高,成熟市场的基金更注重从长期的投资中获取竞争优势(参见"从长期投资中获得竞争优势")。

有的基金在不同市场条件下都进行频繁操作,这些基金在不同市场下的换手率都比较高,可以看出采用的是短线操作的投资策略。在研究的基金中,如大摩基础行业混合在2007年的换手率达到了1 186.56%,2008年的换手率为744.33%,2009年下半年的换手率为807.90%。其他类似的基金包括金鹰中小盘精选、泰达宏利周期、大摩基础行业混合、万家公用事业、建信恒久价值等(见表3.8)。

表3.8 在不同市场下都频繁操作的典型基金

基 金	2007年换手率	2008年换手率	2009年下半年换手率
金鹰中小盘精选	1 688.71%	690.47%	560.88%
泰达宏利周期	1 240.35%	648.87%	540.78%
大摩基础行业混合	1 186.56%	744.33%	807.90%
万家公用事业	874.68%	790.10%	587.44%
建信恒久价值	789.90%	750.53%	460.93%

数据来源:上海证券基金评价研究中心、Wind

有的基金在不同的市场条件下都较少操作。这些基金在不同市场下的换手率较低、而且比较稳定,可以看出采用的是长期持有的策略。在研究的基金中,如国富弹性市值在 2007 年的换手率为 217.47%,2008 年的换手率为 94.85%,2009 年下半年的换手率为 74.06%。其他类似的基金包括国富弹性市值、上投摩根成长先锋、博时第三产业成长、兴全趋势投资、广发策略优先等(见表 3.9)。

表 3.9　　　　　在不同市场下都较少操作的典型基金

基　金	2007 年换手率	2008 年换手率	2009 年下半年换手率
国富弹性市值	217.47%	94.85%	74.06%
博时第三产业成长	214.58%	194.78%	54.90%
上投摩根成长先锋	148.69%	157.26%	209.38%
兴全趋势投资	154.13%	191.58%	149.11%
广发策略优选	158.34%	105.31%	125.53%

数据来源:上海证券基金评价研究中心、Wind

有的基金根据对市场的预判来采用不同的操作风格。这些基金在不同市场下的换手率差别比较大,根据对市场的预判而进行不同的操作。例如,诺安平衡在 2007 年的换手率是 977.97%,2008 年的换手率为 207.36%,2009 年下半年的换手率为 107.34%。其他类似的基金包括诺安平衡、长城消费增值、华宝兴业动力组合等(见表 3.10)。

表 3.10　　　　　预期市场的变化进行不同操作的典型基金

基　金	2007 年换手率	2008 年换手率	2009 下半年换手率
诺安平衡	977.97%	207.36%	107.34%
长城消费增值	928.79%	224.04%	154.68%
华宝兴业动力组合	842.95%	466.33%	180.66%

数据来源:上海证券基金评价研究中心、Wind

从长期投资中获得竞争优势

很多基金经理宣称自己是长期投资者,但是实际上他们很少长时间持有一只股票。目前美国共同基金每年的平均换手率约为 83%,意味着平均持股时间约为 14 个月。但是美洲基金每年的平均换手率只有 29%,也就是说平均持股时间超过 3 年。低换手率是这个管理着上万亿美元资产的基金行业巨无霸几十年来长期战胜竞争对手的重要因素。

为什么要交易？

低换手率本身并不是竞争优势，因为别人也可以这么做。同样的，也没有人强迫基金经理不停地交易，毕竟基金经理每天的工作并不是买卖股票。但是有外在的激励因素可能会鼓励基金经理进行交易。很多基金经理的奖金是直接跟他们的短期回报相挂钩的，比如说一年、两年或者三年的回报。在美国基金公司中，大约只有一半给基金经理的奖金是基于四年以上的回报。由于强调短期回报，基金经理不愿把自己看成是长期投资者或者公司拥有者，而被迫追逐股票的短期波动。关心短期回报而不是长期表现的基金经理不太可能买入那些冷门的股票，即使他们的分析显示这些股票的股价相对其长期价值来讲非常便宜，因为股价不见得会迅速反弹以增加基金经理的收入。

所以很多基金经理会避免买入那些可能还会继续下跌的股票，并希望买入那些马上可以上涨的股票，而不是在低位买入并且视股价下跌为更好的买入机会。结果为了年终奖金，这些基金经理并不是小心谨慎而且通过固定的方法来投资，而是随意地，有时甚至是疯狂地交易。个别极端的基金公司对基金经理是用每周的表现来考核的，这实际上是在鼓励基金经理用一个非理性的时间跨度来评价自己的表现。

短期激励也使基金经理倾向于构建一个与指数非常相似的组合以获得轻微的连续战胜指数和竞争对手的回报。即使不看好某个指数的重要成分股，基金经理也会持有一些，不过持有的比例要比它在指数中所占的权重小。基于短期预期，基金经理也会交易一些非常普通的股票，放弃对长期回报的追求以获得短期的微小回报。只要基金经理的表现与指数和同行相似，他的工作就保住了。对大多数基金经理来讲，最大的罪恶不是长期轻微落后于指数和同行，而是由于组合与指数和同行相差太远而造成突然的短期落后。

低换手率能带来什么？

低的换手率是投资方法的一部分，它使美洲基金能够在市场的不理性中获利。如果投资冷门股票，市场往往需要花很长时间才能意识到这些股票的价值。耐心和坚定持有能使投资者安然渡过市场的情绪性下跌，并从中获利，尽管下跌可能持续数年。

低的换手率和多基金经理制的方法，也是美洲基金能够有效地管理大量资产的重要原因。巴菲特曾经反复说过，资产规模对于投资结果至关重要。大的资产规模使投资者很难在公司价值和股票价格的差异中获利，因为买入和卖出本身会影响股票的价格，造成高买低卖。平均持股三年以上的倾向使美洲基金可以慢慢地买入或者卖出股票，而不显著影响它的股价。通常基金的规模会拖累它的表现，但是这种情况在美洲基金上却还没有发生过。美洲基金的低换手率，以及"当别人卖出的时候买入，当别人买入的时候卖出"

的方法是它成功的关键。

资料来源:www.morningstar.com

换手率与业绩

如果基金具备特别的知识和能力,能获得持续性的良好业绩,那么基金的高换手率无可厚非。然而,研究发现,从较长的时间来看,基金的换手率与业绩关系不明显,但在不同的市场环境下,基金换手率与业绩表现出不同的关系。在2007年的牛市中,基金的换手率与业绩呈现出了一定的负相关性,即操作得多的基金,业绩表现可能不好;在2008年的熊市中,基金的换手率与业绩呈现出了较弱的正相关性,即操作的多的基金,在2008年的跌幅相对较小;在2010年的震荡市中,基金的换手率与业绩没有关系。这些结论与投资者在不同市场状况中的操作策略和常识是一致的。

2007年:负相关

在2007年,上证指数全年的涨幅为92.58%,华夏大盘精选以226.24%的净值增长率列第1位,金鹰中小盘精选的净值增长率最低,为54.47%。有意思的是,金鹰中小盘精选以1 688.71%的最高换手率取得了54.47%的最低净值增长率。这并不是个案,研究发现,在2007年的牛市中,基金换手率与业绩呈现出一定的负相关关系,即操作的多的基金,业绩表现有可能不太好。

对2007年换手率与净值增长率的数据相关性分析证实了这种负相关关系的存在。数据相关性分析得到2007年净值增长率和换手率的相关系数为-0.278,显著性水平为0.002,这表明2007年基金的净值增长率和换手率之间的负相关性较显著。

对2007年典型基金的换手率和净值增长率的对比也能看出这种负相关性。比较换手率前10名与后10名,可以发现较高的换手率一般会对应较低的业绩。基金换手率前10名的平均换手率为1133%,取得的平均业绩为102.8%,后10名的平均换手率为189.7%,取得的平均业绩为132.9%(见表3.5)。

2007年基金换手率与净值增长率负相关说明较高的换手率只取得了相对较低的业绩。这主要是在2007年的牛市中,股市在大部分时间呈现出了单边上涨的特征。在这样的市场状况下,最佳的操作策略是买入持有。积极操作会踏空部分行情,并且增加了更多的交易成本。由于很难完全预测到市场的走势,因此,2007年高换手率是因为基金在卖出获利后又根据行情迅速地加入市场,采取边走边看的策略。

2008年:弱正相关

受全球金融危机的影响,2008年中国股市走出了单边下跌行情,与2007年的牛市形成了极大反差。上证指数基金的平均净值增长率下跌了50.55%。

对2008年基金换手率与净值增长率的数据相关性分析证实了这种较弱的正相关关系。数据相关性分析得到2008年净值增长率和换手率的相关系数为0.189,显著性水平为0.011,这表明2008年净值增长率和换手率有一定的正相关关系,即较高的换手率可能导致2008年跌幅较少,但这种关系较弱。

2008年基金换手率和净值增长率的分组统计也表明了这种较弱的正相关性。对数据进行分组统计,结果表明随着换手率的增加,基金平均净值增长率的跌幅在减少,二者之间表现出了较弱的正相关性(见表3.11)。如换手率小于100%的基金,其净值增长率均值为-52.6%,换手率大于100%而小于300%的基金,其净值增长率均值为-51%,换手率大于600%的基金,其净值增长率为-48%。不过,换手率前10名和后10名的数据没有表现出这种正相关性,说明相关性较弱。基金换手率前10名的平均换手率为885.7%,平均业绩为-51.9%;后10名平均换手率为84.2%,平均业绩为-52.6%(见表3.6)。

表3.11　　　　　　2008年换手率与净值增长率的统计

换手率	小于100%	大于100% 小于300%	大于300% 小于600%	大于600%
样本数	10	79	70	22
平均净值增长率	-52.6%	-51%	-50%	-48%

2008年基金换手率与净值增长率较弱的正相关关系,表明较高的换手率取得相对较小的跌幅。这主要是在2008年的熊市中,股市在大部分时间呈现出了单边下跌的特征。在这样的市场状况下,最佳的操作策略是卖出持币。持股不动导致深深套牢,频繁操作可能避免一定的损失,但是很高的换手率又表明在一路下跌中的抄底失败。

2009年下半年:不相关

2009年,上证指数在持续了上半年的单边上涨到达相对高点3 478点后,在下半年持续震荡。在此期间,上证指数在2009年7月1日是2 950.17点,在2009年底报收3 277.14点,涨幅为11.08%。基金的平均净值增长率达到13.92%,银华领先策略以37.73%的净值增长率列第1位,宝盈泛沿海增长的净值增长率为-6.2%,增长率最低。研究发现,在2009年下半年的震荡市中,基金换手率与业绩不具相关性,即基金的换手率与所取得的业绩间没有明显的关系。

对2009年下半年基金换手率与净值增长率的数据的相关性分析表明二者之间没有相关性。数据相关性分析得到2009年净值增长率和换手率的相关系数为0.114,显著性水平为0.07,表明换手率与净值增长率不相关。

2009年下半年基金换手率和净值增长率的分组统计也表明了二者不相关。对数据进行分组统计,结果表明随着换手率数量的增加,基金平均净值增长率表现稳定,说明换手率与净值增长率没有关系,无论换手率多大,净值增长率都保持在14%左右(见表3.12)。同时,观察换手率前10名和后10名的数据,也发现换手率与净值增长率没有关系。基金换手率前10名的平均换手率为1 228.3%,平均业绩为11.9%;后10名平均换手率为62%,平均业绩为15.9%,可以看出,虽然换手率的差别很大,但业绩保持相对稳定(见表3.7)。

表3.12　　　　　　　　换手率与净值增长率的分段统计

换手率	小于100%	大于100%小于200%	大于200%小于400%	大于400%小于700%	大于700%
样本数	20	69	97	48	19
平均净值增长率	16%	14%	14%	14%	13%

数据来源:上海证券基金评价研究中心、Wind

2009年下半年基金换手率与净值增长率没有关系，表明较高和较低的换手率都有可能带来不错的收益，也可能业绩都很不好。这主要是在2009年下半年的震荡市中，股市在一个较窄的区间内震荡。在这样的市场状况下，基金频繁做短线交易，导致换手率远高于2007年和2008年。在这样的市况下，具有良好择时能力，能把握市场趋势的基金，高换手率能获得较好的业绩。

总的来说，相比于国外市场，我国开放式基金在不同市场环境下的换手率非常高，三年的平均换手率达到386.63%。同时，在一个完整的市场周期中，基金表现出了明显的特征，有的基金保持了频繁操作的风格，有的基金维持较少操作的风格，还有的基金根据对市场的预判来调整操作的频率。

同时，换手率与基金的业绩关系不大，但是在不同的市场状况下，基金的换手率与业绩也具有一定的关联性。在2007年的牛市中，基金的换手率与业绩呈较显著的负相关关系，即换手率越高，业绩可能会不好；在2008年的熊市中，基金的换手率与业绩呈弱相关的关系；在2009年下半年的震荡市中，基金的换手率与业绩没有关系。

成本：保持相对稳定

基金费用主要包括基金申、赎等买卖费用和基金运作费。基金买卖费用是一次性支出，主要包括认购费、申购费、赎回费、基金转托管费、基金转换费等。基金运作费用除了支付给管理人和托管人的费用外，还包括支付给渠道的销售服务费、给券商的交易佣金以及一些必要的信息披露费用等，这些费用均要从基金资产中列支，运作费用是投资收益的"隐性杀手"，高运作费率的基金从长期看降低了投资者的获利水平。海外成熟市场的历史统计数据表明，指数基金常常能打败市场上的多数主动管理型基金，一个很重要的原因就是指数基金的费率比较低，在长期复利的作用下，成本上的细微差别引起了业绩的巨大落差。在总费率中,同类基金的申、赎费率都差不多,主要的差别是运作费率。国内基金运作费率的总体水平如何？表现出了怎样的特征？运作费率会对基金业绩造成影响吗？

- 国内基金运作费率在2007年后大幅下降,但在随后的3年保持稳定;
- 证券交易费和基金管理费占了运作费用的近90%;
- 有证据表明国内基金的运作费率与业绩没有显著的关系。

基金运作费率趋势

基金的运作费率受基金类型、规模、操作风格及市场竞争等多方面因素的影响,成熟市场包括了基金运作费率的成本长期有下降的趋势（参见"第11次年度董事会"）。对2007年到2010年股票型基金和偏股票型基金的运作费率进行考察,用总费用与基金平均净资产的比值来计算运作费率。2007年后基金的运作费率有较大幅度的下降,但在2008~2010年,基金的费率趋于平稳。

总体上,国内基金的运作费率在2007年后有了较大幅度的下降,且在随后的3年基本保持稳定。在2007年,股票型基金和偏股型基金的平均运作费率达到了3.87%,此后,在2008年大幅下降到了2.78%,运作费率大幅下降的主要原因是在单边下跌的市场中,大部分基金都放弃了仓位选择,买卖股票的频率也有所降低,运作费率中的交易费有所下降。在2009年,运作费率又稍微回升到了2.85%,这是因为交易费用有所提高。2009年市场的投资热点比较多,上半年与下半年的投资主题与市场风格存在轮动的现象,大部分基金经理加大了主动操作的频率,使得交易费用有所提升,从而抬升了基金的整体运作费率。2010年全年运作费率约为2.45%,费率下降的一部分原因是市场疲软,交易不活跃(见图3.11)。

相对总体基金运作费率水平而言,单只基金之间运作费率差异较大。在2007~2010年,统计的68只股票型基金中运作费率最高的为5.01%,最低的为1.91%,差异显著。运作费率较高的基金包括东吴价值成长、泰达宏利稳定、建信恒久价值、泰达宏利成长、泰达宏利周期等;运作费率较低的基金包括鹏华价值优势、长信金利趋势、光大保德信核心、博时主题行业和广发聚丰等。在统计的65只混合型基金中,运作费率最高的为8.14%,最低

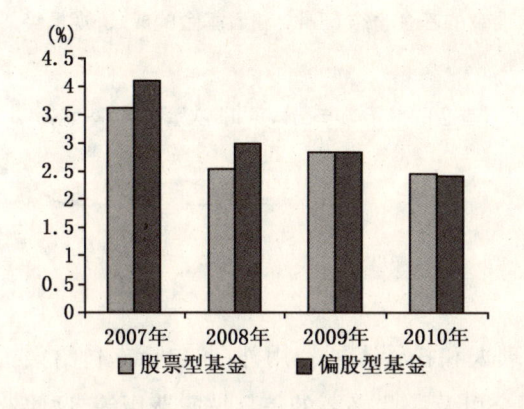

图 3.11　运作费率在 2007 年后逐步趋于平稳

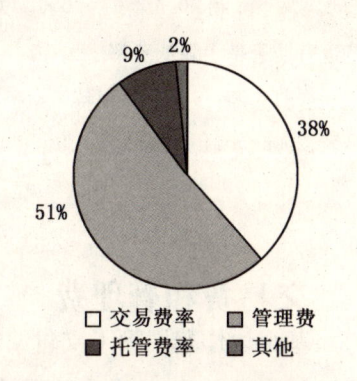

图 3.12　交易费和管理费占运作费用约 90%

数据来源：上海证券基金评价研究中心、Wind

的为 2.03%，差距比股票型基金更大。运作费率较高的基金包括天治品质优选、新华优选分红、金鹰中小盘精选、大摩基础行业混合、嘉实服务增值行业等；运作费率较低的基金包括中银收益、嘉实策略成长、兴全趋势投资、富国天益价值、广发策略优选等。

第 11 次年度董事会

对长期投资者来说，成本是诸多考虑事项中的重要一项。当然，关于基金的收费有很多的看法，有很多收费被滥用了。由于最基础的事实很容易被遗忘，因此让我引述两项被讨论最多的基金收费问题。

第一，基金收费的长期趋势是什么？美国投资公司协会研究了 1980 年之后持有基金的成本变化，其中考虑到申购费、12(b)-1 费、管理费以及其他所有的运营成本。在这段时间，基金持有人获得更多服务的同时，持有基金的成本几乎下降了一半。

第二，这种趋势的背后成因是什么？简单地说就是竞争。证券交易委员会并不是监管这个行业的唯一机构，市场同样是强有力的监管者。一些具体的因素也使得基金持有人的成本显著下降。这包括有关费用信息更易获取，基金持有人对优质业绩和低费率关注的增强，可供选择的基金增多，免佣基金与基金超市的兴起，互联网促进了竞争使得价格比较更为容易，以及其他一些因素。例如，股票基金收取的申购费的中位数从 1980 年的 8.5%下降到 2004 年的 5.5%。免收佣金的基金也很普遍。随着基金的成长,规模经济也有助于基金降低费率。

资料来源:保罗·斯科特·斯蒂芬斯,《基金的费用与支出》,第 11 次董事会,华盛顿特区,2005 年 11 月 4 日。

交易费和管理费

基金运作费用除了支付给管理人和托管人的费用外,还包括支付给渠道的销售服务费、给券商的交易佣金以及一些必要的信息披露费用等,这些费用均要从基金资产中列支。

证券交易费和基金管理费是基金运作费中最主要的费用。对 2007～2010 年的股票型基金和偏股型基金的分析表明,交易费和管理费加起来占基金整个运作费用的 90%左右。三年中,股票型基金和偏股型基金的交易费用均值为 1.125%和1.27%,加上固定的基金管理费 1.5%,构成了股票型基金和混合型基金运作费率 2.88%和 3.1%中的绝大部分。

相对基金相对固定的管理费率,基金的交易费率在逐步下降。基金交易费率在 2007 年达到了近年来的最高值,股票型基金交易费率为 1.75%,偏股型基金为 2.09%,到了 2008 年,分别下降到了 0.92%和 1.23%,而到了 2009 年,股票型基金和混合型基金的交易费率分别为 0.99%和 0.96%,2010 年的交易费率分别为 0.85%和 0.8%左右(见图 3.13)。

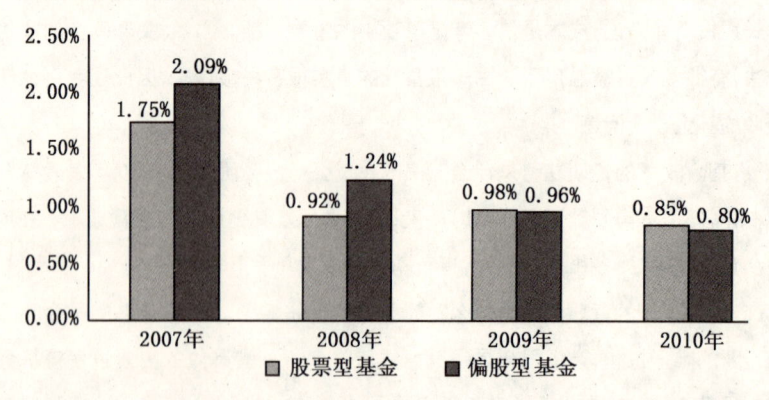

数据来源:上海证券基金评价研究中心、Wind

图 3.13 基金交易费用在逐步下滑

交易费率高是因为基金换手率高。相比国外每年65%～85%的换手率,国内基金的换手率非常高。在2007～2010年,我们选取的股票型基金和偏股型基金的平均换手率达到386.63%。其中,2007年牛市的整体换手率为486.8%,2008年熊市的换手率为342.7%,在2010年的震荡市中的换手率也保持了同等的水平。

投资者并不偏好低费率基金

在海外成熟市场,低成本的基金是基金业绩的一个关键因素,投资者倾向于投资低成本的基金。而在国内的市场中,投资者对低费率基金的偏好并不是很突出,投资者对低成本的关注较国外的投资者少。比较基金费率的算术平均值和按基金资产规模加权的平均值,可以看出,虽然在过去的几年中,基金按资产规模加权的费率平均值均小于算术平均值,但是二者之间的差距并不是很大,一般在20个基点之内,远远小于国外成熟市场成倍的差距。这说明国内的投资者,还没有把费率作为投资决策中的一个关键因素来考虑。在波动幅度较大的市场条件下,与大幅波动的业绩相比,基金间费率的差异不为投资者所重视。这是一种较为短视的观点,或许在短期内费率的差距对基金的业绩影响不明显,但是在长期范围内,这种影响将非常可观(见图3.14)。

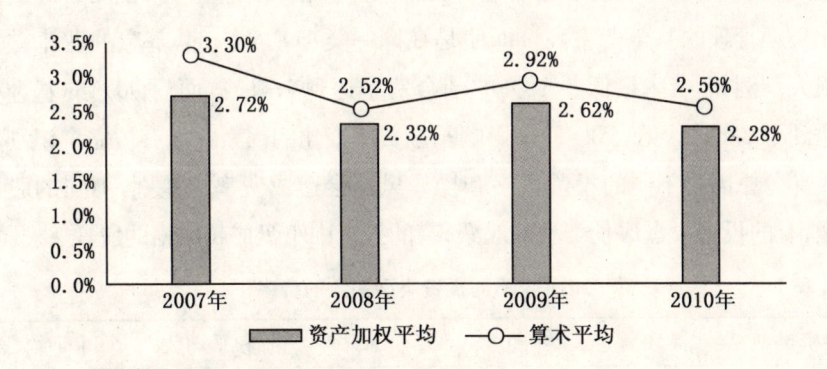

数据来源:上海证券基金评价研究中心、Wind

图3.14 股票型基金费率的算术平均值和资产加权平均值

从资金流入基金的情况,也可以看出投资者并不偏好低费率基金。考察过去几年中资金流入基金的情况,在每年获得资金净流入的基金中,流入费率最低的25%的基金的资金数量,与流入费率最高的75%的基金的资金数量大约各占一半(见图3.15)。这虽然在一定程度上表明了投资者对低费率基金的偏好,但是这一特征并不显著。在美国,流入低费率的25%的资金占总资金的79%,费率最高的75%的基金只获得21%的资金流入。

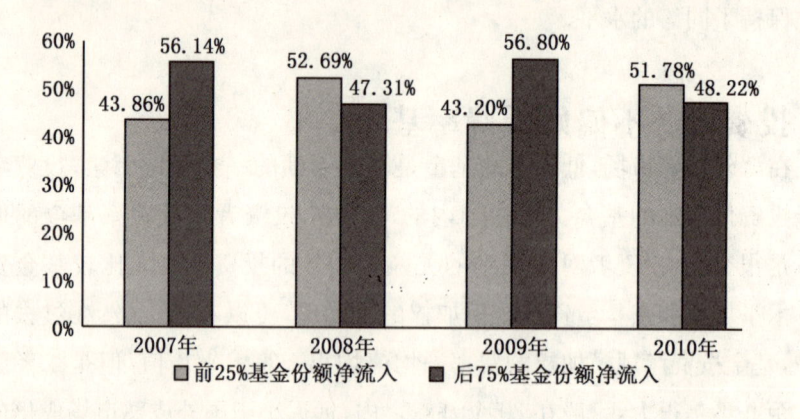

数据来源:上海证券基金评价研究中心、Wind

图 3.15　历年流入费率最低25%的资金约占总流入的一半

不同投资类型基金的费率

不同类型的基金费率变化较大。例如,债券型基金和货币型基金的费率较低,而股票型基金和混合型基金的费率较高。在股票基金中,主动管理的基金比被动管理的基金费率高。即使是在同一类型基金内部,基金的费率差别也很大。例如,费率最低的10%的基金费率达到1.79%,而后90%的基金费率达到了2.64%(见表3.13)。影响基金费率变化的因素并没有被完全识别出来。部分原因是不同的投资风格和操作风格会造成费率的差别,不同的股票基金,有的投资大盘成长类型的股票,有的投资中小盘成长风格的股票。

表3.13　　　　　　　　2010年不同投资类型基金的费率

投资类型	前10%	中位数	后90%	加权平均数	算术平均数
股票型基金	1.79%	2.41%	2.64%	2.28%	2.56%
混合型基金	1.51%	2.33%	2.62%	2.19%	2.51%
指数基金	0.28%	0.96%	1.34%	0.86%	1.24%

数据来源:上海证券基金评价研究中心

基金费率随资产规模而下降

由于规模经济效应的存在,基金资产规模是影响费率的一个重要因素,随着基金资产规模的增加,费率在下降。考察 2007～2010 年不同规模基金的运作费率水平,发现随着基金资产规模的增加,费率在下降。最小资产规模的基金组 4 年的平均费率达到 4.05%,而最大资产规模的基金组费率水平达到 2.29%(见表 3.14)。

表 3.14　　　　历年不同规模下股票型基金平均运作费率

资产规模	2007 年	2008 年	2009 年	2010 年	平均数
0～10 亿元	6.47%	3.15%	3.52%	3.05%	4.05%
10～50 亿元	4.82%	2.72%	3.08%	2.56%	3.30%
50～100 亿元	3.53%	2.29%	2.65%	2.31%	2.70%
100 亿元以上	2.46%	2.11%	2.48%	2.12%	2.29%

数据来源:上海证券基金评价研究中心

基金运作费率与业绩

基金运作费率与净值增长率没有显著的关系。在海外成熟市场,费率与业绩负相关的关系非常明显,即费率高的基金,在长期内业绩会相对表现不好。因此,投资者把费率作为购买基金的一个重要的参考依据,回避那些费率相对较高的基金。在国内的统计中,没有发现基金费率与业绩有显著的关系,费率低的基金业绩不一定好,而费率相对高的基金,业绩表现也不一定不好。例如,在股票型基金中,在 2007～2010 年,运作费率大于 4%的基金组的业绩为 12.6%,而运作费率为 3%～4%的基金组的业绩也仅为 10%(见表 3.15),在其他的等级,也没有发现费率与业绩的显著关系,这样的结论同样能从偏股型基金中得到(见表 3.16)。这可能是因为在国内的市场中,由于基金的年收益在绝对值上较海外市场大,波动性也较大,运作费率与收益之间的差距相对来说比海外市场大得多,因此运作费率对业绩的影响就不明显。而在海外市场,收益的差距波动性不大,业绩差距也不大,因此,费率的影响对于业绩的差距就比较大。但是,建议投资者在购买基金时,最好把那些运作费率水平极端高的基金剔除掉。

表 3.15　　　　　　　股票型基金费率与业绩关系不显著

费用比率	大于等于4%	3%~4%	2.5%~3%	2.0%~2.5%	小于2%
股票型数量	7	16	23	22	2
股票型业绩	12.60%	10%	12.80%	12.70%	16.48%
平均费率	4.40%	3.34%	2.67%	2.34%	1.92%

数据来源：上海证券基金评价研究中心

表 3.16　　　　　　　混合型基金费率与业绩关系不显著

费用比率	大于等于4%	3%~4%	2.5%~3%	小于2.5%
股票型数量	5	18	28	14
股票型业绩	10.96%	15.83%	11.87%	14.49%
平均费率	6.10%	3.37%	2.76%	2.31%

数据来源：上海证券基金评价研究中心

在市场低迷、账户出现损失的时候，投资者会怀疑自己的投资策略是否有效，很多人选择放弃既定的策略或在不同的策略间摇摆不定。基金组合不需要做精确的配置，一个分散化的简单组合或更有效。虽然强调长期投资，但组合也不是一成不变的，定期检查并调整资金分配，有助于投资目标的实现。

第四章
策略与组合

投基：策略六款实考
配置：风险交换效率
组合：简单或更有效
策略：全球多元配置
追踪：检视及再平衡

投基：策略六款实考

在市场低迷、账户出现损失的时候，投资者会怀疑自己的投资策略是否有效，很多人会选择放弃既定的策略或在不同的策略间摇摆不定。国内资本市场大起大落，各种投资策略在短期内不起作用是正常的。但是，在一个相对较长的时期内进行考察，会发现很多策略都在一定程度上有效。本部分以股票型基金国泰金鹰增长为例，考察在2003~2010年八年间六种投资策略的投资效果，这些策略包括买入持有策略、市场择机策略、分批投资策略、定投策略、价值平均策略和资产配置策略。研究发现：

- 买入持有策略是一种有效的投资策略，投资者在八年间能获得26.2%的年化收益率；
- 大多数投资者进行频繁的择时操作。幸运者能够获得高达39.8%的年化收益率，不幸者只能接受平均每年亏损3.42%甚至更大的亏损；
- 由于无法判断市场的高点和低点，一次性的投资蕴含了很大的风险，采纳分批投资的策略能够回避一些风险，就算在过去八年中投资者每年买到了市场的最高点，分批投资策略也能获得12.82%的年化收益率；
- 分批投资策略更一般的做法是定投策略，定投策略能够让投资者获得市场的平均回报，八年的年化收益率能达到15.58%；
- 一般认为，价值平均策略的收益会比定投好，但是我们对国内过去8年数据的研究表明，价值平均法的收益弱于定投，年化收益率仅为11.18%。
- 通过对股票型基金和债券型基金进行组合，并在适当的时候进行再平衡操作，获得了23%的年化收益率。

买入持有策略

投资者采用简单的买入持有策略，在八年的投资期中获得了可观的收益。买入持有的策略适合所有的投资者，该策略在长期范围内逐步上升的资本市场中是有效的。投资者采取这种简单的投资方法，忽略短期的市场波动，在一个较长的时间内，能够分享到市场的一般收益。如果投资者采用买入持有策略,在 2003 年初一次性投资股票型基金(以国泰金鹰增长为例)或债券基金(以华夏债券 AB 为例),八年后的 2010 年将获得 26.20% 和 7.03% 的年化收益率(见表 4.1)。

表 4.1　　　　　　　　　　　买入持有策略的收益

年 份	国泰金鹰增长年度收益	华夏债券 AB 年度收益
2003	20.96%	2.70%
2004	1.76%	−1.55%
2005	2.07%	9.07%
2006	131.78%	10.45%
2007	117.06%	17.25%
2008	−47.37%	11.52%
2009	83.62%	2.19%
2010	5.33%	5.81%
八年年化收益率	26.20%	7.03%

数据来源:上海证券基金评价研究中心、Wind

但是,买入持有策略倾向于进行长期投资,短期投资风险较大,如果错过了市场大幅上升的年份,投资效果会大打折扣,甚至会有不小的亏损。实际上,如果投资者错过了 2006 年和 2007 年的大牛市,投资的收益水平会大降,甚至会亏损。有不少投资者在 2007 年进入市场,普遍亏损严重,但是如果做长期的投资,相信这些损失在未来能得到弥补,并获得一个合理的回报。

市场择机策略

虽然买入持有策略在长期范围内能给投资者带来合理的回报,但是很多投资者认为这是一种寂寞的投资方法,面对账户的涨涨跌跌,很多投资者相信自己能够把握好市场的节奏,回避下跌的风险,扩大账户收益,一般投资者都有着严重的择机心理(参见"策略——责怪基金经理还是自怨自艾")。实际上,无论是专业的机构投资者还是一般的个人投资者,都很难通过市场择机获得持续的收益。

进行市场择机,有很大的运气成分,如果你幸运,当然可以带来更大的回报,如果不幸,过去八年的投资获得的可能是负收益。仍以股票基金国泰金鹰增长和债券基金华夏债券 AB 为例,以 A 和 B 这两个完全相反的市场时机选择者为例,来看看幸运和不幸的差别有多大。假定 A 是幸运者,每年开始时都能在投资股票基金或者债券基金中做出正确的选择,B 则恰恰相反。那么在八年后,幸运者 A 能获得 39.80%的年化收益率,而不幸者 B 的年化收益是-3.42%(见表 4.2)。B 在其一系列的错误决策中,2006 年、2007 年和 2008 年的决策最具有决定性,2006 年和 2007 年股票基金的总报酬率分别是 131.78%和 117.06%,而 B 却选择了 10.45%和 17.25%的债券基金。相反,在 2008 年熊市中,债券基金华夏债券 AB 的回报是 11.52%,而 B 却选择了下跌了 47.37%的股票基金国泰金鹰增长。可见,B 这样做的效果远不如他采取买入并持有的简单策略。

表 4.2　　　　　　　　　　幸运者与不幸者的距离

年　份	幸运者 A 的投资收益	不幸者 B 的投资收益
2003	20.96%	2.70%
2004	1.76%	-1.55%
2005	9.07%	2.07%
2006	131.78%	10.45%
2007	117.06%	17.25%
2008	11.52%	-47.37%
2009	83.62%	2.19%
2010	5.81%	5.33%
八年年化收益率	39.80%	-3.42%

数据来源:上海证券基金评价研究中心、Wind

在现实生活中,绝大多数对市场进行分析选择的投资者,既不像 A 那样走运,也不像 B 那样倒霉,大多数的投资者往往是做对几年、做错几年。假如 A 在两次关键的多头市场年份(2006 年和 2007 年)决策失误,而在其他时期决策正确。将这两年华夏债券 AB 的总报酬率计入 A 的投资业绩,年化收益率就会由 39.80%大幅下降到 18.03%。因此,尽管在八年当中有六年选择正确,A 的境况也不如采取买入持有的简单策略有效,如果投资者操作的频率远远大于一年一次,最终的结果可能甚至比 B 的-3.42%还要差。海外的一项研究表明,市场择机策略要能够有效,投资者对多头市场和空头市场预测的准确度必须至少在 70% 以上。

策略——责怪基金经理还是自怨自艾

当基金投资者的组合严重落后于市场,大多数投资者都只会责怪自己。这是一份新研究得出的结论。该研究指出,一般投资者有着严重的择机心理。

人们总是在基金的业绩即将开始优于平均水平之前抛售基金,而在业绩开始下跌时买入基金。事实上,研究发现,如果投资者能够对基金置之不理,大多数基金组合的业绩将会显著改善。

投资者经常因为基金收益差而责怪基金经理。但研究者认为,这并不公平。通过集中分析投资者将资金转移于各基金的决策,研究者发现,基金经理更像是受害者而不是作恶者。

只要你坚守购买的基金或投资于反映市场的指数基金,你就可以抵制诱惑,不会去购买当月的"宠儿"或者卖掉短期亏损的基金。

根据研究,这样就可以提供一般基金投资者的收益。

大胆的投资者还可以再进一步,采用与大多数人做法相反的积极配置策略:将资金从申购量最高的基金转出,而转入赎回量最高的基金。

然而,该做法并不适合承受能力较差的投资者……在这个时候采用反向策略需要极大的勇气。想一想,在 20 世纪 90 年代后期面临成长型基金的炫目收益率,所有投资者是否都没能坚持持有价值型基金?

可是,大量事实已经充分证明,在网络泡沫破灭之后,回避最受欢迎的基金往往能带来高额收益。

资料来源:马克.赫尔伯特,《纽约时报》,2006 年 2 月 26 日。

分批购买策略

无论是买入持有策略还是市场择机策略,进行一次性的操作总会有很大的风险,因为判断市场的位置很难。因此,建议投资者采纳分批购买策略,这种策略不需要对市场进行预测和判断。

如果投资者放弃对市场时机的预测和判断,在不同期间分批买入并长期持有,也能取得不错的收益。这种策略假设资本市场的长期趋势是向上的,虽然国内的资本市场不能很好地反映经济增长的基本面,上市公司的质量也为人诟病,市场大起大落,但国内资本市场在长期内仍然是逐步抬升的(见图4.1)。就算你非常不幸,在每年市场价格的最高点进行投资,长期范围内也会有不错的收益。假定某投资者从2003年开始,每年按当年最高价向国泰金鹰增长投资1 000元,并考虑分红再投资,八年内累积投资共8 000元,八年后的累积份额为20 967份,在2010年底的账户总值为21 008元,即使是在每年的最高点分批投入资金,年化收益率也达到了12.82%(见表4.3)。

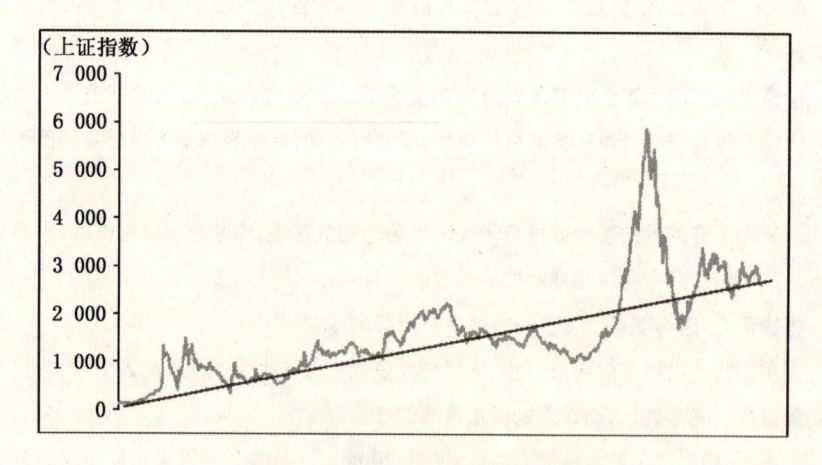

图4.1　中国股票市场20年走势

表4.3　　　　　每年按最高价格投资1 000元的收益情况

	单位净值	投入金额（元）	当前买入金额（元）	当期买入份额（份）
2003—12—25	1.08	1 000	985	912
2004—1—30	1.093	分红	每份分红0.03元	25
2004—4—8	1.187	1 000	985	829
2004—4—12	1.116	分红	每份分红0.04元	63
2005—4—8	1.083	1 000	985	909
2006—1—18	1.067	分红	每份分红0.033元	85
2006—9—4	1.511	分红	每份分红0.1元	187
2006—12—29	2.184	1 000	985	451
2007—3—30	1.88	分红	每份分红0.56元	1 031

续表

	单位净值	投入金额（元）	当前买入金额（元）	当期买入份额（份）
2007—10—11	3.917	1 000	985	251
2008—1—3	3.59	分红	每份分红0.15元	198
2008—1—14	3.704	1 000	985	266
2008—3—31	0.877	分红	每份分红1.96元	11 637
2009—11—23	1.085	1 000	985	907
2010—1—18	1.01	分红	每份分红0.069元	1 212
2010—11—8	1.156	1 000	985	852

累积投入:8 000;累积份额:20 967;2010年底账户:21 008元;年化收益率:12.82%。

注:考虑1.5%的申购成本

采取固定间隔、固定数量分批操作的投资策略,可以使投资者在任一时期避免过大数量的投资失败。在每年的市场最高点投资仍然能够赚钱的关键,是要在不同时间区段上分散投资。一些年份的市场波峰(如2003年、2004年、2005年、2008年、2010年),从整个投资期来看,并没有多高。实际上,投资者不会如此不幸,在每年的最高点买入基金。只要按照固定间隔、固定数量的投资计划分批操作就可。

定投策略

上面讲到的分批操作的投资方法,实际上是一种成本平均法。成本平均法的更普遍的方式是定投策略。这一方法操作简单,已为广大的投资者所熟悉,关键是在长期的投资中,投资者会怀疑这一方法的有效性,特别是在市场下跌的时候更不容易坚持。

长期的定投确实单调并且消磨人的意志,但这一方法确实有效,投资者不必怀疑这一点。定投策略是投资者用被动的方式来应对市场的波动,在时间维度上分散投资,从而避免损失过重。在决定何时买进时排除了主观臆测,按投入固定的金额,当价格较低的时候买入的份额多一些,当价格较高的时候买入份额少一些。作为一种投资策略,定投能迫使投资者在市场处于低谷而其他投资者还在恐惧观望时进行投资。对股票型基金(国泰金鹰增长)在2003~2010年间按季进行定投,假定每季定投1 000元,分红再投资。8年累计共投入31 000元,2010年底累计份额为98 505份,账户金额为98 702元,8年年化收益率为15.58%(见表4.4)。

表4.4　　　　　　　　　8年定投份额变化表

日期	份额净值（元）	定期定额1 000元		
		投入金额（元）	当期买入金额（元）	当期份额（份）
2003—4—1	0.935	1 000	985	1 053
2003—7—1	0.928	1 000	985	1 061
2003—10—1	0.908	1 000	985	1 085
2004—1—1	1.062	1 000	985	927
2004—1—30	1.093	分红	每份分红0.03元	113
2004—4—1	1.171	1 000	985	841
2004—4—12	1.116	分红	每份分红0.04元	182
2004—7—1	0.998	1 000	985	987
2004—10—1	1.052	1 000	985	936
2005—1—1	1.016	1 000	985	969
2005—4—1	1.055	1 000	985	934
2005—7—1	0.981	1 000	985	1 004
2005—10—1	1.032	1 000	985	954
2006—1—1	1.037	1 000	985	950
2006—1—18	1.067	分红	每份分红0.0330元	371
2006—4—1	1.214	1 000	985	811
2006—7—1	1.669	1 000	985	590
2006—9—4	1.511	分红	每份分红0.1元	911
2006—10—1	1.568	1 000	985	628
2007—1—1	2.184	1 000	985	451
2007—3—30	1.88	分红	每份分红0.56元	4 694
2007—4—1	1.88	1 000	985	524
2007—7—1	2.617	1 000	985	376
2007—10—1	3.844	1 000	985	256
2008—1—1	3.654	1 000	985	270
2008—1—3	3.59	分红	每份分红0.15元	914

续表

日　期	份额净值（元）	定期定额 1 000 元		当期份额（份）
		投入金额（元）	当期买入金额（元）	
2008－3－31	0.877	分红	每份分红 1.96 元	50 938
2008－4－1	0.826	1 000	985	1 192
2008－7－1	0.695	1 000	985	1 417
2008－10－1	0.585	1 000	985	1 684
2009－1－1	0.586	1 000	985	1 681
2009－4－1	0.736	1 000	985	1 338
2009－7－1	0.895	1 000	985	1 100
2009－10－1	0.883	1 000	985	1 115
2010－1－1	1.076	1 000	985	915
2010－1－18	1.01	分红	每份分红 0.069 元	5 750
2010－4－1	1.01	1 000	985	975
2010－7－1	0.818	1 000	985	1 204
2010－10－1	0.993	1 000	985	992
2010－12－16	1.032	分红	每份分红 0.06 元	5 412

累积投入:31 000元；累积份额:98 505；2010年底账户:98 702元；年化收益率:15.58%。

注：考虑1.5%的申购成本

价值平均法

定投虽然是一种有效的方法，但是也有不合理的地方，例如在市场涨到相对高点的时候仍然要买入基金。投资者期望在市价过低的时候增加投资的数量，在市价过高的时候减少甚至出售一部分份额，这种投资方法称为"价值平均法"。这一方法要求投资者所持基金的价值必须定期定额地增长。要做到这一点，投资者需要在市价下跌的时候投入更多的资金以抵消账户内当时的损失，而在市价上涨后要减少购进数量，甚至可以停止投资、或者出售一部分基金。与定投方法相比，价值平均法带有一套内在的卖出法则。此外，这种方法还使投资者易于估计到未来某一特定日期，自己能拥有多少财富。

价值平均法实质上是一种逆向投资方法，不但实现了定期投资，还能实现获利卖出的功能，使得投资者能够得到"逃顶"的效果，同时也充分地贯彻了低位吸筹的投资思想，能够提醒投资者要"在别人贪婪时恐惧，在别人恐惧时贪婪"。一般认为，价值平均策略的收益会比定投的方法好，但是我们对国内过去数据的研究表明，价值平均法的收益弱于定投。可能是在2006～2007年的大牛市中，采用逆向投资的价值平均策略，反而错失了趋势性的机会。对股票型基金国泰金鹰增长在2003～2010年间按季使用价值平均法进行投资，假定投资者希望资金的账户每季度增加1 000元，八年中的累积投入为15 762元，2010年末的账户为33 100元，年化收益率为11.18%。

价值平均法操作复杂，而且使用起来也不像定投那么容易，每期需要进行投资的现金数量各不相同，会增加交易记录的复杂程度（参见"价值平均法操作步骤"）。投资者每做一期投资时，都要对自己的账户进行计算，目前市场上尚无银行、基金公司、证券公司推出此种业务，因此投资者每个月需要自己主动转账进行投资，操作起来自然十分辛苦（见表4.5）。

价值平均法操作步骤

Step1：价值平均法首先考虑的是账面价值，让账面价值每个季度自然增长既定的额度。

Step2：用账面价值除以投资日的单位资产净值，便可得到某一交易日期应当持有的基金份额。

Step3：投资者每期需要买进或卖出的基金份额等于应当持有的基金份额减去目前持有的份额数量。例如：投资者在2003年7月1日的目标账面价值为2 000元，当日资产单位净值为0.928元，因此需要持有2 155份基金(2 000元/0.928元)。在此之前，该投资者已经持有1 069份，只需要再购进1 086份即可，投入资金1 008元。投资者在2006年4月1日的目标账面价值为13 000元，当日资产单位净值为1.214元，因此需要持有10 708份份额(13 000元/1.214元)。在此之前，该投资者已经持有11 930份，卖出1 222份，收回资金1 484元。

表 4.5　　　　　　　　　　价值平均法　　　　　　　　　　单位:元

日 期	账面价值	资产净值	需要份额	买进(卖出)份额	增加(减少)投资
2003-4-1	1 000	0.935	1 069	1 069	1 000
2003-7-1	2 000	0.928	2 155	1 086	1 008
2003-10-1	3 000	0.908	3 304	1 149	1 043
2004-1-1	4 000	1.062	3 766	462	491
2004-1-30	每份分红 0.03 元	1.093	分配份额 103,当前累计额:3 766+103=3 869		
2004-4-1	5 000	1.171	4 270	401	470
2004-4-12	每份分红 0.04 元	1.116	分配份额 153,当前累计额:4 270+153=4 423		
2004-7-1	6 000	0.998	6 012	1 589	1 586
2004-10-1	7 000	1.052	6 654	642	675
2005-1-1	8 000	1.016	7 874	1 220	1 240
2005-4-1	9 000	1.055	8 531	657	693
2005-7-1	10 000	0.981	10 194	1 663	1 631
2005-10-1	11 000	1.032	10 659	465	480
2006-1-1	12 000	1.037	11 572	913	947
2006-1-18	每份分红 0.033 元	1.067	分配份额 358,当前累计份额:11 572+358=11 930		
2006-4-1	13 000	1.214	10 708	-1 222	-1 484
2006-7-1	14 000	1.669	8 388	-2 320	-3 872
2006-9-4	每份分红 0.1 元	1.511	分配份额 555,当前累计份额:8 388+555=8 943		
2006-10-1	15 000	1.568	9 566	623	977
2007-1-1	16 000	2.184	7 326	-2 240	-4 892
2007-3-30	每份分红 0.56 元	1.88	分配份额 2 182,当前累计份额:7 326+2 182=9 508		
2007-4-1	17 000	1.88	9 043	-465	-874
2007-7-1	18 000	2.617	6 878	-2 165	-5 666
2007-10-1	19 000	3.844	4 943	-1 935	-7 438
2008-1-1	20 000	3.654	5 473	530	1 937
2008-1-3	每份分红 0.15 元	3.59	分配份额 229,当前累计份额:5 473+229=5 702		
2008-3-31	每份分红 1.96 元	0.877	分配份额 12 743,当前累计份额:5 702+12 743=18 445		
2008-4-1	21 000	0.826	25 424	6 979	8 449
2008-7-1	22 000	0.695	31 655	6 231	8 965
2008-10-1	23 000	0.585	39 316	7 661	13 096
2009-1-1	24 000	0.586	40 956	1 640	2 798
2009-4-1	25 000	0.736	33 967	-6 989	-5 144

续表

日期	账面价值	资产净值	需要份额	买进(卖出)份额	增加(减少)投资
2009—7—1	26 000	0.895	29 050	−4 917	−4 401
2009—10—1	27 000	0.883	30 578	1 528	1 730
2010—1—1	28 000	1.076	26 022	−4 556	−4 902
2010—1—18	每份分红 0.069 元	1.01	分配份额 1 778,当前累计份额:26 022+1 778=27 800		
2010—4—1	29 000	1.01	28 713	913	904
2010—7—1	30 000	0.818	36 675	7 962	9 733
2010—10—1	31 000	0.993	31 219	−5 456	−5 418
2010—12—16	每份分红 0.06 元	1.032	分配份额 1 815,当前累计份额:31 219+1 815=33 034		

累积投入:15 762;2010 年底账户:33 100 元;年化收益率:11.18%。

此外,无论是价值平均法还是定投方法,都不时地会给那些试图保持既定资产配置比重的投资者带来干扰。采取定投和和价值平均投资策略,投资者将会发现,一段时间后自己的投资结构发生了变化,从而不得不对其进行调整,重新求得平衡。这样的处理反过来又会干扰两种平均投资策略的实际效果。即使这个问题不严重,也应当引起投资者的注意。

资产配置策略

资产配置策略是决定如何在股票型基金、债券基金及各自更细的基金类别间分散投资。这种策略认为,要想取得良好的长期投资业绩,就应当在适当的时候进入适当的市场。采纳资产配置策略,投资者应根据资金的投资目标,对基金投资的资产进行目标配置,确定各类型基金的比重,并在既定的时间、组合比重偏离到一定程度时进行再平衡操作。

投资者开始要根据投资目标,构建一个投资组合,并定期检查资金的配置比重变化情况,应在投资结构明显偏离目标结构时进行调整,恢复到目标配置比重,这个过程称为"再平衡"。假定投资者偏好激进投资,在 2004 年 7 月投入 1 000 元,在投资组合中配置大盘风格股票基金国泰金鹰增长(目标配置比重为 50%),中小盘风格股票基金金鹰中小盘(目标配置比重为 30%),债券基金华夏债券 AB(目标配置比重为 20%)。并确定在每季度的第一天对投资组合进行考察,如果各类基金资产比重超过或落后目标配置 10%,就进行再平衡操作,恢复各基金比重至目标配置比重。在 7 年中,模拟的基金组合共进行了 3 次再平衡操作，至 2010 年底，组合的累积总收益为 4 279 元，7 年年化收益率为 23%（见表 4.6）。

表 4.6　　　　　　　　　资产配置策略

	国泰金鹰增长价值及比重	金鹰中小盘价值及比重	华夏债券价值	再平衡
2004—7—1	500(50%)	300(30%)	200(20%)	
2005—1—1	518.87(51.67%)	288.41(28.72%)	196.80(19.6%)	
2005—7—1	501(52.4%)	249.43(26.1%)	205.24(21.48%)	
2006—1—1	523.21(51.89%)	270.89(26.86%)	214.24(21.24%)	
2006—7—1	868.5(55.87%)	459.18(29.53%)	226.81(14.59%)	
2007—1—1	1 212.7(62.14%)	502.19(25.73%)	236.62(12.12%)	实施再平衡
	975.76(50%)	585.45(30%)	390.30(20%)	
2007—7—1	1 516.91(55.52%)	794.4(29.07%)	420.94(15.4%)	
2008—1—1	2 117.98(60.86%)	904.36(25.98%)	457.67(13.15%)	实施再平衡
	1 740(50%)	1 044(30%)	696(20%)	
2008—7—1	1 086.15(42.56%)	764.03(29.9%)	701.67(27.5%)	
2009—1—1	900.27(38.25%)	677.10(28.77%)	766.17(32.98%)	实施再平衡
	1 176.77(50%)	706.06(30%)	470.71(20%)	
2009—7—1	1 797.26(53.08%)	1 113.97(32.90%)	474.85(14.02%)	
2010—1—1	2 195.06(55.49%)	1 278.76(32.32%)	482.24(12.19%)	
2010—7—1	1 783.79(52.24%)	1 138.71(31.61%)	492.40(14.42%)	
2011—1—1	2 270.45(53.06%)	1 498.65(35.02%)	510.25(11.92%)	

投入 1000 元，2010 年底累积金额 4 279.354　7 年年化收益率 23%。

注：不考虑再平衡的买卖基金成本

　　这种固定比例的资产配置策略也有很多争议。投资者很可能会卖出日渐看好的基金，并且资产进一步增值的趋势受到了限制。因此，很多投资者采用策略性资产配置，即各资产间的比重是可变的，当市场环境发生变化时，投资者相应改变资产配置比重以重复利用难得的市场机会。但是，对一般的投资者而言，固定比重配置是一种好的方法，它使得投资者不得不定期检查自己的投资结构，并按照既定的规则操作。

配置：风险交换效率

通过股权类资产和固定收益类资产的合理配比进行组合投资，这一基本的资产配置观念已为普通的投资者所接受。但是，在投资时限足够长的情况下，股票市场的收益率高于组合投资，更高于债券市场。实际上，美国1976~2008年的33年间，股票指数（S&P 500）上涨了28倍，年化收益率为10.62%；同时期债券指数（Barclay Capital US Aggregate Bond Index）上涨了14.5倍，年化收益率为8.45%；等权重配比的股权债权组合投资上涨了22倍，年化收益率为9.83%，居于两者之间。可见，股票市场的收益长期优于债券市场，在原有的股票投资中配置任意比例的债券，都将对投资的整体回报率造成负面影响。既然如此，那么资产配置的意义究竟何在，这是让许多投资者感到困惑的一个问题。我们认为：

- 资产配置可以提高"风险—收益"的交换效率；
- 资产配置可以降低个人投资者的非理性行为。

提升风险交换效率

从理论上讲，资产配置的重要意义是提高了"风险—收益"的交换效率。与直观的认知不同，在证券投资中，投资者的成本并不是投入的本金多少，而是所要承担的风险大小。从理论上讲，投资的回报不仅是投入资金规模的函数，更是投资风险的函数。因此，仅仅以绝对的回报率作为投资优劣的评价标准其实并不合理。在证券市场上，投资者应从投入产出的角度，衡量每承担一份风险所获得的收益多寡。夏普比率刻画了承受单位风险所获得的超额收益的能力，使用上面美国股票指数和债券指数的数据，并把二者做等权重配置，此资产配置能有效提升夏普比率这一投资指标（见图4.2），远远超过单一市场的"风险—收益"交换效率。

无论是希望提高收益的投资者还是力求降低风险的投资者，都可通过资产配置的方式而受益。对于有能力承受股票市场高风险的投资者，资产

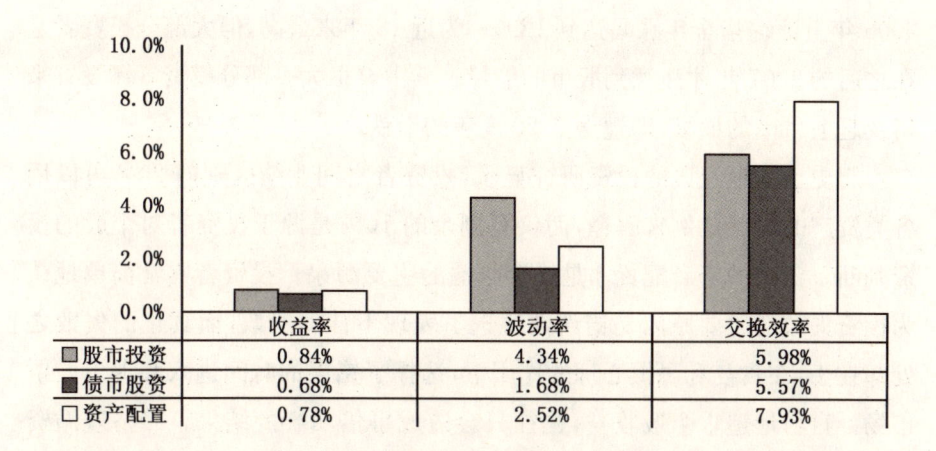

	收益率	波动率	交换效率
股市投资	0.84%	4.34%	5.98%
债市投资	0.68%	1.68%	5.57%
资产配置	0.78%	2.52%	7.93%

数据来源：上海证券基金评价研究中心、Bloomberg

图 4.2 资产配置策略大幅提高交换效率

配置可以通过借贷等方式，将风险提高到与股市相仿的程度，并获得高于股市的收益率。在另一方面，出于风险控制考虑的投资者，可在无需牺牲股市回报率的前提下，承担更小的波动风险。因此，资产配置的核心意义便在于：在同等的收益条件下降低风险，在同等的风险条件下提高收益。

避免投资者的非理性行为

资产配置对于投资者的一个更为重要的效用在于：可以在一定程度上避免投资者的非理性投资行为。

大多数投资者并是非理性的行为投资者。一般投资者在投资账面值损失时更加厌恶风险，而在投资账面值盈余时更加追求风险。斯坦福大学教授 Baba Shiv 发表在 2005 年第 16 期《心理科学》杂志上的研究表明，失去感知情绪能力的患者比普通投资者更有可能做出正确的投资决定。主要原因正是由于此类患者无法感知恐惧和失落的情绪，从而保持了理智的投资状态；相反，很多普通投资者在投资过程中，由于恐惧心理和激进心理的双重作用，在投资过程中存在着大量的时机错判、高买低卖的现象。2008 年金融危机之前投资者在沪深两市疯狂开户的一幕我们还记忆犹新。根据中登公司的统计数据显示，2007 年全年新开股票账户数量 3 829 万，较 2006 年和 2005 年分别增长了 12 倍和 44 倍，开户数量激增，大规模资金在股市高点涌入。更为重要的是，这种"跟风"、"跟庄"的羊群行为具有明显的滞后性。

2006年上证综指全年涨幅达到129%，为近18年来最高，但大部分投资者是在之后的2007年才注意到股市的能量。其中有很大一部分投资者还没有来得及赶上牛市的盛宴，即遭遇了2008年的滑铁卢。

历史上一项经典的投资研究显示，投资者之间业绩区别的90%可以用各类资产的配置比例来解释，而仅有剩余的10%是源于投资者对个股的投资判断。正确的资产配置才是投资收益的主要源泉。投资者常常简单地认为投资失败的主要原因是错误地挑选了表现不佳的股票，而真正的失败之处却在于，在贪婪和恐惧心理的作用下，选择了错误的时间进入和退出股票市场。盲目地追求个股收益，往往只会造成事倍功半的结果。严格遵循资产组合的投资比例，可以减少市场波动对投资者的情绪的影响。对于广大个人投资者来说，投资收益不甚理想的原因，正是因为犯了非理性投资行为这类最基本的投资错误。如果能够将这些错误加以避免，投资者的回报必将大幅提升。

不同于受非理性行为影响的个人投资者，专业投资机构利用资产配置策略来指导投资行为，其业绩总体上好于个人投资者。对比个人投资者和专业机构投资者的业绩，无论在何种市场条件下，后者的投资业绩都会稳定地优于前者。我们以公募基金为例，来考察专业理财机构市场表现。在2006年和2007年两年的上涨行情中，分别有87.1%和88.23%的公募基金实现了100%以上收益率，而这个数字在个人投资者中仅为5%和3%，甚至还分别有28%和38%的个人投资账户出现亏损，差距非常明显。同样的，在2010年上证综指全年震荡下挫469点的背景下，仍有多于1/3的基金实现了一成以上的收益，比个人投资者多出17个百分点。值得指出的是，有60%的个人投资者在2010年遭受了亏损，而基金出现亏损的比例仅为8%，资产配置有效地控制了投资收益的下行风险。既然个人投资者很难避免非理性的行为，事实也证明很少有个人投资者能够稳定地获得超越机构的投资回报，那么通过专业理财机构进行间接投资便成为一种简单有效的投资方式。以基金公司为代表的专业理财机构依照既定的投资策略或投资标的进行投资操作，可以有效地降低非理性失误出现的几率，减少时机错判所带来的不必要损失。

组合：简单或更有效

经典的投资组合理论，通过马柯维茨（Harry Markowitz）均值—方差分析来寻找"最佳"资产组合。该理论假设最佳资产配置是指定一组收益率、标准差和相关度，然后计算符合条件的最佳资产组合，就能够找到既定标准差下最大收益的组合，或者在既定收益水平下最小标准差的组合。投资组合理论的核心内容是有效边界，不幸的是，有效边界也是造成许多认识混乱的根源。许多投资者和金融分析师花了很多时间去思考有效边界，但是，今年的有效边界不会和去年一样，正确的或者说最理想的资产组合仅仅在事后才显现出来。主要的问题是不能足够准确地预测收益率、标准差和相关系数（参见"危机之后看现代投资组合理论"）。如果能够，那么从一开始就不需要优化工具。

其实，只需要一个分散化的简单组合，或许比复杂的优化模型更有效。虽然短期范围内各种资产的年度投资收益差别很大，但长期范围内这些差别趋于消失。换句话说，在非常短的时期内，精确的资产配置非常起作用，但在一个非常长的时期内，就不是很重要了。此外，MVO 模型的一个弱点是它没有考虑再平衡。因此，在实际的基金组合中，投资者只要对不同类型的基金进行配置，就能达到组合风险分散化的目的，简单或更有效。

- 根据不同的投资目标和风险偏好构建三个简单的基金组合，分别是"激进增值"组合、"稳健增值"组合和"财富保值"组合；
- 在构建组合时，以基金的风险调整后收益（夏普比率）、基金选股能力、机构持有者比重和基金规模四个指标为主要标准来筛选基金，同时考虑不同基金的风格及它们在组合中承担的角色。

资产配置

本部分根据投资者的不同投资目标和投资的时限（长期、中期、短期），构建了三个风险收益特征不同的多样化基金组合。其中，"激进增值"组合针对具有长期投资时限（5 年以上）的投资者，组合的风格偏激进，资产的

85％投向股权类基金，15％投向债权类基金（见图4.3）；"稳健增值"组合针对具有中期投资时限（3～5年）的投资者，组合的风格考虑稳健兼收益，资产的65％投向股权类基金，35％投向债权类基金；"财富保值"组合是针对以资产保值为主要目的投资者，资产的65％投向固定收益基金，35％投向股权类基金。组合避免在一种特定的风格和行业基金上进行投机，不对短期市场的方向进行判断，要点是在不同的市场中坚持基金组合。

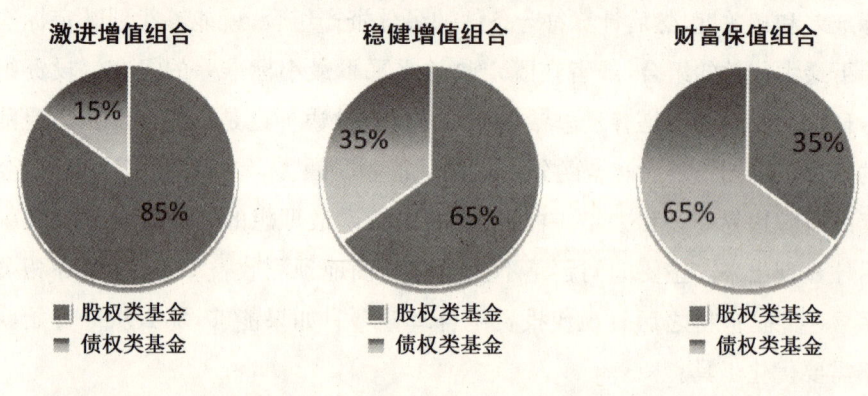

数据来源：上海证券基金评价研究中心

图4.3 三类基金组合

当然，投资者也可以根据自己特定的投资目标和风险承受度来适当地调整组合中不同基金类型配置的比重。例如，更加激进型的投资者，可提升组合中股权类基金的配置权重，降低组合中债权类基金的配置权重。建议每年进行一到两次再平衡操作来恢复目标资产配置的比重。

危机之后看现代投资组合理论

最近十年中的两次美国股灾动摇了很多投资者对现代投资组合理论以及其产生的资产配置策略的信念。批评者认为，正是对现代投资组合理论的盲目信任导致了不平衡的资产配置。该理论并没有充分考虑到系统性风险，结果导致投资者过度配置于股票资产，现在他们需要很多时间才能弥补之前的损失。

现代投资组合理论简介

可以毫不夸张地说，现代投资组合理论是现代金融学的基础。在哈里·马柯维茨于20世纪50年代引入现代投资组合理论以及威廉·夏普应用这一理论得到资本资产定价模型之前,还没有一种能够系统地对资产进行定价并告诉投资者该如何进行资产配置的方法。现代投资组合理论告诉了投资者如何才能在风险和收益之间取得平衡。马柯维茨认为投资者持有某一比例的股票或者其他资产,是为了使投资组合在风险一定的情况下收益最大,或者在收益一定的情况下风险最小。这一理论使得对任何投资者进行资产配置建议成为可能。投资者只要输入希望投资的资产类别、期望回报、方差以及这些资产的相关系数,模型通过计算就能告诉投资者该投资哪些资产,以及每种资产的投资比重。这样得到的投资组合会有最高的夏普比率。夏普比率是现代投资组合理论统计的关键数据,它衡量的是投资组合基于每一单位风险所获得的收益,该值越高越好。

问题

最近几年的市场巨幅震荡说明过去的表现并不能代表未来的结果。那么,如何才能知道某一类资产未来的平均回报、方差以及不同资产之间的相关系数?通常,现有的模型采用历史数据来作为未来值的估计。但是,相关系数在市场受到压力的时候会变得很不稳定,那些本来不相关的资产会突然同步运动。例如在 2008 年第四季度,全球股票和商品价格都同步下跌。

一个关键的挑战是现代投资组合理论使用标准差来衡量风险,但是这种方法只有在收益符合正态分布的情况下才是正确的。对称的钟形正态分布曲线使人们可以迅速得到漂亮的计算结果,但是它在预测极端情况方面的表现非常糟糕。标准的现代投资组合理论模型往往低估大熊市的可能性(认为 200 年才发生一次),实际上这种情况每隔几年就会发生一次。所以现代投资组合理论低估了风险,使投资者过度投资于股票这类风险资产。

依然有用

有些投资者花了很多精力来学习现代投资组合理论模型,误以为这是他们唯一需要的东西。这些模型确实有一定用处。分散投资依然是一个降低风险的好方法,资产配置也极其重要。实际上,很多改善资产配置的想法都是以现代投资组合理论为框架的。这些想法建议把理论和实践结合起来,而不是简单地另起炉灶。例如,一个想法是为了改善风险管理,建议减少对正态分布的依赖,多考虑其他分布以及极端损失的可能性。实践中,可以少配置极端高风险资产并使用对冲工具,以保护投资组合。另一个建议是多考虑战术或者动态资产配置。该方法并不是静态地配置股票,而是根据宏观判断和估值状况来动态调整投资组合。

资料来源:www.morningstar.com

基金组合

在筛选基金时,重点考虑基金的风险调整后收益(夏普比率)、基金选股能力、机构持有者比重和基金规模四个指标，同时以基金历史业绩、成本、基金经理及投资团队等因素作为参考。在构建组合时，考虑基金相互之间不同风格的组合，以长期业绩稳健的大盘风格的优质基金作为核心基金，以中小盘风格基金、行业基金或者 QDII 基金作为辅助基金（参见"核心与非核心组合"）。排除一些与组合中已有基金相雷同的优秀基金，以避免在行业上或者个股上比重过大、风险过高。例如，如果某只价值型基金配置了大量的金融股，那么另一只价值基金就会考虑在该行业低配的基金。

激进增值组合

这个组合是针对以增值为目标，并且愿意承担更多风险的投资者（见图4.4）。挑选的大多数基金是激进型的。组合85%投向股票型基金，15%投向债券基金。考虑国内大盘风格型基金（2只）45%、国内中小盘风格基金（1只）30%、QDII 基金（1只）10%和 1 只激进债券基金15%的组合。

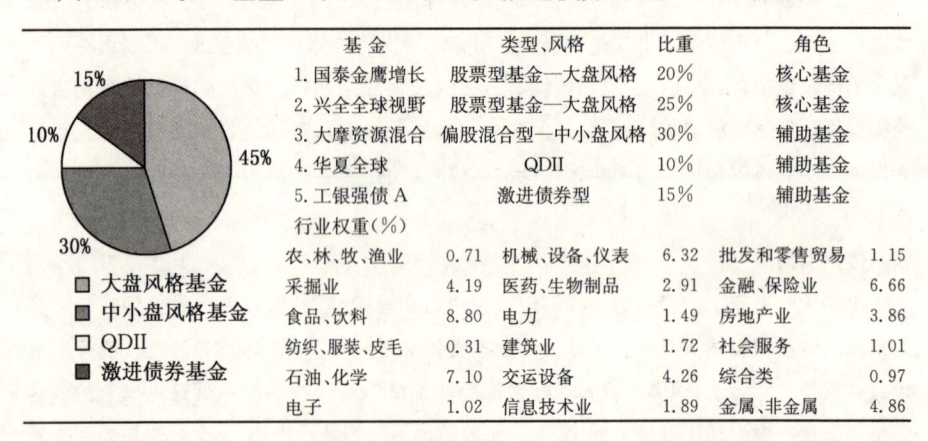

基金	类型、风格	比重	角色
1.国泰金鹰增长	股票型基金—大盘风格	20%	核心基金
2.兴全全球视野	股票型基金—大盘风格	25%	核心基金
3.大摩资源混合	偏股混合型—中小盘风格	30%	辅助基金
4.华夏全球	QDII	10%	辅助基金
5.工银强债 A	激进债券型	15%	辅助基金

行业权重(%)

农、林、牧、渔业	0.71	机械、设备、仪表	6.32	批发和零售贸易	1.15
采掘业	4.19	医药、生物制品	2.91	金融、保险业	6.66
食品、饮料	8.80	电力	1.49	房地产业	3.86
纺织、服装、皮毛	0.31	建筑业	1.72	社会服务	1.01
石油、化学	7.10	交运设备	4.26	综合类	0.97
电子	1.02	信息技术业	1.89	金属、非金属	4.86

数据来源：上海证券基金评价研究中心　　　　数据截止：2011 年第一季度

图 4.4　激进增值组合示例

稳健增值组合

这个组合适合中期投资者，这类投资者很不适应基金组合带来的波动性（见图4.5）。这个组合把向债券基金配置的比例从15%提升到35%。除此案例外，也可以用股票和债券指数基金作为核心基金来进行配置，选择主动管理型的基金作为补充。

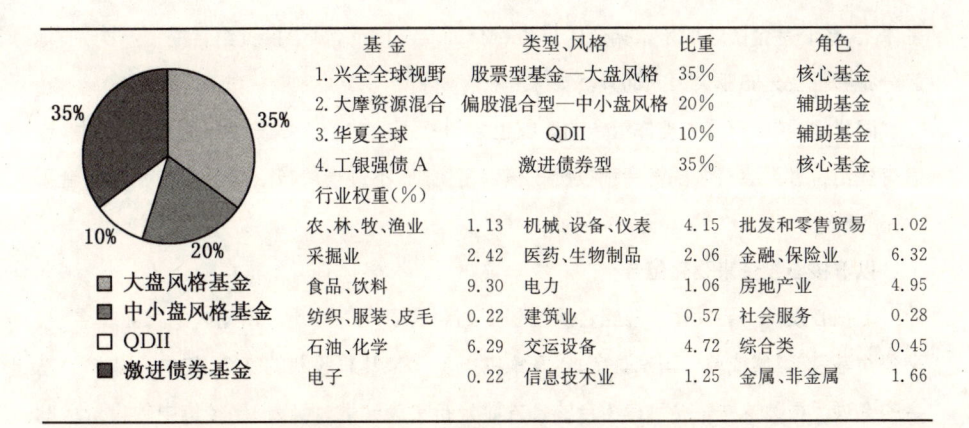

基金	类型、风格	比重	角色
1. 兴全全球视野	股票型基金—大盘风格	35%	核心基金
2. 大摩资源混合	偏股混合型—中小盘风格	20%	辅助基金
3. 华夏全球	QDII	10%	辅助基金
4. 工银强债A	激进债券型	35%	核心基金

行业权重(%)

农、林、牧、渔业	1.13	机械、设备、仪表	4.15	批发和零售贸易	1.02
采掘业	2.42	医药、生物制品	2.06	金融、保险业	6.32
食品、饮料	9.30	电力	1.06	房地产业	4.95
纺织、服装、皮毛	0.22	建筑业	0.57	社会服务	0.28
石油、化学	6.29	交运设备	4.72	综合类	0.45
电子	0.22	信息技术业	1.25	金属、非金属	1.66

■ 大盘风格基金 35%
■ 中小盘风格基金 20%
□ QDII 10%
■ 激进债券基金 35%

数据来源：上海证券基金评价研究中心　　　数据截止：2011年第一季度

图 4.5　稳健增值组合示例

核心与非核心基金组合

在众多的选择中挑选适合自己的基金实非易事。或许你也会有这些疑问：我是否应该投资于这项基金？投资多少才适当呢？基金组合是由你所投资的基金所组成。可将这些合成部分分作核心及非核心基金两大类。由于核心基金对组合表现能否符合投资目标有最直接的影响，因此选取这类基金必须更为谨慎。

配合投资目标的核心架构

核心部分在基金组合的角色有如心脏对人体般重要。理想的核心基金一般以稳健基金为主。这类基金虽非基金中表现最佳或最差者，但它们多年来表现稳健，是担任组合的中流砥柱角色的最理想选择。

若你的投资取向比较进取，或许会考虑以中小盘风格基金来组成核心部分。无疑这类基金在市况景气时表现较好，不过在市况转弱时，它们的表现相对也会变得逊色。那么采取保守策略，以大盘风格基金作核心又如何？大盘风格基金的风险较中小盘风格为低。除非你将核心投资同时平均分布在大盘风格基金及中小盘风格基金之上，否则以大盘风格基金为核心部分还是较为合适的。

此外，如果你打算增持债券基金的话，可考虑以具有高评级的中期债券（三至五年期）为选择。由于到期日较短，这类债券较长期债券所承受的利率风险会较少。

制定核心组合

在你选择基金X作为核心部分的同时，其他投资者可能会选择不同的基金Y或Z。

基本上,核心基金的选取是根据个人投资目标而定。因此,每个投资组合的资产类别、地区分布和行业分布都会因人而异。

同样地,核心部分占整体组合的比重也会随着不同的个人投资目标而有所区别。或者有些组合甚至会将全部资金都投资在核心基金上,不过一般核心部分应占整体组合不少于50%。

以非核心投资来强化组合

非核心投资主要发挥分散组合风险和提高组合表现的作用。市场内的行业基金、小型公司基金、区域或单一国家基金、以及集中投资于某几只股票的基金,均纳入非核心基金的选项。虽然这些基金可使组合的各方面分布更为分散,但它们比较集中的投资取向让这些基金本身承受的风险也较高。就算非核心部分能为组合表现带来一些惊喜,你也应留意并控制非核心部分的比重,以免为组合带来不必要的风险。

资料来源:www.morningstar.com

财富保值组合

这一组合适合保守型的投资者,以保值为主要的投资目的(见图4.6)。因此,组合配置偏保守,65%投向债权类基金,35%投向股权类基金。主要筛选历史业绩稳健、投资策略纪律性强、团队稳定的基金。

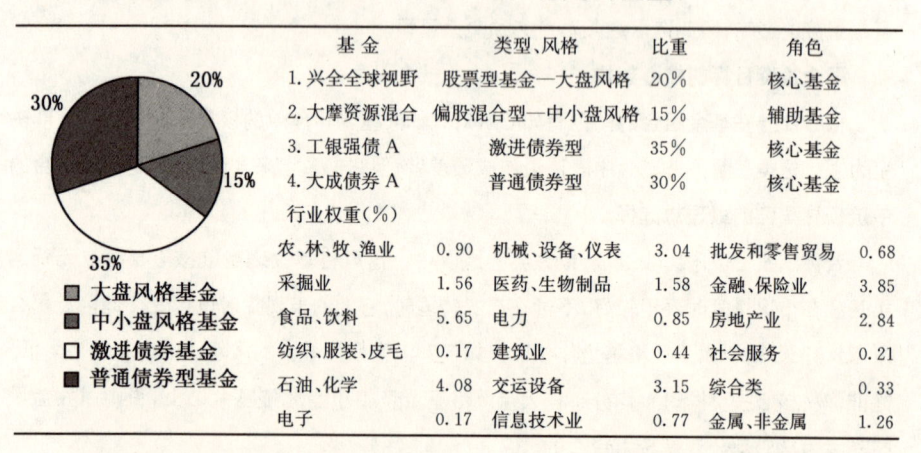

基金	类型、风格	比重	角色
1. 兴全全球视野	股票型基金—大盘风格	20%	核心基金
2. 大摩资源混合	偏股混合型—中小盘风格	15%	辅助基金
3. 工银强债A	激进债券型	35%	核心基金
4. 大成债券A	普通债券型	30%	核心基金

行业权重(%)

农、林、牧、渔业	0.90	机械、设备、仪表	3.04	批发和零售贸易	0.68
采掘业	1.56	医药、生物制品	1.58	金融、保险业	3.85
食品、饮料	5.65	电力	0.85	房地产业	2.84
纺织、服装、皮毛	0.17	建筑业	0.44	社会服务	0.21
石油、化学	4.08	交运设备	3.15	综合类	0.33
电子	0.17	信息技术业	0.77	金属、非金属	1.26

饼图占比:大盘风格基金 20%,中小盘风格基金 15%,激进债券基金 35%,普通债券型基金 30%

数据来源:上海证券基金评价研究中心　　数据截止:2011年第一季度

图4.6 保值型基金组合示例

策略：全球多元配置

2011年，国内股票基金投资者大多数亏损很大，但购买了诺安全球黄金基金的投资者却取得了超过10%的回报。2003~2011年，国内股票基金的年化收益率为16.9%，但是年度收益波动率却高达62.98%，这反映了尽管国内市场在某些时候会给投资者带来丰厚的利润，但很多时候却会造成较大的损失，时点上把握不好的投资者损失惨重。在面对单一资产较大风险的时候，投资者需要改变长期以来"重单只基金盈亏，轻资产配置"的观念。在传统资产QDII基金（指投向海外股票、债券等资产的基金）不断发展的基础上，另类资产QDII基金（指投向房地产、大宗商品、私募股权、绝对收益等资产的基金）开始出现，这些产品为国内投资者提供了进一步多元化配置资产的工具。

● 国内资本市场的有待完善、基金投资范围的限制，以及在此背景下基金投资行为的短期化，都会造成国内基金业绩的大起大落；

● 在发展的初期，传统资产QDII基金主要投向香港市场和海外市场的"中国概念"股，随着投资区域的扩大，传统资产QDII基金具有了一定的资产配置作用；

● 随着另类资产QDII基金的出现，国内投资者可在投资组合中纳入此类基金，进一步降低组合业绩的波动性，提升资产配置效率。

单一资产投资

基金业绩的大起大落，与国内众多稳健投资者的需求不匹配。虽然有的投资者持有10只以上的基金，但却并不能很好地分散组合的风险，这是由国内新兴资本市场的特征所决定的。

作为基金投资的基础，国内资本市场不完善之处会激励各方参与者的短期交易行为，导致了市场的大幅波动。借壳上市、重组等现象大行其道，长期价值投资被边缘化，退市机制还有待建立；新股发行的高市盈率降低了二级市场的投资价值；再融资屡屡在A股市场掀起波澜；此外，困扰A股市场多年的重融资、轻回报、分红少、股息率低的问题还没有得到妥善解决。基础市场的这些问题是基金业绩大幅波动的重要原因之一。

同时，现行法规对基金投资范围的限制，造成了基金投资策略趋同、产品同质，使得基金受单一市场波动的影响很大。与海外共同基金较宽的投资范围相比，国内基金目前较窄的投资范围是造成目前基金产品同质、策略趋同的一个很重要的原因。现行基金法把基金的投资范围界定在上市交易的股票、债券和国务院证券监督管理机构规定的其他证券品种上。这一界定大大限制了基金的投资范围，犹如对基金实施了捆绑，这在当时是有必要的，但投资范围狭窄使基金过度依赖股票市场，容易导致基金靠天吃饭的状态。一旦股票市场行情变动大，基金业绩波动也就很大。

在这样的环境下，基金在一定程度上扮演了交易者的角色，与个人投资者一样，在二级市场博取价差，采取短期化的投资行为，表现为普遍的市场择时和很高的换手率，这在一定程度上导致了市场的大起大落。基金的操作风格与当年超常规发展机构投资者的初衷有很大差距，基金有散户化的倾向，在投资逻辑上越来越忽略价值和估值，热衷于短炒，整个市场都充满了博弈心态。实际上，国内基金的换手率一直处于非常高的状态，据测算，2011年上半年普通股票型基金的平均换手率达到了141.9%，最高换手率为天弘成长的573%，同期偏股混合型基金平均换手率达到了114.69%，最高换手率为华富价值的679%。

传统资产 QDII 基金

在 QDII 未出现之前，投资者将筹码全部压在以 A 股市场为投资标的的国内股票基金上，这显然是一件风险很大的事情。在 2006 年 QDII 走上历史的舞台后，部分投资者把 QDII 基金作为资产配置的工具加入到投资组合中来，期望分散组合风险。在金融危机爆发后的很长一段时间，投资者发现组合并没有很好的分散风险，但随着 QDII 投资范围的扩大，QDII 显现出了一定的资产配置作用。

在出海的初期，QDII 基金主要投资于中国香港市场和海外市场的"中国概念"股，这些资产分散投资组合风险的作用有限。近年来港股与 A 股市场关联度显著提升，中国内地市场的波动不可避免的影响到这些基金的表现，因此其分散国内市场风险的功能就被削弱了。随后，QDII 基金又把全球范围内的"中国概念"作为一个热门的投资方向（见表 4.7），这些企业股价虽然受当地市场的供需关系、投资者结构等因素影响，但归根结底股价仍由企业的营运情况和中国的经营环境所主导，因此更多风险来自于国内宏观经济层面，与国内 A 股市场的联动性相对较强，对分散 A 股风险的贡献有限。

表 4.7　QDII 基金在发展的初期主要集中在中国香港市场和海外市场的"中国概念"股（部分）

类别名称	基金名称	设立时间
中国股票	嘉实海外中国股票	2007—10—12
	华宝兴业海外中国股票	2008—05—07
	海富通中国海外股票	2008—06—27
亚太区不包括日本股票	上投摩根亚太优势股票	2007—10—22
	易方达亚洲精选股票	2010—01—21
	汇添富亚澳成熟优选股票	2010—06—25
	博时亚太精选股票	2010—07—27
	广发亚太精选股票	2010—08—18
环球大型平衡股票	南方全球精选配置	2007—09—19
	华夏全球股票	2007—10—09
	工银中国机会全球股票	2008—02—14
	银华全球优选	2008—05—26
	交银环球精选股票	2008—08—22
	长盛环球行业股票	2010—05—26
	工银全球精选股票	2010—06—10
	建信全球机遇股票	2010—09—14
大中华股票	华安香港精选股票	2010—09—19

数据来源：上海证券基金评价研究中心、Wind

随着投资区域的扩大，QDII 基金资产配置的作用有所发挥。伴随着 QDII 对海外市场的逐渐熟悉，QDII 投资美国和欧洲等成熟资本市场，以及新兴市场的比重逐渐增加。QDII 在投资广度上有所扩充，例如自然资源行业和新兴市场，投资也逐步从主动向被动化发展。2010 年以来，随着 QDII

基金数量的快速增长和投资标的的差异，我们留意到部分 QDII 在地区投资上不再高比例配置香港地区产品，这些现象表明国内 QDII 基金或许正朝着一个多元的方向逐步发展。更多不同类型 QDII 基金的面世，可增加投资者进入海外市场的选择。从实证的情况来看，虽然各指数间的相关性在近几年有上升趋势，但上证 A 股指数与海外指数的相关性仍然偏低（见表 4.8），QDII 基金对国内股票基金具有一定的分散组合风险的作用。模拟发现，在国内股票基金中配置 QDII 基金可在一定程度上降低收益的波动性，甚至有提高整体收益的作用。用中证股票基金指数代表国内典型股票基金的收益水平，与成立两年以上的 QDII 以 50∶50 的比例组合，发现中国股票型基金 2008～2010 年平均年化收益率为—0.41%，波动率为 32.34%。如果用 50%资产配置华夏全球 QDII，那么组合年化投资收益除了得到提升外（提升至年化收益 1.85%），也降低了波动风险（由原来的 32.34%下降至 27.72%）。

表 4.8　　　　　上证 A 股与海外指数的相关性仍然偏低

	恒生国企指数	恒生指数	MSCI 亚太除日本外	MSCI 中国指数	MSCI 世界指数	上证 A 股指数
恒生国企指数	1					
恒生指数	0.9	1				
MSCI 亚太除日本外	0.85	0.91	1			
MSCI 中国指数	0.98	0.93	0.88	1		
MSCI 世界指数	0.72	0.80	0.91	0.75	1	
上证 A 股指数	0.69	0.59	0.55	0.68	0.44	1

数据来源：上海证券基金评价研究中心、Wind

另类资产 QDII 基金

虽然在国内股票基金中加入投资海外传统资产的 QDII 基金可在一定程度上降低组合的业绩波动性，但是这种效果还是相对有限的。2011 年以来，QDII 产品的创新进一步发展，有一些产品开始涉足国外另类投资领域，如海外房地产信托基金、黄金、石油和天然气，把投资这些另类资产的基金称为另类资产 QDII 基金。在组合中配置另类资产 QDII,可在保证收益的基础上,大幅度地降低组合的收益波动性,这是因为这些资产间的相关性很小。这样的配置可进一步减少国内股票基金业绩的大幅波动,满足长期稳健投资者的需要。

另类资产能够帮助投资者有效降低对传统有价证券的依赖程度,构建真正多元化的投资组合,进一步降低投资组合业绩的波动性。传统资产类别提供了一些基本模块,帮助投资者构建分散化的组合。但是,如果投资者将 80% 的资产投资于国内市场,而且其中整整一半的资产集中在股票上,这种做法便违背了分散化投资的基本原则,投资单一资产类别将面临不必要的过度集中风险。要想在实现分散化投资的同时减少固定收益类投资的机会成本,投资者需要寻找那些与国内上市有价证券相关度不高的高收益资产类别。对于国内投资者来说,最常用的策略是在投资组合中加入一些外国股票。但要进一步分散风险,投资者还有其他选择,比如房地产、风险投资、杠杆收购、森林、石油和天然气以及绝对收益投资等各种高收益的资产类别,这些资产投资的获利方式和投资原理各不相同(见表 4.9)。尽管对特定资产类别而言,高预期收益难免伴随着价格的激烈波动(见图 4.7),但通过构建包括多种不同资产类别的投资组合,投资于多个市场可实现组合的充分分散化(见表 4.10),投资者可以减少过分集中的风险,在低风险的情况下产生较高的预期收益。将另类资产加入投资组合旨在推高投资的有效边界,在既定风险水平下提高投资收益,或在固定风险水平下降低投资风险。

表 4.9 　　　　　　　　　　　另类资产的投资原理

另类资产	投资原理
房地产(国外)	• 房地产资产具有重要的防守型特色。房地产投资信托(RE-ITS)的收益常常会超过债券收益,并且与股票收益不相上下 • 房地产投资具有通胀敏感度高的特点,可为组合提供很好的分散投资工具 • 房地产同时含有债券和股票的特征
商品 (石油和天然气)	• 受供求关系影响,作为其他大多数资产类别的分散化、抗周期的资产起作用,降低投资组合的总体波动性 • 可作为抵抗通货膨胀的有效对冲工具 • 与股票、债券、房地产之间的相关性很低 • 各类商品间受各种不同的经济因素的影响,相互之间相关性较低

续表

另类资产	投资原理
黄金	・抗通胀的工具，金融市场动荡时期的避风港 ・保持购买力 ・几乎与所有其他资产类别的收益相关性都非常低

数据来源：上海证券基金评价研究中心、wind

2002年	2003年	2004年	2005年	2006年	2007年	2008年	2009年	2010年	2011年
大宗商品 39.02%	地产指数 28.48%	地产指数 24.35%	大宗商品 39.06%	沪深300 121.02%	沪深300 151.59%	中债指数 14.89%	沪深300 96.71%	黄金指数 29.52%	黄金指数 22.92%
黄金指数 24.77%	标普500 26.38%	大宗商品 19.16%	黄金指数 17.92%	地产指数 29.51%	黄金指数 40.71%	黄金指数 5.77%	大宗商品 50.30%	地产指数 23.07%	中债指数 4.41%
地产指数 -3.12%	黄金指数 19.37%	标普500 8.99%	中债指数 10.55%	黄金指数 23.15%	黄金指数 30.98%	标普500 -38.49%	黄金指数 24.36%	大宗商品 20.44%	大宗商品 4.15%
中债指数 -3.74%	大宗商品 10.80%	黄金指数 5.54%	地产指数 6.67%	标普500 13.62%	标普500 3.53%	地产指数 -41.12%	标普500 23.45%	标普500 12.78%	地产指数 0.04%
沪深300 -16.17%	中债指数 0.87%	中债指数 -2.42%	标普500 3.00%	中债指数 2.62%	中债指数 -1.81%	大宗商品 -42.80%	地产指数 21.28%	中债指数 1.92%	标普500 -0.85%
标普500 -23.37%	沪深300 -8.25%	沪深300 -16.30%	沪深300 -7.65%	大宗商品 0.45%	地产指数 -19.05%	沪深300 -65.95%	中债指数 -1.24%	沪深300 -12.51%	沪深300 -19.40%

数据来源：上海证券基金评价研究中心、Wind

图 4.7 单一资产业绩波动性大

表 4.10　　　　　　　　各类资产月收益率相关系数

	国内股票（沪深300）	国内债券（中债总财富指数）	美国股票（标普500）	大宗商品	黄金	房地产
国内股票（沪深300）	1					
国内债券（中债总财富指数）	−0.16	1				
美国股票（标普500）	0.32	−0.13	1			
大宗商品	0.27	−0.23	0.33	1		
黄金	0.23	0.01	0.07	0.34	1	
房地产	0.18	0.04	0.72	0.25	0.14	1

数据来源：上海证券基金评价研究中心、Wind

国内基金可投资的范围还较窄，但另类资产QDII基金的发展为投资者提供了在全球范围内纳入另类资产进行多元化配置的工具。在 2011 年开始，国内 QDII 基金的发展更加多样化，QDII 基金产品设计也开始由当初的大线条投资区域向细分品种发展趋势，已有部分 QDII 突破了传统投资的领域，向另类投资领域发展，这些另类 QDII 主要投资商品类，尤其是与抗通胀主题有关，例如诺安全球黄金、易方达黄金主题、博时抗通胀主题、华宝兴业标普油气、诺安油气能源等，也有投资海外房地产信托产品（REITs）的 QDII 获批，例如诺安全球收益不动产等（见表 4.11）。这些基金的推出，为国内投资者进行全球化各类型资产的多元化配置提供了工具。据笔者了解，目前已有基金在设计针对海外 PE（私募股权）投资的 QDII 产品，可以预见，在不远的将来，涉及各类另类资产的 QDII 产品会逐步的面世。

表 4.11　　投资另类资产的 QDII 开始出现（部分）

基　金	主要投资范围
鹏华美国房地产	挂牌交易的房地产信托凭证（REITs）、房地产信托凭证的交易型开放式指数基金（REIT ETF）和房地产行业上市公司股票
嘉实黄金	投资于全球跟踪黄金价格或黄金价格指数的公募基金的比例不低于本基金资产净值的 80%
易方达黄金主题	投资于基金的资产中不低于 80% 投资于黄金基金
银华抗通胀主题	抗通胀主题的基金指跟踪综合商品指数的 ETF，跟踪单个或大类商品价格的 ETF，业绩比较基准 90% 以上是商品指数的共同基金
博时抗通胀增强回报	基金投资（含 ETF）比例不低于基金资产的 60%，其中不低于 80% 投资于抗通胀相关主题的基金
广发标普全球农业	标普全球农业指数成分股、备选成分股的投资比例不低于基金资产净值的 85%
华宝兴业标普油气	投资于标普石油天然气上游股票指数成分股、备选成分股的比例不低于基金资产净值的 80%
诺安油气能源	投资于全球范围内优质的石油、天然气等能源行业的基金（包括 ETF）及公司股票
汇添富黄金及贵金属	投资于有实物黄金或其他实物贵金属支持的交易所交易基金（ETF）的比例不低于基金资产的 90%
诺安全球黄金	投资于有实物黄金支持的黄金 ETF 不低于基金资产的 80%
诺安全球收益不动产	投资于 REITs 的比例不低于基金资产的 60%

数据来源：上海证券基金评价研究中心、Wind

模拟效果表明，纳入另类资产的多元化组合确能大幅降低组合收益波动性,提升组合的风险交换效率。在全球范围内构建一个纳入另类资产的多元化的投资组合,将资产的 25% 投向国内股票资产(投资国内股票的基金兴全全球视野),向国内债券资产(投资国内债券的基金易方达回报 A)、美国股票资产(投资美国股票的基金大成标普 500)、海外房地产(投资美国房地产信托的基金鹏华美国房地产基金)、大宗商品(投资大宗商品的基金诺安油气能源基金)和黄金(投资黄金的基金诺安全球黄金基金)各投入资产的 15%(见图 4.8)。这个组合以长期稳健增值为目标,避免组合业绩在年度间的大起大落,在保证收益的同时大幅降低组合的波动性。由于组合中的大多数基金尚无历史数据,我们用相应资产的指数来进行模拟,以沪深 300 指数来代表国内股票,中债总财富指数代表国内债券,标普 500 指数代表美国股票,APGSCI 指数代表大宗商品,GOLDS 指数代表黄金,FNER 指数代表地产。在 2002～2011 年 10 年间,组合的年化收益率为 11.34%,年度业绩波动率为 24.15%。该组合的业绩远远好于国内股票市场沪深 300 指数年化 6.60% 的业绩和 74.09% 的波动率;虽然组合的长期业绩稍逊于单一资产国内股票基金的 16.90% 的年化收益率,但组合的波动率远小于国内股票基金 62.98% 的水平,风险交换效率更高。

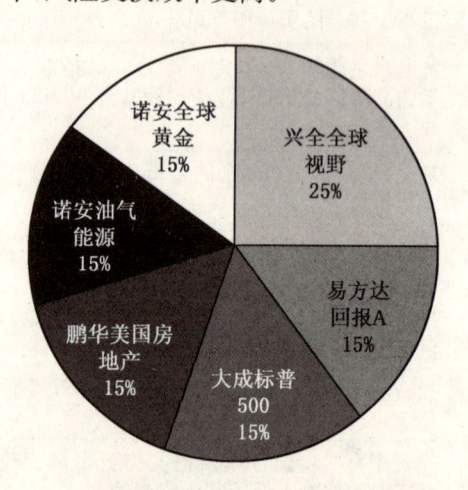

图 4.8 纳入另类资产的全球化多元组合

追踪：检视及再平衡

虽说一项资产配置计划确定以后，投资者不必再费心天天打理投资了，但投资组合也不是一成不变的。定期检查并调整资金分配，有助于投资者确保投资实现特定目标。如果定期检查，当某类资产贬值或升值时整个投资组合就能确保不出现倾斜。定期检查还有助于投资者坚持投资策略、目标专一，而不是追捧眼前流行投资。再平衡能够增加长期资产组合的收益率并减少组合的风险。如果股票基金和债券基金的资产组合没有进行再平衡，最终将导致一个几乎是股票基金的资产组合，因为股票基金的长期收益率更高，这样就改变了资产组合的风险—收益特征，使风险变高了。可能比分散化所带来的风险减少更为重要的是"再平衡利益"，也就是由于严格再平衡所产生的额外收益。来源于再平衡的这项收益不仅是金钱上的，而且是心理上的。通过养成采用与市场相反方向行动而获利的习惯，投资者养成了相信自己、不受市场情绪影响的健康心理，这是投资者最有用的工具之一。最后也是最重要的是，再平衡的习惯慢慢灌输给投资者低买高卖的准则。

- 对基金组合在每年固定的时间进行检查，如果资产比重偏离目标比重达到一定的程度，就进行再平衡操作，回复目标配置比重；
- 每个季度对基金组合进行动态跟踪，观察基金资产比重、投资风格、业绩、行业和股票配置比重的变化。

何时再平衡

一般的规则是一年再平衡一次或两次。选定一个固定的日子（例如每年1月1日或6月1日）来检视和再平衡投资组合，只有当基金所占比重偏离目标配置比重达到一定的程度（如5%），才进行再平衡操作。也可以多次对投资组合进行再平衡，不过研究表明，高频率的再平衡（例如每3个月实施一次）对限制波动性意义不大，而且成本很高。

年度组合检视

在实施再平衡前,要确定哪些基金已偏离了目标配置。这就是为什么要从检视年度组合开始的原因。检查如下方面在组合中的比重:

- 各种投资风格,例如"大盘成长"风格或"小盘成长"风格;
- 超配或低配行业;
- 具体的重仓股票。

季度组合检视

季度检视是对基金最后的跟踪,不需要花太多的时间,每个季度花15分钟进行一次简单的检视,关注组合的变化就可以了。这不仅会让年度检视更有效率,也会让你对需要在固定时间实施再平衡的基金保持高度关注。

季度检视的目标是检查组合中的主要变化和趋势。季度检视需要关注以下三个关键领域:

(1)与业绩相关的数据:

- 过去三个月和过去一年组合的整体回报;
- 过去三个月和过去一年获利最大的基金和损失最大的基金;
- 相对于基准,表现最好和最差的基金。

(2)组合配置

- 资产配置;
- 投资风格配置;
- 股票行业配置比重。

(3)新闻事件

- 基金经理变化;
- 基金公司新闻事件(如股东变化等)。

实施季度组合检视

分析基金组合的一个简单方法是将所有基金按照风格进行罗列,如成长型、价值型、小盘或大盘,对风格类似的基金进行成本、业绩以及持有量的比较。这样,投资者就能轻松找出投资组合中是否存在重叠或者遗漏现象。

资产和风格调整

随着时间的推进,你会发现组合中的现金、股票和债券的比重发生了剧烈的变化。如果股票市场上涨,股票基金在组合中的比重就会上升,过度的股票基金配置会使组合在市场调整时变得很脆弱。相反,过度的债券基金配置会妨碍投资者实现投资目标。紧密地关注组合中股票基金、债券基金和现金的平衡是很重要的,并且要为达到目标而进行必要的调整。如果股票型基金所占的比重超过了目标的配置比重,就应该把相应的部分转到债券基金或现金中去。或者不卖出股票基金,而是往债券基金中补充新的资金来恢复平衡。

正如组合中股票基金、债券基金比重的变化,组合的投资风格也会随着时间而变化。在特定的年份,不同类型的股票基金表现得会非常不同——这就是投资者在组合中持有不同风格股票基金的原因。例如,在2010年,中小盘成长风格的股票基金在所有的风格中表现最好。最终,这一类型的基金在投资组合中所占的比重变得相当大。随着2011年市场风格的转换,忽略了再平衡的投资者在2011年上半年遭受了惨重损失。组合投资风格的变化也还有其他原因。例如,很多基金经理倾向于投资成长类型的股票,随着时间的推移,偏好于投资价值型风格基金的投资者会发现,他所持有的基金都变成了成长型的同一风格的基金。

考察组合当前资产配置与目标资产配置间偏离度。以目标资产配置作为指针,如果特定资产类别与目标资产配置的偏离度超过了一定幅度,就要进行预警。如果在确定的再平衡的时点偏离度达到了确定的值,就要通过再平衡操作使组合与目标配置相一致。在不同的时期,可能会提高或降低特定投资风格(成长或价值)的配置权重。在以下案例中,各类风格基金的偏离度尚在5%以内,不需要采取任何行动,保持各类基金配置的比例即可(见图4.9)。

目标资产配置比例		实际资产配置比例	
大盘风格基金	45%	大盘风格基金	43.50%
中小盘风格基金	30%	中小盘风格基金	33.42%
QDII	10%	QDII	9.15%
债券基金	15%	债券基金	13.92%

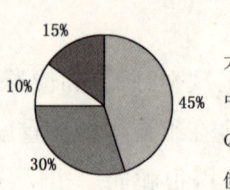

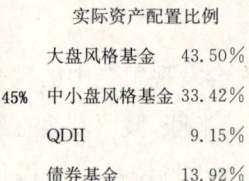

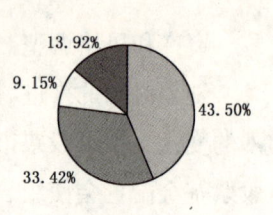

	当前		目标		再平衡指针(不操作)	
	价值	(%)	价值	(%)	价值	(%)
大盘风格基金	4 632	43.50	4 790.7	45	158.7	1.5
中小盘风格基金	3 558	33.42	3 193.8	30	−364.2	−3.42
QDII	975	9.15	1 064.6	10	89.6	0.85
债券基金	1 481	13.93	1 596.9	15	115.9	1.08
总计	10 646	100	10 419	100		

数据来源：上海证券基金评价研究中心　　　　　　数据截止：2011年第一季度

图 4.9　资产配置变化示例

组合业绩透视

在季度检视时,要关注组合中各只基金的星级变动和业绩变动(见表 4.12、表 4.13),要对业绩和星级变化大的异常现象给予警惕,分析其中的原因。如果发现基金已不具投资价值,要考虑进行更替。当然,也不可对基金短期业绩的变化太过敏感,很多业绩的变动是由于市场的风格和基金的风格所致。

表 4.12　　　　　　　　　　基金 3 年评级示例

资产类别	类型	风格	综合评级	夏普比率	择证能力	择时能力
国泰金鹰增长	股票型基金	大盘成长型	★★★★★	★★★★★	★★★★★	★★★
兴全全球视野	股票型基金	大盘成长型	★★★★★	★★★★	★★★★★	★★★
大摩资源混合	激进混合型	中盘成长型	★★★★★	★★★★★	★★★★★	★★★★★
华夏全球精选	QDII	大盘成长型				
工银增强债 A	激进债券型		★★★★★	★★★★★	★★★★★	★★★★
大成债券 AB	债券型基金		★★★★★	★★★★★	★★★★★	★

数据来源：上海证券基金评价研究中心　　　　　　数据截止：2011-6-30

表 4.13　　　　　　　　基金不同期间业绩透视示例

	1个月回报	3个月回报	6个月回报	1年回报	3年回报	自成立回报
兴全全球视野	5.17%	−2.59%	−2.32%	23.38%	38.46%	260.74%
国泰金鹰增长	2.44%	−5.91%	−7.69%	17.49%	47.97%	421.47%
大摩资源混合	2.17%	−4.70%	−4.30%	20.02%	73.00%	496.17%
华夏全球精选	−3.50%	−2.26%	1.34%	18.97%	25.21%	−9.10%
工银强债	−0.46%	−1.13%	−0.28%	5.15%	25.20%	39.57%
大成债券 AB	−0.76%	0.14%	0.47%	4.12%	19.83%	64.86%

数据来源：上海证券基金评价研究中心、Wind　　　数据截止：2011—7—4

行业配置比重

关注基金组合在具体行业的风险暴露也是很重要的，通过再平衡来避免组合经受某一单一领域的打击。有些基金把过高的资产投资于特定的行业，集中投资于某一行业或许短期内会给投资者带来较高的回报，但是一旦这些行业崩溃，投资者所受的损失是巨大的。所以要注意回避高的行业集中度。

本部分考查基金组合的行业配置。某些经济事件通常对特定行业的影响会比其他行业多一些。如果在不同的行业间分散投资，组合受一个行业下滑的影响将会少一些。对基金持有的各行业的比重及市场标准配置比重进行对比，可以看出哪些行业是组合超配的，哪些是低配的，图中颜色较深的部分代表每个行业的市场标准权重（见图 4.10）。可以看出，该组合在食品饮料、石油化学上是超配的，而低配采掘、机械设备、金融保险和金属非金属等行业。

关注重仓股集中度

本部分检验前五大重仓股在组合中所占的比重。如果组合中最大的股票所占的比重超过 6%，将会增加组合作为整体的波动性。需要再次审视这些持仓（见图 4.11），确定这些风险是你能承受的。组合中股票的过度集中也会损害投资计划，组合中不同基金在重仓股上的重叠，导致了股票投资的集中度过高。2011 年发生的双汇事件、高铁事件和重庆啤酒事件，很多基金重仓这些股票，有些基金损失惨重。

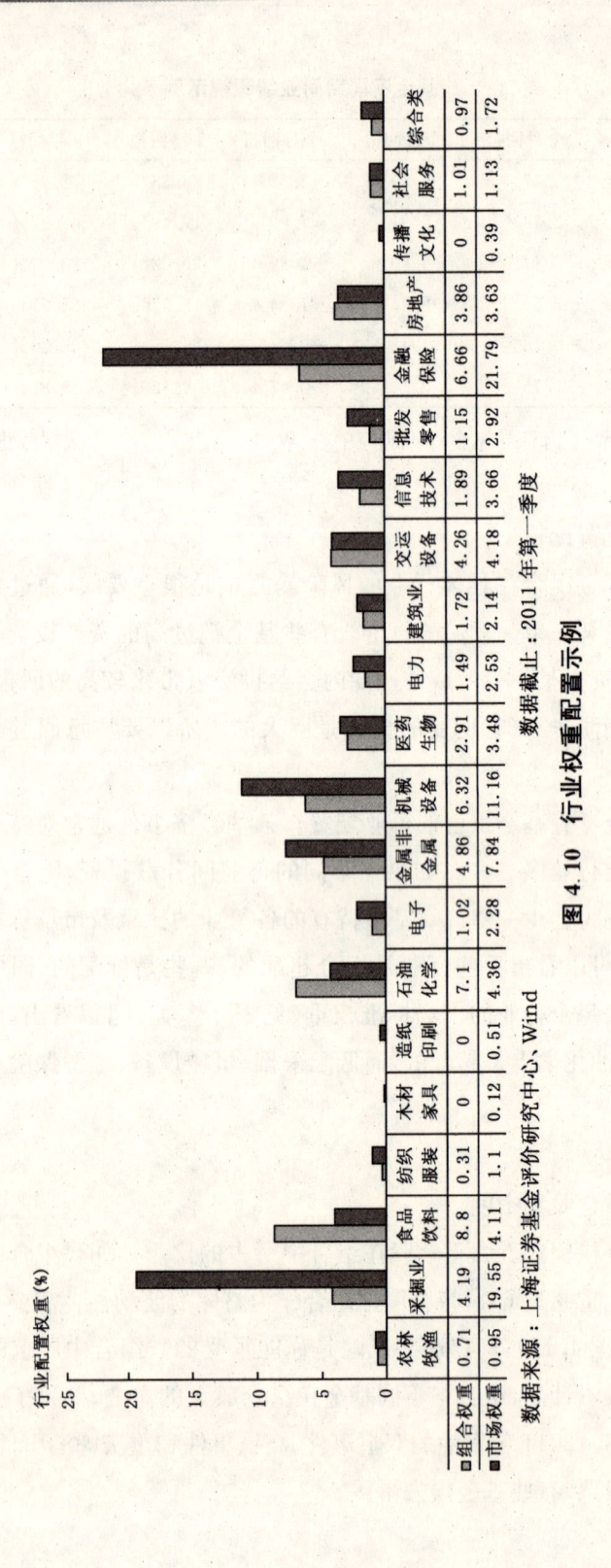

	农林牧渔	采掘业	食品饮料	纺织服装	木材家具	造纸印刷	石油化学	电子	金属非金属	机械设备	医药生物	电力	建筑业	交运设备	信息技术	批发零售	金融保险	房地产	传播文化	社会服务	综合类
组合权重	0.71	4.19	8.8	0.31	0	0	7.1	1.02	4.86	6.32	2.91	1.49	1.72	4.26	1.89	1.15	6.66	3.86	0	1.01	0.97
市场权重	0.95	19.55	4.11	1.1	0.12	0.51	4.36	2.28	7.84	11.16	3.48	2.53	2.14	4.18	3.66	2.92	21.79	3.63	0.39	1.13	1.72

数据来源：上海证券基金评价研究中心、Wind

数据截止：2011年第一季度

图 4.10 行业权重配置示例

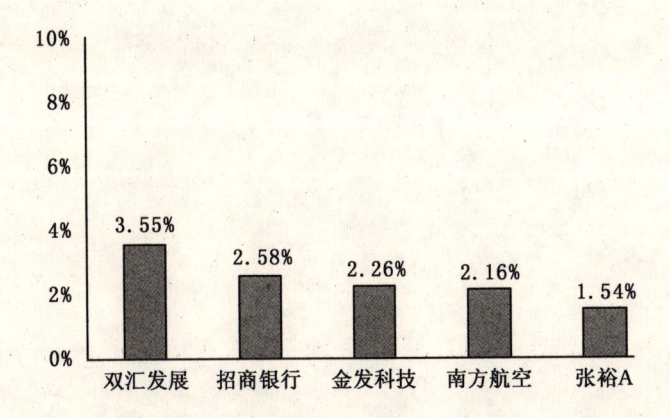

数据来源:上海证券基金评价研究中心、Wind　　　数据截止:2011年第二季度

图 4.11　重仓股集中度示例

在逐步剧烈的竞争压力面前，不少公司期望通过差异化来提升竞争力。基金的类型和数量越来越多，但大多数基金还需要经历不同市场环境的考验，我们关注那些中长期表现良好的基金。

第五章

公司与基金

18 家基金公司掠影
18 只优质基金解析

18家基金公司掠影

到目前为止,国内已成立的基金公司近70家,预计在未来的几年,这一数字会有较大幅度的增长。国内基金的同质化现象依然严重,但在逐步剧烈的竞争压力面前,不少公司开始有意识地通过产品差异化、内部制度建设等手段来打造自身的核心竞争力。虽然这些努力的效果还不显著,但是基金公司打造自身特色和竞争力的意图还是很明显的。

富国:投资精品店

这家公司在固定收益投资产品方面建立了优势地位,在债券投资方面的能力得到了投资人,尤其是机构投资者的普遍认可和追捧。富国引领着债基创新的方向,推出了国内首只封闭式债基、首只封闭式分级债基、首只可转债基金和首只全球债券基金。在债券投资领域不仅拥有目前国内最丰富的基金产品线,而且还拥有一个全能型的债券投资团队。形成了以富国天丰为代表、以个券研究为基础的自下而上高收益信用债的投资风格,以及以富国天利为代表、以宏观研究为指导自上而下灵活配置的风格。发挥封闭优势、保持高杠杆、配置高收益信用债是富国旗下债券型基金取得突出业绩的重要因素。

同时,富国在股票基金展露出的锋芒也未被债券基金的光彩完全掩盖,特别是在成长股投资上有很强的能力,在量化投资方面的表现也值得一提。旗下一批股权类基金在不同的阶段都有出彩的表现。富国天益和富国天惠是富国旗下偏股基金的杰出代表。

该公司基金治理结构健全,投资管理团队稳定。作为合资基金公司,外资股东加拿大蒙特利尔银行给予了管理层很大的信任和支持,双方关系和谐。公司拥有业内较为稳定的投资管理团队,基金经理的任职年限在业内是最长之一,基金经理在公司的平均时间超过7年。

值得关注:该基金旗下的债券基金都可以作为关注的对象,尤其值得一提的是富国天利;此外,该基金旗下也有众多耀眼的股票基金和混合基金,比较突出的是偏股混合基金富国天惠、富国天益,标准混合型基金富国天成。富国天惠不做大类资产配置,历史平均股票仓位超过90%,长期保持接近股票仓位95%的上限的仓位,历来对批发零售、食品饮料等偏消费类行业仓位配置较大;富国天益与富国天惠相类似,仓位、行业和个股的都相对集中,历史上偏好配置金融保险、信息技术;富国天成资产配置灵活,所持行业和个股分散,偏好食品饮料、医药生物、金融保险行业。

海富通:多业务均衡

这家公司的战略是多业务均衡发展,其非公募业务在行业内越来越被认可,形成了海外投顾、企业年金和专户理财的业务特色。该公司是首批企业年金基金投资管理人之一,为QFII及其他多个海内外投资组合担任投资咨询顾问,投资咨询业务成为其颇具特色的业务之一。该公司非公募业务的快速发展,源于其多年来夯实了内部的基础管理,吸引了更注重契约精神、风险控制,并着眼于长期稳定收益的机构客户。

该公司治理结构健全、管理团队稳定。作为合资公司,该公司内外股东及管理层之间非常和谐,这是公司能够全面发展的关键。与业内层出不穷的基金业人事变动不同,该公司管理团队和投资团队保持了高度的稳定性,2003年公司初创时的主要管理团队至今仍在坚守岗位。

此外,该公司建立了扎实的内部管理体系。严格的四级内部控制体系,涉及组织的各个层面,确保公司运营的合规,还具有详细的运营风险确认和评估流程,并与日常操作紧密结合。有特色的是,该公司在业内率先引进外部监督机制——聘请全球著名资产管理人评级机构惠誉评级公司对自己进行资产管理业务评级。自2008年起,所获评级升至"惠誉M2+(中国)"资产管理人优秀评级,这也是目前内地资产管理机构中获得的最高国际评级,且已持续了多年。

值得关注:该基金旗下的QDII产品是个亮点,海富通中国海外股票和海富通大中华股票都可以考虑,前者投资海外市场的"中国概念"股,后者范围更广,投资海外市场的"大中华概念"股;此外,标准混合型基金海富通精选长期业绩稳健,是大盘成长风格的基金,该基金资产配置灵活、精选个股,历史重仓金融地产、机械、信息技术等行业。

东吴：专注新兴成长行业

该公司较早地洞察到国内经济转型的趋势，把握代表未来产业发展的方向，已初步形成了成长性和新兴产业领域投资的先发优势。将新兴产业投资提升到公司发展的战略层面，从产品设计、资源配置、投资研究和团队建设等各个方面给予政策倾斜，成立了"新消费"、"新技术及应用"和"新能源"三个新兴产业方面的研究小组，完成了对对应公司的梳理并展开调研，形成了行之有效的研究成果，为新兴产业的投资奠定了坚实的研究基础。该基金期望将新兴产业投资打造成东吴基金的投研品牌。以成长性作为投资的重点来进行产品布局，已经初步形成新兴产业的一条线，有"东吴新经济"、"东吴新创业"、"东吴新兴产业指数基金"、"东吴新兴产业精选"等基金。

该公司投研团队拥有坚韧、耐力和包容的品格。尊重人才，强调包容性，坚持以人为本进行企业文化建设，在使用、培养、引用人才方面有一套体制的安排，这是人才流失少于行业内其他公司的原因。

值得关注：该基金旗下基金表现的稳定性不是太强，但是在特定的市场条件下，有可能取得领先的业绩水平。东吴行业轮动股票基金和东吴嘉禾优势精选混合基金值得关注，这两只基金风格相似，在中小市值股票活跃的时候表现好，但是在大盘风格为主带动指数上涨的市场环境中表现较差。这两只总体表现不稳定，不宜作为核心基金配置，但是可以作为辅助基金来进行配置，配置比例不宜过高。

大摩：贴近市场化运作

比较突出的是，该基金强调市场化运作，在体制、机制和管理团队建设上具有优势。作为合资的基金公司，摩根士丹利华鑫具有独特的优势：公司的股东在国内和国际资本市场上积累了丰富的经验和资源，具有长远的发展眼光，全力支持公司的发展。公司董事会为公司设定了长远的发展目标，给管理团队非常好的空间，真正按照市场化的原则来运作，每个员工都能清晰地看到自己未来的发展方向。在内部运行上强调团队协作，部门和部门之间、员工和员工之间相互配合、相互支持，形成了亲密无间的伙伴关系，公司整体的战斗力强。

通过多年的努力,该公司在投研方面逐步培养了专业化的能力,形成了主动管理方面的优势。遵循汇全球视野和本土智慧的理念,强调和坚持价值投资的理念和自下而上的投资风格。公司内部具有浓厚的学习氛围,注重深度调研,研究人员在调研中非常勤奋,并且善于挖掘和发现新的投资价值。正是靠着这种自下而上的投资风格,该公司逐步确立优势地位,也塑造了专业化的形象,团队成员具有丰富的行业经验和良好的口碑。

值得关注:该公司旗下的明星基金是大摩资源优选混合,该基金是中盘成长风格的基金,中长期业绩稳健,适应不同的市场条件。仓位配置灵活、持股分散,重点关注医药生物、石油化学和食品饮料等行业。

大成:专业管理专业

该公司近年来取得的成绩,与"专业管理专业"为核心的投研体系变革有关。公司投研体系的变革卓有成效,强调让专业的人做专业的事,把决策权下放到第一线的投研团队,充分调动了投研的积极性。投研团队根据自己的专业判断做出投资决策,公司管理层不干涉。这样的投研体制,使决策能够做到更加专业和高效,能更迅速地捕捉机会、规避风险。既充分调动了投资人员的积极性和创造性,又有效发挥了专业团队集体决策的优势,互相取长补短,避免犯方向性错误。在此基础上,公司还建立了层次清晰、分工明确的研究支持体系和客观公正的投研业绩评价考核体系,有效保证了投资决策机制的高效运作。

独有的保险公司背景使得大成基金更加注重风险控制,形成了稳中求进的企业文化和投资风格。自股权结构调整以来,大成形成了牢固的企业凝聚力,管理团队一直保持稳定,员工有值得期待的前景和盼望。在近年来基金业人才频繁流动的背景下,大成基金的核心投研团队非常稳定,公司高级管理人员和中层干部绝大多数都在大成基金工作了5年以上。

值得关注:该公司旗下的股票型基金大成景阳领先和大成积极成长值得关注,两只基金比较类似。都是大盘成长风格的基金,中长期业绩较好,保持相对较高的稳定仓位,一般在85%左右,重点关注食品饮料、机械、医药生物等行业;此外,普通债券基金大成债券A/B中长期表现良好,可以考虑。

嘉实：战略制胜

该公司注重以战略来引导业务的发展，致力于成为国内领先并具有国际竞争力的资产管理公司，期望在所有主体业务上都成为佼佼者。公司管理层倡导战略制胜，每年的战略规划会有近百人参与，公司投入了大量的人力物力，战略规划会对行业未来的发展做出前瞻性的预判，期望在战略层面领先于竞争对手。

该公司升级的投研模式突出了"全天候、多策略"的特点，期望以此来化解系统性的风险，在各种市场环境下都能达到目标。传统的研究模式注重单一的"自下而上"的选股，避免不了系统性的风险。"全天候"要求应对不同的市场环境，力争在各种环境下都能达成既定的投资目标，"多策略"增加了投研宽度与深度，既有传统经验主义投资，又有数量化投资，既有主动投资，又有被动指数化投资。

该公司还注重发挥大公司投研团队系统化、协同化作战的优势，发挥出远超过个人单打独斗的力量。相对于打造明星基金经理的做法，嘉实更加注重投研团队整体的建设。通过精细的流程、良好的沟通渠道和资源共享机制，实现了投研一体化，使投研体系不同业务间互相配合、环环相扣，凝聚为合力。

值得关注：该公司偏股型基金的投资能力较强。股票基金嘉实优质投资策略较为稳定，一般不做大类资产配置的调整，股票仓位绝大部分时间维持在适度水平，相对更注重公司基本面研究，通过挖掘个股机会来获取超额收益，重仓大消费行业股票，基金经理对机械设备和食品饮料两个行业有所偏爱；混合基金嘉实增长混合股票的风格与嘉实优质相似。与之相反，嘉实主题混合在仓位控制、行业及个股配置上都极其灵活，比较激进；嘉实服务增值行业混合也非常激进，在熊市和震荡市表现较好，但在大盘蓝筹带动指数上涨的行情下表现不好，仓位偏向灵活，行业配置切换相对频繁，股票较为分散。

易方达：低调务实

该公司宽松的管理模式看似简单，但很符合人性，充分调动了员工的工作责任心和积极性。与业内众多公司注重短期考核相比，该公司不设立战略性目标，也没有销售和业绩指标。对基金经理的考核并不是看一朝一夕，通常公司有 3～5 年的考核期；公司也并不强求基金的业绩排名一定要第一第二，而是要求能保持在中等以上的水平。注重充分的授权、充分的信任，最基层的员工也能得到尊重和理解。在这样的管理模式下，每个人都认真地做事，"战斗力"得到持续的爆发，培养出了最忠实于公司的一批优秀人才。

该公司是较早推崇以现代化的管理来规范运作的公司，淡化个人对公司的影响，强调制度建设，在公司内部健全了各种业务流程，形成了独特的竞争力。从投资选股决策流程到核心人才发现培养流程，再到员工福利等流程都得到了逐步的完善。动态的流程改善使企业既不失扎实稳健的基础，又能持续地保持发展的活力。在不断扬弃、提升的内在流程化中锻造了公司的核心竞争能力。公司从制度上将业务、管理和风险控制尽可能地放到最基层，充分体现知识型企业人人都是管理者的理念，让员工有能做好工作的最大权限。

在投研方面，该公司投研体系既注重团队协作，也注重发挥个人的风格，将投研团队合作和基金经理的个性化投资风格完美结合。在具体的投资决策上，基金经理有很大的自主权。投研队伍渐渐形成一种自由、开放和坦诚的文化氛围，既尊重个人研究又不迷信权威。

值得关注：该公司旗下的股票基金易方达中小盘，投资高成长性的中小股票，中长期业绩较好，保持高仓位、高行业集中度的操作风格，偏好机械设备、信息技术行业；易方达价值精选股票也值得关注，该基金虽然每年业绩不算最突出，但是业绩稳定性较好，仓位非常稳定，历史上重仓金融保险、房地产，持股较为分散。此外，易方达增强回报债券 A/B 中长期业绩优良、持续性好。

银华：以人为本

这家公司有较完善的公司治理结构，股东、董事会对管理层非常支持，没有过多干预。在考核机制上立足长远，没有对规模排名、业绩排名提出硬性指标，管理层有较大的、自主管理空间和独立性，能更专心致志地考虑公司管理和发展。

该公司的投研体系注重调动基金经理的主动性,给予充分的决策权,投研体系注重"两个负责制":一个是基金经理负责制,另一个则是研究员的行业组长负责制。所谓"基金经理负责制",就是基金投资的民主化决策,在投资管理委员会的领导下,基金经理自己决策,自己承担责任,这样既有利于基金经理的考核,也有利于调动其主观能动性;"行业组长负责制"则是把研究员按行业分成七个小组,由小组长去管理行业研究,这要比一个研究总监什么行业都管起的作用大。在决策中,允许基金经理的投资体现出差异化,对市场的看法、对仓位的判断都可以有自己的决策,这也是银华所一直提倡的风格。对基金经理的考核,更多的关注长期业绩,不会因为短期波动而给基金经理太多的压力。

值得关注:股票型基金银华价值优选在各种市场条件下都有不错的表现,操作比较激进,始终保持约90%的高仓位,季度间行业调整的幅度较小,股票集中度很高,经常达到50%以上。相反的是,银华富裕在仓位控制和行业配置非常灵活,行业集中度高,主要持有机械设备行业,持股分散。此外,该公司的债券型基金银华增强收益债券和银华保本增值混合也是同类基金的翘楚,值得关注。

华夏:行业代言人

这家公司可算是中国基金行业的代言人,在市场上建立起了具有号召力的品牌形象。借助于优秀的管理业绩和优质的客户服务,该公司在业内树立了良好的企业品牌,受到了众多投资者的认可。公司以雄厚的综合实力奠定了在基金行业的领先地位。

该公司能够取得业内长期领先的地位,与公司始终坚持"为信任奉献回报"的企业宗旨,长期贯彻"将持有人利益放在第一位"的经营理念,以及全体员工为做好业绩和服务而付出的不懈努力是密不可分的。该公司整体业绩突出,旗下多只基金齐头并进,长期业绩持续领先,为投资者创造了卓越的投资回报。

该公司投研能力综合实力强,拥有业内最大的投研团队。吸收了大批海内外专业人士,具有丰富的投资经验和突出的研究能力,基金经理平均从业年限超过 10 年。研究实力为公司旗下基金产品投资提供了强大的支撑，其研究实力体现在基金所配置的股票的优异表现和对市场时机的精准把握。

值得关注：该基金公司旗下有众多的明星基金，比较一致的特点是趋势把握能力强、选股精准。股票型基金华夏优势增长、华夏复兴、华夏收入，激进配置基金华夏大盘精选、华夏策略、华夏红利都是优质基金，可惜的是，这些基金都已封闭，暂停申购。

信诚：品质优先

这家公司虽然成立的时间不长，但在投资者心目中形成了业绩稳健的形象，长期稳健经营是信诚基金有特点的地方。该公司注重打造可持续的投资能力，以持续的、长期的稳健回报，来回报客户的信任。公司旗下主动管理的股票基金、债券基金以及被动管理的指数基金，中长期的表现都不错，体现了较为突出的行业把握能力和选股能力。

该公司的产品策略注重品质优先，而不是一味地追求数量、进行产品线的布局。公司每推出一个新的产品都要认真论证，找到合适的管理人、建立起合适的能力后再推出，以确保有能力管好这个产品，然后才会考虑产品的创新和产品线的布局。偏股型基金居多，是该公司的一个特点。

此外，该公司还注重内部管理的建设，发挥管理的效益。建立起了较好的业务发展策略和相应的考核激励机制。在重要的岗位上安排了合适的人员，让他们能够在各自的业务领域中起到带头作用，具有领导能力。

值得关注：该基金旗下的激进配置型基金信诚四季红和股票型基金信诚精萃成长值得关注。两只基金的操作都比较灵活，仓位的变化大，季度间行业配置比重的调整幅度都非常大，但是两只基金配置的行业差异很大。

国投瑞银：创新旗手

这家公司具有显著的创新意识，以创新作为竞争的驱动力。作为中小型的基金公司，在盈利模式、品牌到渠道谈判能力都居于弱势地位的情形下，国投瑞银把"创新"作为谋求发展的策略。以业务模式上的创新来满足市场的差异化需求。公司先后推出了业内第一只分级基金、首只分级指数基金，并开发一系列产业链指数产品，包括中证上游资源产业指数、中证中游制造产业指数、中证下游消费与服务产业指数。这些创新型产品，引起了市场的广泛关注。随着这些创新业务的推出，公司的资产规模保持平稳，市场占有率稳步提升。

创新需要一个宽松的氛围，该公司实行宽松的管理模式，给予基金经理充分的发挥空间和投资权力。公司旗下不同基金的投资风格百花齐放，同一时间不同基金经理的观点各有不同，基金间股票仓位有时能差20个百分点。

值得关注：该公司旗下的分级产品是一大亮点，对于不同风险偏好的投资者，可以关注不同的分级产品，如瑞福分级基金和瑞和分级指数基金。此外，股票型基金国投瑞银成长优选也值得关注，该基金在不同市场条件下业绩均不错，仓位变化幅度较大，近年来持仓较低，历史上重仓机械设备和信息技术行业，持股越来越分散。

华商：有容乃大

这家公司近几年异军突起，很关键的一点是强调包容和差异化，把优秀的人才聚集在一起，既发挥每个人的优势和特长，又凝结成整体团队的战斗力。该公司营造了相对宽松的工作环境，搭建并维护开放式的发展平台。在大目标不冲突的前提下，不强求一致，承认差异，包容差异，尊重差异。找准了每个人、每个岗位的定位，让员工各司其职、各尽其责。这种包容的管理模式，焕发了每一个员工的积极性和创造性。

该公司拥有一支小型而优秀的投研团队。其投研团队的勤奋在行业内是有口皆碑的，基金经理和研究员都积极认真地参与到自下而上的调研当中。更为重要的是，华商投研团队沟通顺畅，能够精诚合作。

该基金旗下的每只基金产品都很有个性，投资风格的差异有利于公司业绩的可持续性。基金经理关注市场的不同侧面，视野比较广，而不是押注某些板块，投资组合相对独立，投资逻辑各有千秋，操作手法也千差万别，这正是"相容共生"的思想在投资管理工作中的体现。公司欢迎基金经理具有鲜明的个人风格，尊重他们的个性化投资决策。

值得关注：该公司旗下的基金操作灵活，主要以成长性股票投资为主，可以关注股票型基金华商盛世,这只基金波动较大,但中期的业绩不错,历史上重仓信息技术、机械设备。

鹏华:厚积薄发

这家公司注重以管理理念的提升和管理流程的再造来提升竞争力。在公司内部全面推行流程再造,对公司的后台、投研体系、运营体系、风控体系等进行全面的梳理和完善,并聘请境外的知名机构,对每一个业务模块的每一项业务流程进行了重新设计和规划,使之标准化和程序化。该公司投资制度相当严密,这些制度将复杂的投资业务简单化、规则化、透明化,让员工一看到规则就知道如何操作。现在,每一种业务流程的框架都很清楚,每个业务的步骤都很明确,井井有条。制度流程再造大大提升了运营效率,还有效控制了风险、提升了执行力。该公司还把是否按照制度流程执行业务,作为考核的一项标准。

除了大力建章立制之外,该公司强大的支持系统平台也是其核心竞争力跃升的关键。通过专业化的信息平台,鹏华基金得以有效提升企业管理、服务、沟通等方面的效率,并且全面提高数据的安全性和稳定性。该公司信息技术平台已经初步形成,信息技术开发和维护队伍也比较齐备,信息系统的框架逐步完整,逐步建设起业务、管理、决策三大平台和数据、服务、流程、展示四层整合。

除了硬件建设外,该公司还注重对员工的培养,号召员工不断学习,提升自己的价值,并强调培训的频度、广度与深度。近年来,聘请了军事、人口、节能减排、医药等各领域的专家提供培训,开阔投研人员的视野;市场体系也受到了快速消费品行业专家的指点,客户服务、产品推广水平均有较大进步。

值得关注:可以关注该基金旗下的两只偏股型基金。标准混合基金鹏华行业成长,在股票仓位的控制上保持一定的灵活度,仓位一般控制在70%,根据对市场的判断,一般在此基础上增减5个百分点,在行业配置上也较为灵活,历史上重仓机械设备;偏股混合基金鹏华普天收益中长期业绩良好,投资于连续现金分红的股票,所持行业、个股分散,偏好信息技术、石油化学、食品饮料业。

中银：以体系控制风险

这家公司试图充分发挥中外股东的全球经验和资源优势，致力于提供专业的投资管理服务。该公司成立以来一直遵循稳健经营和"4P"投资理念（Philosophy 理念，People 团队，Process 流程，Performance 业绩）。作为专业的资产管理公司，强调将投资哲学一以贯之，通过打造一支专业团队，以科学流程、内控机制确保风险可控、系统有效运转，从而可以使公司避免业绩大起大落。

稳健经营、严格科学的风险控制能力是中银基金公司的优势所在。在风险控制方面，得到了外资股东——全球规模最大的资产管理公司贝莱德集团，在风险控制方面卓越的成功智慧和丰富经验的支持。投资团队认为投资本身是一个长跑过程，在这个过程中，良好的投资收益源于严谨科学的风险控制。良好的风险控制能力和选股能力是中银基金管理业绩的重要来源，在震荡行情中该公司的基金表现更为突出。该公司在2007年获评"年度最佳风险控制公司"。

此外，中银基金致力于培育一支高效、专业、快乐的团队。该公司一直倡导"快乐工作"的原则，强调只有在公司快乐工作、快乐学习，才能更好地为客户和投资者服务。公司成立以来，一直十分注重对团队的培育，多次派送业务骨干去海外接受专业培训，努力培养一支具有国际视野的专业化团队。

值得关注：标准混合型基金中银中国，凭借稳健及其良好的风险控制，取得了良好的中长期收益；偏股混合基金中银收益基金专注于投资收益的短期实现和长期稳定增长相结合，致力于为投资者提供稳定的当期收益和长期的资本增值。这两只基金都可以关注。

兴全：自然生长

这家公司遵循以人为本的灵活管理体制，倡导简单化做事原则，做事的氛围也比较轻松愉快。公司内部人际关系简单，员工只专心做事，不用耗精力去处理各种关系。在考核方面，该公司不关注基金的短期业绩排名。在激励方面，根据基金的实际表现，随着公司的发展和绩效的提升提高对核心人员的激励水平。此外,公司也积极培养优秀的后备人才,众多自己培养的优秀人才目前都已经是公司各项业务的主力。该公司员工的幸福感很高,员工也深深喜爱这家公司,很少听到员工离职的传闻。

该公司的产品个性鲜明、有特色。产品线基本以偏股型基金为主,而且这些产品只只都有特色。从最早的兴全可转债,到后来的兴全趋势、兴全全球视野、兴全社会责任基金、兴全有机增值等基金,都有自己相对独特的选股理念。公司对新产品设计非常在乎,不断地进行研究,平庸的产品不愿拿出手。

该公司团队建设十分稳定,这有利于投研团队经验积累,同时也便于增强配合的默契程度,为实现基金业绩的稳步提高打下基础。基金经理有很大的负责权限,一般决策都由基金经理自己定夺。

值得关注:兴全旗下的偏股型基金都很有特点。股票型基金兴全全球视野在操作中保持相对高的仓位,一般在90%以上,季度间调整的幅度也不大。在行业配置上并不追逐市场热点,看好国内内需扩大、消费升级带来的机会,历史上重配食品饮料,对该行业的配置可谓一枝独秀,接近20个百分点;兴全社会责任进行社会责任主题投资,仓位变化灵活,行业配置分散;偏股混合基金兴全趋势把握投资标的的趋势,并进行灵活适度的资产配置,历史重仓金融保险和食品饮料行业。此外,我国第一只可转债基金兴全可转债,近三年的风险调整后收益居同类上游,具有股票和债券的双重特性。

泰达宏利:赢得机构偏爱

这家公司强调产品的多元化,依靠产品的创新获取更多的机会。整体策略上比较进取,在总体风格下允许基金经理做比较大的差异化。

在人才的激励上,除了在制度上作出安排外,还注重企业对人才的吸引力。该公司特别强调:公司的舞台是否去除了不必要的干扰,让人才尽量专注地发挥其长处;公司的平台能给人提供怎样的机会帮助其积累足够的经验;公司中的人之间能否互相帮助,达到合力最大化;公司的氛围是否让人心情愉悦。

该公司强调执行力是达成公司发展目标的关键。认为执行力的强弱是决定基金公司业绩的重要因素。整个基金行业战略层面都共同强调优秀的投研团队、持续良好的业绩、品牌影响力，差别就在于执行力的强弱。好的执行会在任何层面、任何外部压力下，不偏离公司的长期战略，稳步、持续地向长远目标迈进。

值得关注：该公司旗下的股票基金泰达宏利成长和泰达宏利周期值得关注。前者投资成长行业中被低估的股票，后者投资周期类行业中价值被低估的股票。两只基金的操作风格很像，都是配置仓位不高、行业集中度高，只专注部分行业，前者重点配置机械设备和医药生物，后者重仓机械设备和金属非金属。

南方：寄望变革开启坦途

作为国内最大的基金公司之一，平稳运行、发展需要出色的人才，更需要牢固的体系。南方被看作是中国基金业的黄埔军校，从这里走出了多位基金公司总经理，给同行业输送了很多优秀人才。对这样一家大规模的公司，要保持基业长青，南方的管理层强调体系的力量，并致力于体系的构建。通过流程和标准的重塑，让所有的人在这个体系中找到位置，相互配合、相互协调。

在投资理念方面，该公司强调正确的投资研究方法的重要性，并在这方面做了很多工作。一是加强组合配置管理，优化投资决策机制，明确基金经理负责制等；二是改进研究方法，提高研究质量，强调研究成果必须逻辑清晰、观点鲜明，完善外部信息的跟踪和反应机制，优化了股票池制度；三是加强团队建设。

该公司在考核和激励制度方面也进行了大的调整。对基金经理的考核时限放宽，不再关注短期的业绩变化和排名。为了提高研究对于公司的贡献，调整了研究部门的考核方式，研究员的考核直接与基金使用其研究成果获得的利润挂钩。

此外，该公司还注重对专业人员进行培养，通过人才的储备来强化公司的投资能力。既安排年轻的研究员们去国内研究所、会计所、国外基金公司，也会请外部的行业专家来做培训。

在制度上、方法上、策略上、经验上、人员配备上全方位的变革后，调整带来的改进已经初露端倪,为以后的发展打下一个很好的基础。

值得关注:股票型基金南方价值优选的中长期业绩好于短期业绩。该基金通过灵活的大类资产配置来获取超额收益。行业配置集中度高,历史上重配机械设备和金融保险,对其他行业的配置很少,个股相对分散。

上投摩根:期待转型再造辉煌

在经历纷纷扰扰的人事更迭后,这家曾经辉煌的公司重新上路,期望通过全面的转型来重新崛起。处于发展初期的中国基金业,几乎所有的公司都必须面对成长道路上的阵痛,尽早的体验或许使该公司在未来的发展中已领先一步。

该公司对内部资源进行了一次大重组,通过从业务集群到功能集群的制度再造来完善组织架构。打破此前业务部门条线划分的格局,从业务导向走向功能导向,并在此基础上,建立了7大功能委员会,以此来整合资源、提升效率。

同时,该公司强调发挥团队的力量,再造团队、培养群星。在该公司发展的历史上,曾经有一些明星基金经理,但依靠精英个人,有可能给基金公司的长远发展带来风险,而群星可以避免公司的系统风险。

此外,该公司对基金经理和研究团队的考核、激励制度进行了大幅的调整,以制度来深化投研一体化。对研究员的考核,不仅看个人业绩,还要看其对团队的贡献度,全面提高研究员地位,打开了研究员职业上升的路径。对基金经理的考核避免短期化。对基金经理的绩效和研究团队做出的投资组合绩效进行比较,以此促进基金经理与研究人员沟通,让投资更好地利用研究平台。

值得关注:该公司旗下的标准混合基金上投摩根双核平衡值得关注,该基金精选具有估值优势的公司,进行高度分散化的投资。行业配置和个股配置都非常分散,配置特点具备了名称上所谓的"平衡"的特征。此外,该基金旗下的 QDII 上投亚太优势也值得关注。

18只优质基金解析

本部分精选了中长期表现良好的各类基金共 18 只。从投资策略、投资组合和业绩风险三个方面进行详细地解析,本部分内容并不构成基金推荐。这些基金的筛选标准是:

- 成立满三年;
- 选股能力、风险调整后收益突出;
- 业绩持续性好;
- 机构持有人比重较高;
- 基金规模合适。

股票基金

兴全全球视野(340006)	成立时间:2006—09—20	类型:股票型基金
★★★★★ 2011/12/14	基金经理:董承非	风格:大盘成长型
累积收益率:222.66%	年化收益率:26.94%(五年)	风险:高
规　　模:31.46亿元	收益波动率:29.95%(五年)	角色:核心基金
业绩比较基准:中信标普300指数×80%+中信标普国债指数×15%+同业存款利率×5%			

股票仓位(60%～95%)	2011年	2010年	2009年	2008年	2007年
总回报(%):	−12.63	3.97	77.08	−44.16	152.44
+/−基准(%):	4.78	21.34	−4.95	22.18	15.04
+/−同类(%):	10.22	3.92	3.52	9.31	20.57

投资策略方面

基金经理日常动态跟踪主要经济体经济增长、通胀水平等基本面指标,把握变动趋势,然后利用优化模型来确定股票和债券等资产的配置比重。在行业层面,基金经理以全球视野寻求符合国际经济发展趋势、切合国内经济未来发展规划的国内优质产业。具体而言,针对成熟市场与国内同类型行业生命周期的演变特征规律,对国内外股票进行合理的估值比较,重点投资于处于初创期、成长期和成熟期的相关行业,而规避处于衰退期的行业,运用"兴全全球视野行业配置模型"进行行业配置,并对配置比例进行动态调整。在股票选择上,采用"兴全股票三因子过滤系统",考察一系列的成长、估值和竞争力指标,从中选取富有成长性、竞争力以及价值被低估的公司进行投资。

投资组合方面

该基金在操作中保持相对高的仓位,2010年以来仓位一般在90%以上,季度间调整的幅度也不大。但是在2011年第二季度仓位大幅下调到了80.01%,市场的复杂性加大了基金资产配置的灵活性。在行业配置上,并不追逐市场热点,对不断变化的市场保持谨慎。看好国内内需扩大、消费升级带来的机会,历史上重配食品饮料,对该行业的配置可谓一枝独秀,接近20个百分点,并且季度间调整的幅度不大。对金融保险业的配置曾经也保持了很高的比例,不过,近来大幅的减持金融保险业,未来也可能会重新加重金融保险配置的力度。此外,在不同的时期也看好石油化学、机械设备、交通运输、房地产业。不过,对这些行业的配置在季度间调仓幅度较大。该基金注重发掘成长性、具估值和竞争力优势的股票,具体选股过程中也重视流动性、估值水平以及安全边际的控制。对于基金看好的个股往往重仓持有,因此股票配置非常集中,前十大重仓股所占的比重通常在55%左右。

基金业绩及风险方面

基金经理在风险控制基础上为投资者创造了良好的超额收益。截至2011年12月14日,该基金近五年的年化报酬率为26.94%。成立以来的几年中,基本上每年都在基准和同类型基金业绩平均水平之上。此外,该基金对各类市场的适应能力强,在牛市的2007年和熊市的2008年以及震荡市的2010年,都有较好的表现,这一点尤为难得。相较于同类型基金,该基金能够有胜出的表现,主要可归功于该基金对食品饮料等消费升级主题行业的投资配置及其良好的选股能力。2011年以来,该基金也延续了以往的良好表现,继续超越基准和同类型基金。在风险方面,虽然该基金对行业和个股配置的集中度较高,但是业绩的波动率在同类型基金中并不高。

国泰金鹰增长(020001)		成立时间:2002-05-08		类型:股票型基金			
★★★★★ 2011/12/14		基金经理:张玮		风格:大盘平衡型			
累积收益率:355.60%		年化收益率:20.75%(五年)		风险:高			
规 模:34.18亿元		收益波动率:31.97%(五年)		角色:核心基金			
业绩比较基准:上证A股指数							
股票仓位(60%～95%)	2011年	2010年	2009年	2008年	2007年	2006年	2005年	2004年
总回报(%):	−22.89	5.33	83.62	−47.37	117.06	131.79	2.07	1.76
+/−基准(%):	−5.48	22.70	1.58	18.98	−20.33	16.09	4.07	18.06
+/−同类(%):	−0.04	5.28	10.06	6.10	−1.81	3.60	1.90	6.65

投资策略方面

基金经理坚守价值投资策略,秉承价格终将反映价值的投资理念,注重对宏观经济和上市公司的基本面进行深入研究。在行业选择上,优先考虑可持续发展性强的增长型行业,或增长较快的新兴行业。在个股选择上,基金经理采用一套上市公司综合评价指标体系,综合评估上市公司所处行业增长性及其在该行业中的竞争地位、公司商业模式、核心竞争能力、企业资本扩张能力、战略重组等多方面的因素。基金的投资目标是力争实现基金单位资产净值在大盘上涨时增幅不低于比较基准上涨幅度的65%,大盘下跌时基金单位资产净值跌幅不高于比较基准跌幅的60%。

投资组合方面

基金经理在资产配置、行业配置和个股选择三个层面都拥有很高的自主权。从过去的投资组合来看,该基金在大类资产配置上相对稳定,不对股票资产进行大幅度的调仓,季度间仓位的调整一般不超过5个百分点,股票仓位控制在75%～88%之间,最高仓位没有突破90%,距离股票仓位的上限历来保持一定的距离。基金经理形成了自下而上的选股风格,对行业配置的关注相对较少,历史上持有的行业相对分散。相对重配的行业主要集中在机械设备、金融保险、金属非金属,虽然每个季度这几个行业的配置比重会略有调整,但这几个行业基本上处于重仓行业前三位。同时,行业季度间调仓的幅度不大,一般都少于10个百分点。持股品种比较分散,个股投资比重均较低,前十大重仓股所占比重历史上保持在30%左右,2011年也延续了这种风格。

基金业绩及风险方面

截至 2011 年 12 月 14 日,该基金近五年的年化报酬率为 20.75%。虽然单一年度的表现没有特别突出,但是该基金在长跑中展现出了良好的耐力。虽然在 2008 年以前基金经理更替频繁,但没有影响到基金的业绩,在大多数时间超越了基准和同类型基金平均水平。在 2007 年的牛市稍有落后,主要是其股票仓位一直在 90% 以下。总体来说,这是一只"全天候"的基金,虽然不会给投资者意外的惊喜,但在不同的市场条件下都有稳健的表现。相较于同类型基金,该基金能够多年保持在平均水准之上,主要是其大类资产、行业和股票配置都相当稳定,避免了操作的极端性带来的业绩大起大落。最近 3 年的波动程度和下跌风险都处于同类基金的平均水平。综合收益和风险两个维度,该基金的风险调整后收益较好。

国泰金牛创新成长(020010) ★★★★★ 2011/12/14	成立时间:2007-05-18 基金经理:范迪钊	类型:股票型基金 风格:大盘成长型
累积收益率:3.67% 规　　模:25.74 亿元	年化收益率:15.43%(三年) 收益波动率:28.61%(三年)	风险:高 角色:核心基金
业绩比较基准:沪深 300 指数×80%+上证国债指数×20%			
股票仓位(60%~95%)	2011 年	2010 年	2009 年	2008 年
总回报(%):	−14.43	0.33	93.24	−54.17
+/−基准(%):	2.98	17.70	11.21	12.17
+/−同类(%):	8.42	0.28	19.68	−0.70

投资策略方面

基金经理重点关注由创新预期带来公司未来高速增长的创新型上市公司。测算 A 股理论上均衡的市盈率,然后将其与 A 股市场整体、基金股票池的实际市盈率进行比较,来判定股票市场系统性风险的高低,再根据理论值与实际值的差异程度来决定资产配置中股票的配置比例,最后分析可能影响市场走势的相关因素,对股票的配置比例进行修正。在国家发展规划所指引的产业领域内,基金经理采取自下而上的选股方法,利用"成长因子"筛选出成长型上市公司股票池。在此基础上利用公司自主开发的"创新型上市公司评价体系",对符合创新特征的上市公司进行深入分析和比较,筛选出通过创新能在未来带来高速成长的上市公司,形成创新成长型上市公

投资组合方面

该基金不做积极的大类资产配置,保持85%左右的相对稳定的股票仓位,季度间调整较小,一般不会超过5个百分点。在行业配置上保持金融保险业的龙头地位,一般在20个百分点左右,其他的行业相对分散,配置的比例都不高,季度间行业调整的幅度不大。这样的配置保证了基金业绩的平稳性,不会大幅落后于市场,当然也很难取得排名靠前的业绩。金融保险行业长期处于估值低位,会在一定程度上影响到基金的业绩,但在指数大幅上涨的牛市中,对金融股的重配会提升该基金的业绩。与仓位和行业相比,该基金更注重精选个股,配置低估值的大盘蓝筹股,并关注盈利增长能经受时间考验的成长股。个股中金融保险的配置比重较大,也关注安防、汽车服务以及视频等创新成长产业的股票。

基金业绩及风险方面

该基金的业绩相对稳定,特别是在牛市中的表现更好。截至2011年12月14日,近三年的年化报酬率为15.43%,业绩在大多数时间能超越基准和股票型基金的平均水平。中、长、短期的业绩排名在同类型基金中都能保持在前30%。此外,由于重配金融保险股,在牛市中超越的幅度更大,在熊市与震荡市中的表现在中等水准左右。在风险方面,由于该基金历来保持高仓位,并且重配金融保险业,在股市大幅下挫的时候会给基金的业绩带来不利影响,2008年的熊市也是该基金成立以来唯一落后于股票基金平均水平的一年。

嘉实优质企业股票(070099) ★★★★ 2011/12/14	成立时间:2007—12—08 基金经理:刘天君	类型:股票型基金 风格:大盘成长型
累积收益率:—19.56% 规 模:70.78亿元	年化收益率:15.54%(三年) 收益波动率:25.13%(三年)	风险:高 角色:核心基金
业绩比较基准:沪深300指数×95%+上证国债指数×5%			

股票仓位(60%~95%)	2011年	2010年	2009年	2008年
总回报(%):	—20.43	23.24	52.79	—47.72
+/—基准(%):	—3.02	40.61	—29.25	18.63
+/—同类(%):	2.42	23.19	—20.77	5.75

投资策略方面

基金经理重点关注对行业和个股的配置。行业配置的核心思想是"全面覆盖主要行业,适度均衡配置"。通过充分借鉴内部和外部的研究观点,动态跟踪行业景气度和估值水平,来确定或调整行业配置比例、构建组合,推进个股在组合层面的不断优化。基金经理采取自下而上的个股精选策略,密切关注公司的管理、历史、商业模式、成长前景及其他特征。基金经理认为的优质企业的特征是:具备完善的法人治理结构和有效的激励机制;拥有优秀的企业家或管理层;具有良好的业绩记录;管理层对所属行业有深刻理解和较强的前瞻性,形成了清晰的发展战略及有利于提升投资者价值的盈利模式。在个股调整上,基金经理动态跟踪研究这些"优质企业"的基本面,并结合行业配置比例和个股动态估值水平,进行组合层面的优化配置。

投资组合方面

该基金投资策略较为稳定,一般不做大类资产配置的调整,股票仓位绝大部分时间维持在适度水平,相对更注重公司基本面研究,通过挖掘个股机会来获取超额收益。基金股票仓位历来比较稳定,历史股票仓位平均约为80%,绝大部分时期股票仓位偏离不超过5个百分点,距离股票的上限和下限都有一定的距离。在单边上涨的市场中存在落后同类的风险。重仓大消费行业股票,基金经理对机械设备和食品饮料两个行业有所偏爱。行业集中度很高,在机械设备、医药生物和食品饮料三大行业的配置累积达到了50%左右,季度间在这三个行业的调整不大,其他行业的配置比重很小,基本不涉足金融地产行业。基金经理侧重合理价格增长的投资策略,个股上重点投资于基本面良好或者正在改善、具有估值优势和成长性确定的公司,历史上看前十大持仓较为稳定,投资期也相对较长。

基金业绩及风险方面

截至2011年12月14日,该基金近三年的年化报酬率为15.54%,中长短期的业绩较好。主要是在过去的几年中,该基金重配的机械设备、医药生物和食品饮料行业表现较好。该基金的业绩在不同的市场下差异较大,与配置的行业表现相对应。该基金业绩的特点是在熊市和震荡市中表现优秀,但是在牛市中表现相对稍弱。例如在 2009 年,业绩落后同类型基金 20.77 个百分点,主要是该基金基本不涉足金融地产,在指数大幅上涨的时候,该基金的业绩会落后于基准和同类型基金。主要风险是在牛市中涨幅不大,最好与重配金融地产的基金或者指数基金相搭配。该基金最近三年的波动幅度和下跌风险均为低,夏普比率为高,说明风险调整后收益在同类基金中处于前列。

交银成长股票(519692) ★★★★ 2011/12/14	成立时间:2006—10—23 基金经理:管华雨	类型:股票型基金 风格:大盘成长型
累积收益率:151.78% 规　　模:59.67亿元	年化收益率:12.76%(三年) 收益波动率:28.31%(三年)	风险:高 角色:核心基金
业绩比较基准:富时中国 A600 成长指数×75%+富时中国国债指数×25%					
股票仓位(60%~95%)	2011 年	2010 年	2009 年	2008 年	2007 年
总回报(%):	−17.13	1.07	83.03	−45.11	124.82
+/−基准(%):	0.28	18.44	1.00	21.23	−12.58
+/−同类(%):	5.72	1.02	9.47	8.35	−7.06

投资策略方面

基金经理采用传统的"自上而下"的多因素分析决策支持系统来动态地调整股票和债券的比重。选择高成长型行业作为投资重点,这些高成长型行业包括在国民经济快速增长中的先锋行业,受国家政策重点扶持的优势行业,以及受国内外宏观经济运行有利因素影响具备高成长特性的行业。在具体行业选择时,着重从经济周期因素、行业政策因素和行业基本面三个方面进行评估。在个股选择方面,基金经理跟踪的对象要符合下面三个条件:①主营业务收入和息税前利润属于行业前 25%;②市场占有率高于行业平均水平;③拥有难以为竞争对手模仿的竞争优势。最后,基金经理综合运用施罗德集团的股票研究分析方法从品质筛选、成长性评估和多元价值评估三个层次对个股进行筛选。

投资组合方面

基金经理在大类资产配置上较为积极,股票仓位通常在 90%以上,但不看好市场前景时,也会大幅地将股票仓位降到 80% 以下,而且季度间股票仓位的调整幅度有时达到 10 个百分点以上。以高成长性的行业作为投资重点,行业的配置相当分散,大部分行业都有持股,体现了自下而上选股的特征。历史上重配的两个行业是机械设备和金融保险,基本保持在 10 个百分点以上,其他的行业较为分散,比重也不高。

基金业绩及风险方面

截至 2011 年 12 月 14 日,该基金近三年的年化报酬率为 12.76%,大多数的年份业绩超越了基准和同类型基金平均水平。该基金中长短期的业绩都排名在 30%,而且中短期业绩好于长期业绩。此外,该基金在各种市场条件下都表现较好,这主要得益于基金对金融保险业价值型股票和机械设备成长型股票的均衡配置。虽然在单一年份该基金的业绩难以排在最前列,但是一般都能保持在中等以上的水准。在收益率较为出色的同时,该基金的风险水平也低于同类,最近两年和最近三年的波动程度和下跌风险都处于同类基金偏低的水平,风险调整后收益良好。

景顺长城内需增长(260104)	成立时间:2004-06-25			类型:股票型基金			
★★★★★ 2011/12/14	基金经理:杨鹏 王鹏辉			风格:大盘成长型			
累积收益率:395.37%	年化收益率:18.63%(五年)			风险:高			
规 模:25.62 亿元	收益波动率:34.08%(五年)			角色:核心基金			
业绩比较基准:沪深综合指数总市值加权指数×80%+中国债券总指数×20%							
股票仓位(60%~95%)	2011 年	2010 年	2009 年	2008 年	2007 年	2006 年	2005 年
总回报(%):	−18.60	11.36	89.68	−55.12	109.07	182.20	6.47
+/−基准(%):	−1.19	28.73	7.64	11.22	−28.32	66.51	8.48
+/−同类(%):	4.25	11.31	16.12	−1.66	−22.80	54.02	6.31

投资策略方面

基金经理重点关注内需拉动型行业中的优势企业,期望能够分享中国经济和行业快速增长带来的最大收益。在对行业景气度评估的基础上,基金经理对行业偏好进行修正,做出资产配置及组合构建的决定。在股票投资策略方面,以成长、价值及稳定收入为基础,在合适的价位买入具有高成长性的成长型股票,价值被市场低估的价值型股票,以及能提供稳定收入的收益型股票。

投资组合方面

基金经理通过积极的大类资产配置来获取超额收益,进行积极的择时操作。在看好市场时,经常配置接近上限95%的股票仓位。配置的行业较少,重点关注内需拉动的行业,重仓机械设备和食品饮料。有时也重配医药生物和金融保险,但是季度间这两个行业的调整幅度非常大。例如,在2011年第一季度,把金融保险业从2010年第四季度的14.69%迅速减仓到1.26%;到了2011年第二季度,又迅速恢复金融保险的配置到19.20%,在医药生物、信息技术等行业也有类似的积极操作。在股票的配置上非常集中,聚焦内需拉动型行业中的优势企业。

基金业绩及风险方面

截至2011年12月14日,该基金近五年的年化报酬率为18.63%。总体来说,该基金中长期的业绩在同类基金平均水平之上,短期的业绩稍逊。由于进行积极的择时操作,行业配置的调整幅度大,股票集中度高,在对市场判断准确的时候,该基金的业绩较好,如2009年和2010年,但是在判断出现偏差的时候,业绩就相对不好,落后于同类型基金,如2007年。因此,密切地关注该基金的行业配置非常关键,判断行业配置的风格与市场风格是否吻合。由于行业配置的特征明显,因此该基金业绩与市场环境没有太大的关联,而是受行业的影响很大。激进的行业配置、个股的高集中度和较高仓位,决定了该基金的业绩波动程度较大。

大成景阳领先股票(519019)	成立时间:2007-12-11	类型:股票型基金
★★★★ 2011/12/14	基金经理:杨建华	风格:大盘成长型
累积收益率:-25.60%	年化收益率:16.48%(三年)	风险:高
规　　模:44.63亿元	收益波动率:28.95%(三年)	角色:核心基金
业绩比较基准:沪深300指数×80%+中信标普全债指数×20%			
股票仓位(60%~95%)	2011年	2010年	2009年	2008年
总回报(%):	-25.60	20.40	81.28	-55.43
+/-基准(%):	-8.19	37.77	-0.76	10.92
+/-同类(%):	-2.75	20.35	7.72	-1.96

投资策略方面

基金经理关注在中国经济强劲增长、企业盈利持续上升以及人民币稳定升值背景下的投资机会。在综合考虑全球主要股市的市盈率、GDP 增速、上市公司总体盈利增长速度、股市和债市的预期收益率以及利率水平后,进行大类资产的配置。在股票方面,重点关注高速增长行业中市场份额领先的龙头上市公司、资源优势领先的上市公司、在获益于人民币升值方面具有领先优势的上市公司和外延扩张能力领先的上市公司。对于投资思路,基金经理总结为"买中国所买",并认为这是一个长期的投资主题,其深层次意义是买中国缺的资源。

投资组合方面

从基金经理实际的持仓来看,仓位选择做得比较少,倾向于通过行业配置、选股来获取超额收益。组合保持了稳定的相对较高的股票仓位,一般在 85% 左右,近一年来季度间股票仓位的调整幅度不大。重点关注高速增长行业,历史上重仓食品饮料和机械设备行业,在这两个行业季度间的增减仓都不大。而在金属非金属和医药生物行业的配置调整幅度很大,如在 2011 年第一季度,把金属非金属从 2010 年第四季度的 3.8% 增仓到 11.93%,而把医药生物从 11.80% 减仓到 3.23%。历来对金融保险、房地产的配置较少。基金经理在各行业中选取具备市场份额领先、资源优势领先、外延扩张能力领先和估值优势等特点的成长性公司股票构建投资组合。行业配置的明显变化也较明显地反映在重仓股的变化上,个股的配置相对均衡。

基金业绩及风险方面

截至 2011 年 12 月 14 日止,该基金近三年的年化报酬率为 16.38%。业绩波动幅度较大,在市场风格符合重仓的食品和机械设备的持股风格时,业绩表现较好,如 2010 年。在其他的市场风格下,表现相对一般。该基金起伏较大,有的时候排名靠前,有的时候排名在中下。该基金的风险在于如果配置的风格与市场的风格不一致时,业绩可能会不理想。

混合基金

富国天惠成长混合(161005)	成立时间:2005-11-16	类型:偏股混合型
★★★★★　2011/12/14	基金经理:朱少醒	风格:大盘成长型
累积收益率:311.05%	年化收益率:20.94%(五年)	风险:高
规　　模:66.67亿元	收益波动率:29.97%(五年)	角色:核心基金
业绩比较基准:中信标普300指数×70%+中信国债指数×25%+同业存款利率×5%			

股票仓位(50%~95%)	2011年	2010年	2009年	2008年	2007年	2006年
总回报(%):	-22.79	19.31	75.80	-47.27	101.18	133.96
+/-基准(%):	-5.38	36.68	-6.23	19.07	-36.22	18.26
+/-同类(%):	-0.38	13.94	9.51	2.65	-24.00	11.66

投资策略方面

在对宏观基本面进行深入分析的基础上,基金经理动态配置股票资产的比重,并通过量化模型来对配置比重进行二次优化。在股票投资层面,应用"富国成长性股票价值评估体系",筛选具有成长潜力且合理定价的上市公司股票。基金经理选择的具有良好成长性且合理定价的上市公司股票满足以下特征:预期当年净利润增长率位于前1/3部分的股票;在全部上市公司中成长性和投资价值排名前10%的股票。此外,该基金在坚持以基本面研究驱动投资的基础上进行适度的择时操作。

投资组合方面

该基金不做大类资产配置,股票仓位调整的幅度和频率要低于同类基金,股票仓位保持在较高水平上,历史平均股票仓位超过90%,长期保持接近股票仓位95%的上限的仓位。历来对批发零售、食品饮料等偏消费类行业仓位配置较大,这两个行业的仓位历来保持在15%以上,季度间行业的调整幅度很小,通常在3个百分点以内。此外,金融保险行业的仓位也接近10%,周期性行业则调整力度较大。把握基本面、精选个股和长期投资是该基金的特色,对重仓股调整历来比较温和,也会根据估值变化进行波段操作。基金持股风格较为集中,前十大重仓股比重大部分时间介于40%~50%。

基金业绩及风险方面

截至 2011 年 12 月 14 日,该基金近五年的年化报酬率为 20.94%。在大多数的年份都能超越基准和同类型基金平均水准。这主要是基金善于精选个股,挑选具有良好成长性且合理定价的上市公司。该基金在牛市时表现稍弱,主要是基金对金融保险行业的配置程度不太高。在指数大幅上涨的时候表现会稍落后。精选个股的特征适应在震荡市的操作,但在熊市时业绩会受累于其高仓位。虽然该基金的仓位非常高,但是业绩波动性在同类型基金中不算高。该基金适合与重仓金融保险行业的基金或指数基金配置在一起。

大摩资源优选混合(163302) ★★★★★ 2011/12/14	成立时间:2005-09-27 基金经理:徐强、何滨	类型:偏股混合型 风格:中盘成长型
累积收益率:423.87% 规 模:40.45亿元	年化收益率:26.91%(五年) 收益波动率:30.76%(五年)	风险:高 角色:辅助基金
业绩比较基准:中信标普 300 指数×70%+中信标普全债指数×30%							
股票仓位(30%~95%)	2011 年	2010 年	2009 年	2008 年	2007 年	2006 年
总回报(%):	−15.92	28.44	76.75	−47.62	160.43	113.98
+/−基准(%):	1.50	35.81	−5.29	18.73	23.04	−1.72
+/−同类(%):	6.50	13.07	10.45	2.31	35.25	−8.32

投资策略方面

基金经理以资源类股票投资为主,在资源类各相关行业配置资产。充分把握自然资源价值性、稀缺性和独占性的特点,投资于拥有优质土地资源、水资源、生物资源、矿产资源、旅游资源的上市公司。在股票的选择上,注重对资源类上市公司所拥有的资源价值评估和公司证券价值的估值分析,坚持中长期持有精选的个股。同时,基金经理根据我国证券市场波动性较强的特点,在对市场判断和政策分析后,采取适当的时机选择策略,以优化组合表现。

投资组合方面

基金经理依据对市场判断和政策分析进行积极的资产配置,仓位变动灵活,配置效果也较为出色,具有较好的把握市场趋势的能力。比如2008年的后三个季度仓位全在50%以下,较好地控制了当年市场整体下跌的系统性风险;2009年基金的仓位基本都在70%以上,较好地分享了市场上涨的收益;2010年基金仓位明显下调,第二季度末只有42%。该基金重点配置具有资源优势的行业,行业配置非常分散,单一行业配置一般不超过10个百分点。历史上偏好食品饮料、石油化学、医药生物。季度间行业的调仓比重较小。基金在个股选择上偏好中小市值、具有资源优势的股票,持股非常分散。

基金业绩及风险方面

截至2011年12月14日,该基金近五年的年化报酬率为26.91%。历史业绩较好、持续性好,在各种市场下表现都不错。大多数年份都能超越基准和同类型基金的平均水准。中长期的业绩较好,排名在同类型基金的前15%。该基金业绩的一个重要特征是在不同的市场条件下都有不错的表现。良好的业绩得益于基金对趋势的把握和个股的精选。该基金风险控制较好,从最近3年来看,业绩波动程度处于同类基金中等偏低水平,而下跌风险位于低水平。以综合收益和风险看,基金的风险调整后收益出色。

华安宝利配置混合(040004)	成立时间:2004—08—24	类型:标准混合型
★★★★★　　　2011/12/14	基金经理:陆从珍	风格:大盘成长型
累积收益率:368.33%	年化收益率:21.43%(五年)	风险:较高
规　　　模:46.43亿元	收益波动率:24.94%(五年)	角色:辅助基金
业绩比较基准:天相转债指数收益率×35%+天相280指数收益率×30%+天相国企全价指数收益率×30%+金融同业存款利率×5%		

股票仓位(40%~80%)	2011年	2010年	2009年	2008年	2007年	2006年	2005年
总回报(%):	−14.53	7.53	60.64	−38.21	106.28	116.04	12.77
+/−基准(%):	−6.22	17.19	11.92	−4.36	24.57	45.57	9.34
+/−同类(%):	4.32	2.60	10.34	5.92	4.42	12.41	8.46

投资策略方面

该基金宽泛的投资范围为较灵活的投资策略提供了基础。基金投资范围为:可转换债券及其对应的基础股票大于10%小于70%,其他债券(除可转换债券外)大于10%小于65%,其他股票(除可转换债券所对应的基础股票外)大于10%小于65%。基金经理积极寻找各种可能的套利和价值增长的机会,确定基金资产的分配比例。通过适时的债券回购和逆回购操作,提高基金资产的使用效率。在可转换债券及其对应的基础股票的投资策略方面,根据可转债的转股溢折价率,结合转债条款、股票基本面和流通性,确定可转债与其对应股票之间的配置比例,并利用转股期内基础股票转换价格与转债价格的定价偏差进行套利;通过利率预期调整方法,确定整体投资组合。通过基本面研究和数量分析相结合的方法,选择具有良好投资价值的股票。基金经理还分析、判断新股的二级市场定价,评估新股一二级市场间的差价幅度,对于认定有投资价值的新股进行认购。

投资组合方面

基金经理采取了较为灵活的投资策略,通过深入研究来把握确定性高的个股和行业的投资机会,注重安全边际,同时也会适当采取波段操作。股票仓位调整较为灵活,大部分时间在50%~70%之间变换,从时点上看对行情有着较好的把握。债券投资上则兼顾流动性和收益性,在不同市场环境各类债券配置比重分化较大。基金在行业上配置比重变化较大且保持相对均衡,历史上重仓石油化学,其他行业的配置一般不超过10个百分点,季度间行业调整的比例也不大。基金经理注重通过对个股基本面的研究,在不同市场下对个股调整的力度较大,持股非常分散。

基金业绩及风险方面

截至2011年12月14日,该基金近五年的年化报酬率为21.43%。业绩持续性好,大多数时间战胜了基准和同类基金,中长期业绩在同类型基金中排名前15%。在不同的市场周期(牛熊转换)保持了较好的业绩持续性,适应各类市场,在牛市、熊市和震荡市下的表现都比较均衡。该基金最近三年的波动幅度为中,下跌风险指标属于偏低水平,夏普比率为高,中长期风险调整后收益居同类基金前列。

鹏华行业成长混合(206001) ★★★★★ 2011/12/14	成立时间:2002—05—24 基金经理:张卓	类型:标准混合型 风格:中盘成长型
累积收益率:279.21% 规　　模:10.01亿元	年化收益率:19.96%(五年) 收益波动率:25.90%(五年)	风险:较高 角色:辅助基金
业绩比较基准:中信综合指数收益率×80%＋中信标普国债指数收益率×20%							

股票仓位(40%～80%)	2011年	2010年	2009年	2008年	2007年	2006年	2005年	2004年
总回报(%):	−20.08	10.80	56.74	−39.11	104.26	126.39	8.22	−10.09
＋/−基准(%):	−11.76	20.46	8.01	−5.26	22.54	55.93	4.79	1.01
＋/−同类(%):	−1.22	5.87	6.44	5.03	2.40	22.77	3.91	−10.86

投资策略方面

基金经理坚持挖掘股票未来价值,判断行业未来变动趋势,合理预测上市公司的未来成长性。在综合考虑宏观经济形势、政策变动以及市场走势等因素后,及时调整股票、债券和现金的配置比例。在股票的投资比例确定之后,再次进行优化,最终完成投资组合的构建。在对影响行业投资收益的众多因素进行深入分析的基础上,运用数量化和系统化的资产配置模型——最优行业表现资产配置模型(BPS),并及时调整各行业的投资权重。在行业的投资权重确定之后,重点投资于预期收入或净利润增长率超过行业平均水平的成长性公司,该基金建立了一套行业导向的成长性公司选择体系。

投资组合方面

该基金的操作较为灵活,在股票仓位的控制上保持一定的灵活度,仓位一般控制在70%,根据对市场的判断,一般在此基础上增减5个百分点。在行业配置上也较为灵活,历史上重仓机械设备,此外,在食品饮料、石油化学、信息技术等行业季度调整幅度较大,会到达5～10个百分点,说明基金通过行业调整来积极地把握行业轮动的机会。在个股上,精选增长率超过行业平均水平的成长型公司,个股的配置有集中度逐步增强的趋势。

基金业绩及风险方面

截至2011年12月14日,该基金近五年的年化报酬率为19.96%。该基金中长期的业绩较好。成立以来,在大多数年份都战胜了基准和同类型基金,在不同的市场条件下都表现不错。该基金最近三年风险调整后收益居同类基金前列。

金鹰中小盘精选(162102) ★★★★★ 2011/12/14	成立时间:2004—05—27 基金经理:朱丹 杨绍基	类型:标准混合型 风格:中盘成长型
累积收益率:156.32% 规 模:18.49亿元	年化收益率:12.09%(五年) 收益波动率:28.14%(五年)	风险:高 角色:辅助基金
业绩比较基准:(中信标普200指数收益率×50%+中信标普小盘指数收益率×50%)×75%+中信标普国债指数×25%							
股票仓位(50%~80%)	2011年	2010年	2009年	2008年	2007年	2006年	2005年
总回报(%):	−27.33	17.85	79.66	−35.01	54.47	85.39	−5.11
+/−基准(%):	−19.02	27.51	30.93	−1.16	−27.24	14.92	−8.54
+/−同类(%):	−8.48	12.92	29.36	9.13	−47.39	−18.24	−9.43

投资策略方面

基金经理重点关注具有较高成长性和良好基本面、流通市值在市场平均水平之下的中小盘股票,依据有效充分分散的原则构建投资组合。适当参与有较高投资价值的新股申购、股票增发申购以及短期股票投资。基金经理在选股时采用定量和定性指标来综合判断。采用PEG作为定量指标(其中PE是股票的静态市盈率,G是预期净利润增长率),采用公司素质和财务状况作为定性指标。

投资组合方面

历史上该基金的仓位变化灵活,但近年来基金的股票仓位相对稳定,保持在70%左右。配置的行业较少,行业配置集中在机械设备行业,其他的行业相对比重较小。在精选具备高成长性和基本面良好的中小盘股票的基础上,把握市场变化,采取集中持有和积极交易的策略。股票配置的集中度相对较高。在标准混合型基金中偏激进。

基金业绩及风险方面

截至2011年12月14日,该基金近五年的年化报酬率为12.09%。在成立的前三年业绩表现不好,但是自2008年以后业绩开始改善。基金经理较好地把握了主题投资的切换和个股投资机会是业绩不错的主要原因。该基金在牛市和震荡市都有很好的表现，主要是在不同的市场条件下配置股票的风格有所差异，有时候会出现风格漂移的现象。不过总体上业绩表现不错。在风险方面，该基金比同类型基金激进，基金净值的波动风险较高。

嘉实增长混合(070002) ★★★★ 2011/12/14	成立时间：2003－07－09 基金经理：邵健	类型：标准混合型 风格：中盘成长型
累积收益率：491.39% 规　　模：41.36亿元	年化收益率：21.77%（五年） 收益波动率：25.53%（五年）	风险：高 角色：辅助基金
业绩比较基准：巨潮500（小盘）指数									

股票仓位（40%～75%）	2011年	2010年	2009年	2008年	2007年	2006年	2005年	2004年
总回报(%)：	－18.25	24.92	60.33	－39.42	107.39	114.61	8.85	15.62
+/－基准(%)：	－9.94	34.57	11.61	－5.57	25.67	44.15	5.42	26.72
+/－同类(%)：	0.60	19.82	10.00	4.45	5.47	10.99	4.53	14.85

投资策略方面

基金经理重点关注具有成长潜力的中小企业，投资流通市值占市场后50%的上市公司中具有高速成长潜力的中、小市值公司。在股票的选择方面，基金经理关注股本规模相对较小、主营业务突出、预期未来具有较强的股本扩张能力、所处的行业发展前景良好、在本行业内具有独特的竞争优势的中小型上市公司。基金经理综合考察上市公司的成长性以及这种成长性的可靠性和持续性，判断其股价所对应的市盈率水平与其成长性相比是否合理，最后作出具体的投资决策。

投资组合方面

从历史上的组合构建情况看，基金的股票仓位长期保持在65%～70%之间，基本不参与波段操作，主要依靠行业和个股选择创造超额收益。在行业配置上，主要集中在食品饮料、机械设备和医药生物三大行业，行业基准度较高。这三个行业季度间调整的比重不大。在其他行业的配置较少。在股票配置方面，个股集中度较低，投资风格长期保持在中小盘，如这部分股票整体表现不好，基金表现可能会受到拖累。

基金业绩及风险方面

截至 2011 年 12 月 14 日,该基金近五年的年化报酬率为 21.77%。最近三年的表现较好。该基金配置了典型的成长型的股票,表现受食品饮料、机械设备和医药生物行业的走势影响大。该基金中小盘的投资风格,在大盘股主导的行情中表现不尽如人意。此外,该基金在部分时期出现风格漂移的现象,呈现出大盘成长风格的组合。

国投融华债券(121001) ★★★★★ 2011/12/14	成立时间:2003—04—16 基金经理:徐炜哲	类型:保守混合型 风格:—						
累积收益率:213.08% 规　　模:9.28 亿元	年化收益率:14.98%(五年) 收益波动率:16.46%(五年)	风险:中 角色:辅助基金						
业绩比较基准:中信标普全债指数×80%+中信标普 300 指数×20%								
股票仓位(0~40%)	2011年	2010年	2009年	2008年	2007年	2006年	2005年	2004年
总回报(%):	-8.02	7.12	42.79	-23.65	56.05	62.18	8.49	0.17
+/-基准(%):	-4.26	12.91	10.72	-6.05	2.18	14.33	2.34	8.68
+/-同类(%):	1.74	7.87	14.85	-3.28	-13.90	8.02	3.09	-1.06

投资策略方面

该基金"追求低风险的稳定收益",突出以债券为主的投资风格,在控制股票波动风险的基础上,有限制地投资稳健收益型股票,获取相对稳定的收益。股票持仓比例相机变动范围是 0~40%,除了预期有利的趋势市场外,原则上股票投资比例控制在 20% 以内。作为债券型基金,基金经理重点关注利率趋势,根据未来利率变化趋势和证券市场环境变化趋势,主动调整债券资产配置及其投资比例。根据收益率、流动性与风险匹配原则以及证券的低估值原则建构投资组合,合理配置不同市场和不同投资工具的投资比例,并根据投资环境的变化相机调整。择机适当利用债券逆回购工具、无风险套利和参与一级市场承销或申购等手段,规避利率风险,增加盈利机会。

投资组合方面

该基金在大类资产配置上非常灵活,股票仓位变动较大。在市场看好的 2009 年和 2010 年,配置了接近股票仓位上限 40% 的股票。最近一年,在市场不看好的情况下,股票的配置仓位非常低,例如在2011年第一季度末股票仓位仅为2.01%。与此同时,大幅提高了债券的配置比重,最近两个季度债券配置比重超过80%。债券中,重配国债和金融债,而且以短期债券为主。从近三年来看,配置效果也较为出色,具有较好的把握市场趋势的能力。

基金业绩及风险方面

截至2011年12月14日,该基金近五年的年化报酬率为14.98%。历史业绩较好,各种市场下表现都不错,特别是最近三年的业绩较为突出,业绩大多数时间超越基准和同类型基金。该基金能够有胜出的表现,主要可归功在大类资产配置方面的较强能力。相较于同类型基金,该基金近三年的风险调整后收益较好。

兴全可转债混合(340001) ★★★★ 2011/12/14	成立时间:2004-05-11 基金经理:杨云	类型:保守混合型 风格:—
累积收益率:286.85% 规 模:37.09亿元	年化收益率:20.68%(五年) 收益波动率:20.50%(五年)	风险:中 角色:辅助基金
业绩比较基准:天相可转债指数×80%+中信标普300指数×15%+同业存款利率×5%							

股票仓位(0~30%)	2011年	2010年	2009年	2008年	2007年	2006年	2005年
总回报(%):	−12.91	7.67	35.17	−19.53	112.83	71.73	7.53
+/−基准(%):	−9.16	13.47	3.10	−1.92	58.96	23.88	1.38
+/−同类(%):	−3.15	8.42	7.24	0.84	42.88	17.57	2.13

投资策略方面

该基金是一只以可转债为主要投资对象的基金。资产配置比例为可转债30%~95%,股票不高于30%。基金经理根据对股票市场、可转债市场和利率期限结构的判断确定可转债组合的加权平均内含收益率、久期水平和国债组合的加权平均久期水平,在此基础上构建基金组合。在可转债投资方面,对可转债对应的基础股票进行分析与研究,对那些有着较好盈利能力或成长前景的上市公司的转债进行重点投资。在特定情况下把相关的可转债转换为基础股票,不过,原则上不长期持有由可转债转换而得的基础股票。在个券选择层面,积极参与发行条款优惠、期权价值较高、公司基本面优良的可转债的一级市场申购；选择对应的发债公司具有良好发展潜力或基础股票有着较高上涨预期的可转债进行投资，以有效规避市场风险。在个股选择层面，以"相对投资价值"判断为核心，选择所处行业发展前景良好、价值被相对低估的股票进行投资。

投资组合方面

从历史的持仓来看，该基金对股票和债券的持有比重相对稳定，对股票的持有相对比重较大，经常接近30%的上限。在债券方面，债券的期限结构比较均衡，2011年以来久期不断增长。对可转债的投资比重较大，在金融债和信用债方面的投资灵活度较大。在股票方面，基金的仓位变动不大，但结构变化较大，行业分布较为分散。

基金业绩及风险方面

截至2011年12月14日，该基金近三年的年化报酬率为20.68%。虽然该基金短期业绩不太理想，但是该基金历史业绩很好，自成立以来，大多数年份业绩都能超越基准和同类型基金。从收益来看，兴全可转债基金长期业绩低于股票型基金，高于债券型基金。主要原因来自于可转债兼具股性与债性的特征，近三年的风险调整后收益居同类上游。基金经理有丰富的可转债研究与投资经验，公司的股票投资能力也较强。

债券基金

工银增强收益债券(485105) ★★★★★ 2011/12/14	成立时间:2007-05-11 基金经理:杜海涛	类型:激进债券基金 风格:—
累积收益率:38.45%	年化收益率:4.94%(三年)	风险:偏低
规 模:37.97亿元	收益波动率:4.98%(三年)	角色:辅助基金
业绩比较基准:新华巴克莱资本中国综合债券指数			

股票仓位(0～20%)	2011年	2010年	2009年	2008年
总回报(%):	-1.08	8.42	3.94	9.85
+/-基准(%):	-5.21	7.47	1.02	-0.98
+/-同类(%):	2.77	0.77	-1.40	3.83

投资策略方面

基金经理从组合久期及组合期限结构两个方面提出针对市场利率因素的投资策略。预期市场利率水平将上升时，降低组合的久期；预期市场利率将下降时，提高组合的久期。根据对收益率曲线斜度变化的预测制定相应的债券组合期限结构策略。通过分析国债、金融债、企业债券等不同债券种类的利差水平，评定不同债券类属的相对投资价值，确定组合资产在不同债券类属之间配置比例。根据单个债券到期收益率相对于市场收益率曲线的偏离程度，结合其信用等级、流动性、选择权条款、税赋特点等因素，确定其投资价值，选择那些定价合理或价值被低估的债券进行投资。同时，选择公司基本素质优良、其对应的基础证券有着较高上涨潜力的可转换债券进行投资。此外，基金参与新股申购，根据认购新股的市场价格相对于其合理内在价值的高低，确定继续持有或者卖出。

投资组合方面

实际投资中，组合主要以国债、央票、金融债持有为主，目的是获得稳健的收益，保持组合较高的流动性。基金经理同时会根据对市场利率的判断调整组合久期。基金保持国债和金融债的核心配置，对企业债、可转债等品种也有一定程度的参与。历史操作中，基金经理也会积极利用杠杆策略积极参与新股申购等偏低风险的投资，并取得过较为理想的回报。整体来看，基金经理操作较为谨慎，适合追求偏低风险回报的投资者。基金的组合呈现两个特点：首先是组合可以直接参与二级市场股票投资，权益类部分的投资大大提升了组合业绩；其次是参与一些企业债、企业短融、转债等信用债投资的债券基金，其净值也获得较好的增长。信用组合方面，继续调整，提升组合整体信用质量，增持 AA 级以及上公司债；权益方面，积极参低估值新股与转债，灵活把握仓位。

基金业绩及风险方面

截至 2011 年 12 月 14 日，该基金近三年的年化报酬率为 4.94%。成立以来的四年中，有三年战胜了同类型的基金。中长短期的业绩，在同类型基金中都位列前 20 名。由于该基金近来对可转债的配置比重有所增加,这会增加业绩的波动性。总的来说,该基金的风险调整后收益相对同类型基金来说较好。

富国天利增长债券(100018)	成立时间:2003—12—02	类型:激进债券基金
★★★★ 2011/12/14	基金经理:杨贵宾 饶刚	风格:—
累积收益率:125.93%	年化收益率:11.15%(五年)	风险:偏低
规 模:22.80亿元	收益波动率:6.83%(五年)	角色:辅助基金
业绩比较基准:中国债券总指数			

股票仓位(0~20%)	2011年	2010年	2009年	2008年	2007年	2006年	2005年	2004年
总回报(%):	−3.76	7.98	8.93	3.65	38.71	27.54	11.57	−2.62
+/−基准(%):	−7.88	7.02	6.01	−7.18	33.56	19.26	0.66	1.34
+/−同类(%):	0.99	0.24	3.41	−2.36	21.28	10.35	1.35	0.62

投资策略方面

基金经理采用久期控制下的主动性投资策略。根据对宏观经济发展状况、金融市场运行特点等因素的分析确定组合的整体久期。在确定久期后,针对收益率曲线形态特征确定合理的组合期限结构,包括采用集中策略、两端策略和梯形策略。对于信用债,根据发债主体的经营状况和现金流等情况对债券进行信用风险评估。此外,针对债券子市场间不同运行规律和风险特性,构建和调整组合,并在合适时间进行市场转换。基金可参加新股的认购,但不能参与二级市场买卖。

投资组合方面

从该基金历史的持仓来看,基金经理会根据宏观经济形势的判断积极调整债券的久期。基金经理偏好将转债和信用债作为其主要盈利来源,历史上在转债和信用债的持仓比例都较高,并强调降低企业债的选时操作。此外,基金过往另一个主要收益来源是新股认购。

基金业绩及风险方面

截至 2011 年 12 月 14 日,该基金近五年的年化报酬率为 11.15%。该基金成立后为投资者带来了较为可观的收益,在充分重视本金长期安全的前提下,为基金持有人创造较高的当期收益。在成立后的 8 年中,有 7 年业绩战胜了同类型基金的平均水准,中长期的业绩有保障。基金经理控制净值波动率和下跌风险有较好的能力。然而,投资者需要注意的是基金在可转债和新股投资上较为积极,在股市行情不好的情况下会对基金的表现带来一定的影响。基金可参加新股的认购,但不能参与二级市场买卖。契约的规定虽降低了基金由于参与股票二级市场买卖而带来的潜在风险,但由于基金在可转债和新股上的投资较为积极,一定程度上增加了基金净值的波动性。

大成债券 A/B(090002) ★★★★ 2011/12/14	成立时间:2003—12—02 基金经理:王立	类型:普通债券基金 风格:—
累积收益率:64.72% 规　　模:3.83亿元	年化收益率:5.74%(五年) 收益波动率:2.80%(五年)	风险:偏低 角色:辅助基金
业绩比较基准:中国债券总指数									

	2011年	2010年	2009年	2008年	2007年	2006年	2005年	2004年
总回报(%):	0.38	6.55	2.71	11.11	8.79	6.29	11.34	1.81
+/−基准(%):	−4.97	4.63	3.95	−3.78	10.60	3.67	−0.24	5.13
+/−同类(%):	0.90	1.36	0.44	2.32	−5.68	−4.11	3.23	2.57

投资策略方面

基金经理采用主动投资方式,通过整体资产配置、类属资产配置和个券选择三个层次自上而下地进行投资管理,以实现投资目标。在交易所国债、交易所企业债、银行间国债、银行间金融债四个子市场上进行优化配置。在债券选择上,采取积极策略,包括利率预期策略、收益率曲线策略、收益率利差策略等。基金还可择机进行新股申购,但新股投资比例不超过基金资产总值的 20%,持有新股和因转股持股期限不超过一年。

投资组合方面

具体操作上,基金经理保持了较为一致的债券投资风格,在控制组合久期的基础上,对类属资产配置进行灵活调整。注重在控制基金整体波动性的前提下进行投资;在新股、可转债和回购等方面的操作偏保守。而新股和可转债上,贯彻风险控制和结合产品特点要求的前提下保持谨慎的态度,两者的配置偏低。考虑到股票二级市场波动性较高和基金净值低波动的风险管理要求,该基金只进行新股网上申购,并采取当日卖出的交易策略。

基金业绩及风险方面

截至 2011 年 12 月 14 日,该基金近五年的年化报酬率为 5.74%,中期的业绩表现稳健。尽管基金在权益类、回购上的投资态度相对保守,但通过对宏观判断、久期的控制、个券介入点的把握,为投资者创造出在同类基金里中上水平的收益。

作为资产管理行业的一种投资产品，国外对基金的研究主要是从产品业绩和成本角度来深入的。此外，对于风格和资金流等主题的研究，也与基金业绩相关联。这些主题贯穿了国外基金60年的研究历史。

第六章

国外研究主题

主题一：基金业绩
主题二：基金费用
主题三：风格分析
主题四：资 金 流
主题 X：其他主题

主题一：基金业绩

预期投资组合经理能取得较好的投资收益，是投资者投资基金的主要原因。最终，要通过业绩的评估来判断基金经理工作的好坏。这项工作看似简单，但有两个方面的因素使得基金业绩评估并不容易，一个方面是基准的选择，另一个方面是模型的选择。本部分回顾了在基金业绩评估方面的研究，梳理对合适的基准和模型达成一致而做出的研究努力。然而，到目前为止，学术界并未对这两个方面达成任何一致。本部分也回顾了与业绩持续性、有条件的业绩（Conditional performance）和市场择时相关的研究。下面简要地介绍在这些相关领域进行的探讨。

Jensen(1968)、Grinblatt 和 Titman(1989)、Malkiel(1995)的文章是全面评估基金业绩方面的主要文章。这些结论一致地表明主动管理的基金并未超越众多的市场基准，表 6.1 中负的 Alphas 值说明了这一点。Lehmann 和 Mest(1987)认为基准是决定"常规业绩"的最早文章之一，其他早期涉及基准的文章包括 Teynor(1965)、Sharpe(1966)和 Roll(1978)。

表 6.1　　　　　　　　　　共同基金业绩

研　究	样本期间	样本量	基　准	年化 Alpha	T-Ratio
Jensen(1968)	1945~1964	115	S&P500	−1.10%	−0.69
Grinblatt and Titman(1989)	1974~1984	157	CRSP EW Index	−0.03%	−0.99
Malkiel(1995)	1971~1991	239	Wilshire 5000	−0.93%	−1.78

在业绩分析中，众多研究援引资本资产定价模型（CAPM）的框架，这一方法使用简单组合作为基准。Treynor、Sharpe 和 Jensen 各自使用不同的基准作为市场组合。然而，Roll 主张使用一个单一的市场组合作为基准在逻辑上是不一致的，因为模型假定投资者具有同质的期望。当市场无效时，会出现异常的业绩。因此，考虑到市场组合的一般的基准是均值—方差无效率的，同时存在公司规模和 P/E 比率的异常，使用 CAPM 市场基准作为基准是可疑的。在一个相关的研究中，Ross(1976)主张不能只用单一因素来表述系统风险，而应该由影响证券回报的多因素 K 来替代（K>1）。这一分

析的主要贡献之一是:提出了是否 K 因子的不同结构会产生相同或不同的业绩衡量方法。

除了"纯"绩效研究外,还有强调业绩持续性的文章。讨论这一问题的第一篇主要文章是 Hendicks、Patel 和 Zeckhauser(1993)的文章,他们发现了持续性方面的一些证据。然而,对这一现象的其他研究发现,从一个阶段到下一个阶段的业绩持续性是难以捉摸的。例如,在 20 世纪 70 年代,排名靠前的基金在下一年度很可能同样表现良好,而这一现象在 20 世纪 80 年代却不明显。也有一些研究得出结论:"差的基金比好的基金业绩更具持续性"。总而言之,一些基金经理只会在某些阶段战胜市场(见表 6.2)。这一领域最典型的发现是由 Malkiel(1995)的研究得出的,他宣称无论是否考虑费用,基金的表现都弱于市场。

表 6.2　　　　　　　　　　连续阶段业绩

研　究	样本期间	样本量		连续阶段业绩	
				赢家	输家
Goetzmann and Ibbotson (1994)	1976~1988	728	赢家	62%	37%
			输家	38%	63%
Brown and Goetzmann(1995)	1976~1988	2 274	赢家	57%	44%
			输家	44%	56%
Malkiel(1995)	1971~1991	1 047	赢家	65%	35%
			输家	35%	65%
Kahn and Rudd (1995)	1983~1993	150	赢家	41%	59%
			输家	59%	41%

有些研究关注市场择时和有条件的业绩。Kon(1983)的研究表明基金经理展现出了一些市场择时的能力。然而,对多变量的测试表明基金经理总体上难以取得出人意料的回报。Jagannathan 和 Kroajczyk(1986)从理论和实证上表明能够构建组合来证明基金不具有择时能力。因此,对择时的测试与模型的选择有关。至于有条件的业绩,Ferson 和 Schadt(1996)使用与半强势市场有效性相一致的衡量,提出了一个有条件的业绩模型。这一条件模型允许估计随时间变化条件的 betas,因为主动管理的基金经理喜欢根据处于变化中的市场的不完整的信息,来改变对市场的预判。

下面是在业绩评估方面的一些典型的研究:

● Chang and Lewellen(1984)讨论了市场择机和基金投资业绩。结论表明：实证结果与模型的预测相一致，没有证据表明基金具有市场择机的技能或优质证券选择的能力。

- Lehmann and Modest(1987)用实证的方法来探讨替换基准是否对业绩评估有影响。结论表明：基准组合的选择可能会显著地影响业绩，因此，基准选择是评估共同基金绩效的关键的第一步。
- Ferson(1996)使用有条件的模型讨论了动态市场中基金业绩的评估。结论表明：在风险调整的基础上，基金表现并没有一直低于S&P500，结果是中性的，正如在一个有效的市场中所期待的那样。
- Andeson等人(1996)对开放式和封闭式基金的业绩进行了比较。结论表明：债券和股票开放式基金比相应的封闭式基金具有更高的换手率。股票开放式基金业绩超过股票封闭式基金，而债券封闭式基金业绩超过债券开放式基金。股票开放式基金比封闭式基金费用更高，债券开放式基金比封闭式基金费用更低。
- Indro等人(1999)讨论了共同基金规模是否对其业绩有负面影响。结论指出：随着规模的增加，三年的回报增加；较大的基金具有较低的支出费用和较低的换手率。成长型、价值型和混合型基金的最优资产规模大约是：14亿美元、5亿美元和19亿美元。
- Wermers(2000)讨论主动管理型基金是否创造了价值。结论表明：主动管理的共同基金每年超越市场指数130个基点，这一数值大体等于支出费用和交易成本。平均而言，主动管理的基金每年超越基准71个基点，但是基金净回报低于CRSP指数100个基点。高换手的基金产生了明显的交易成本和较高的费率，但比低换手的基金具有明显较高的平均回报，这种回报来自于主动管理挑选股票的技能。作者指出，以净回报为基础，主动管理的基金超越了先锋500指数。
- Jiang等人(2007)从基金持仓方面讨论共同基金是否具有择时能力。结论表明：主动管理的美国国内股票基金具有正的择时能力。市场择时基金使用非公开信息来预测市场回报，具有行业集中度高、规模大、倾向小公司股票、行业转换积极等特征。
- Sensoy(2009)讨论了共同基金行业的业绩评估和自我设计的基准指数。大约三分之一主动管理的、多样化的美国股票基金在招募说明书中的基准指数与基金的实际风格不匹配。这些不匹配给基金投资者带来了麻烦。

● Fama and French(2010)讨论了共同基金取得的回报是靠运气还是技巧。结论表明:主动管理的股票基金资产组合接近于市场组合,但是主动管理带来的高成本使投资者获得了较低的回报。很少有基金能取得有效覆盖其成本的经基准调整后的期望回报。

主题二:基金费用

一些实证研究探讨了基金的风险调整后回报与费率和其他相关主题的联系。Sharpe(1966)指出较低费用的基金具有较高的风险回报率。但是Ippolito(1989)发现基金回报与费用没有关系。除了这些类型的文章外,其他研究强调基金特征与业绩间的关系。在这些研究中,Dellava 和 Olson(1998)、Dorms 和 Walker(2001)考察了基金特征与基金业绩之间的关系,这些特征如交易费用、换手率和其他相关变量。他们的结论普遍显示:绩优基金具有较低的成本;高换手率会增加运作费用,但不一定会改善业绩。

下面是在基金费用方面的一些典型的研究:

● Herman(1963)讨论了共同基金的管理费率。结论认为:可能在佣金分配、转换政策和销售方面存在一定的利益冲突,但是,讨论管理费率这一主题使持有人的利益是否总是得到了最好的考虑这一问题浮出水面。

● Ferris and Chance(1987)讨论了 12b-1 计划对共同基金费率的影响。结论认为:12b-1 计划对投资者来说是一项沉重的成本。研究讨论为什么投资者愿意接受这一成本,原因可能是:(1)这一计划在当时很新鲜;(2)很可能投资者对此知之甚少。

● Kihn(1996)讨论了基金公司的市场营销。他发现:在基金营销费用中,业绩不是当前收费的最重要因素。服务和其他的与营销相关的收费才是关键的因素。基金公司可从中得到几点启示：(1)基金公司应关注前端收费、12b－1费和延期收费间的交换关系；(2)客户服务对投资者来说是重要的；(3)基金公司应该相对更关注其形象而不是实际的财务绩效。投资者从中得到的启示包括：(1)营销收费对基金的财务绩效不增加任何的真实价值；(2)投资者应对自己的选择知晓得更多。

● Malhotra and Mcleod(1997)调查了影响共同基金费率的几个因素。结论认为：对股票基金，较高的费率与换手率、无12b－1计划正相关，较低的费率与基金免佣、基金规模、成立时间正相关。对债券基金，较高的销售收费、12b－1计划、高收益与高费率相关。具有12b－1计划的股票基金比没有该计划的基金相比，取得的收益更低；相反，具有12b－1计划的债券基金比没有该计划的债券基金表现更好。

● Dellva and Olson(1998)讨论了共同基金销售费和运作费之间的关系，以及销售费对业绩的影响。结论认为：12b－1费、延期销售收费和赎回费总体上增加了支出费用。然而，不收费并不必然与业绩优秀相关联，大多数不收费基金的风险调整后收益为负。

● Johnson and Woodrow(2004)分析投资时限的分布。研究表明：短期持有人的流动性成本高于长期持有人的成本，共同基金没有提供公平的流动性—风险保险。

主题三：风格分析

Sharpe(1992)指出，合适的"风格"分类能促使投资者有效地多样化。基于持仓的分析方法和基于回报的分析方法是最常用的基金分类方法。晨星使用的是基于持仓的分析方法，这种方法以基金组合的平均市场资本规模和平均P/E为基础对基金进行分类。由于历史相关性对未来不具有预测性，基于持仓的方法可能是一种更好的基金分类方法。然而，这种方法需要在一些差异化特征上建立边界,而这些特征通常是模糊的。

另一方面,Trzcinka(1995)、Brown 和 Goetzman(1997)展示了如何成功地使用基于回报的分类方法。这种方法的成功之处在于该方法对数据和模型要求简单,成本效率高。基于回报的方法也减少了对为改善排名而进行风格上赌博的激励。这种方法在基金间提供了足够的区分,使基金获得充分的分散化的好处。

下面是在基金风格方面的一些典型的研究:

- Grinblatt 等人(1995)研究了共同基金的行为。结论认为:共同基金倾向于根据过去的表现来配置股票,具有比普遍认为的更强的动量投资倾向。

- Gallo and Lockwood(1997)讨论了基金经理从合适风格分类中得到的好处。他们认为基于回报的分类方法是一种模型简单、成本效率高的方法,解释了基于回报的方法怎样减少了对基金经理赌"风格"的激励。结论认为:该办法为对基金进行分类提供了一种"成本效率高、客观的方法",基金通过风格的多样化获得了明显的好处。

- Dibartolomeo and Witkowski(1997)讨论了共同基金的错误分类。他们发现,对错误分类具有统计显著性的两个变量是:大型基金族中的基金数量(负相关)和基金本身的资产(正相关)。结论认为:基金的错误分类是一个重要的问题,他们提供了一种获得更准确的同类型基金的方法。

- Bogle(1998)讨论了风格分析对共同基金业绩评估的意义。他得出结论:如果你相信市场是有效的(并且你是对的),那么,最好的策略是购买指数基金。如果你相信市场有效(而你错了),你可以获得市场回报,但一些主动管理基金会打败你。但是如果你打赌市场是无效的,业绩落后的可能性会很高。简而言之,风险,在你赌市场无效时比赌市场有效时更高。

- Gallo and lockwood(1999)讨论了基金从一种风格转向另一种时的业绩。结论认为:在变革前,基金业绩通常低于基准,而在变化后,业绩与基准相匹配。在变革后,证券选择能力显著改善,在变化前和变化后,市场择时系数在统计上显著不同。

- Cooper and Michael(2005)检验了共同基金把名字改成当前热门的投资风格后,对基金资金流入及基金后续回报的影响。结果表明:在改变名字一年后,基金取得了平均28%的累计异常资金流入,但业绩没有改善,表明投资者会受粉饰效应的不理性影响。

● Abinzano等人(2010)认为基金经理的管理技能是变化的。研究表明:经风格调整后的回报与管理技能的变化程度是一致的,不能由风格调整程序、国家、销售费政策、基金成立年限、基金规模或生存者偏差选择的影响来解释。由此可得出结论,经风格调整后的回报在选择基金时提供了可靠的指引。

主题四:资金流

对基金资金流的研究关注的主题较多,从投资者对基金业绩的反应,到市场波动对资金流的冲击,再到基金资金流对市场变动的影响。在早期的研究中,Smith(1978)的研究表明改善了的基金业绩吸引了新资金的流入。在相关的文章中,Ippolito(1992)指出,随着时间的流逝,低质量基金的市场份额为高质量基金所攫取。Harless和Peterson(1998)说明了为什么这些表现差的基金能继续存在。涉及资金流主题的相关研究包括从Edelen(1999)关注资金对业绩的影响,到广告对资金流的冲击等。

下面是在基金资金流方面的一些典型的研究:

● Santini(1998)讨论影响基金行业资金净流入的决定因素。结论表明:新的资金流与实际长期利率负相关、与个人的收入和股票市场表现正相关。

● Edwards and Zhang(1998)讨论了共同基金和股票及债券市场的稳定性。强调基金资金流与股票及债券价值之间的关系。认为:基金的销售对资产的回报有一定影响;同时,基金的销售也受资产回报的冲击。作者也指出1996年前股票价值的上涨与1980~1990年间股票基金的增长无关。

● Zhang(1999)对投资者选择基金的能力进行了研究。结论表明:新资金流入基金的业绩超过了所有投资者在基金上的平均回报。研究指出：投资者的交易策略表明基金的新投入资金能预期基金的短期业绩。然而，投资者不能通过投资于具有资金流入的基金来打败市场。一个可能的例外是，净流入的小规模基金业绩好于市场。

● Fant(1999)从资金流的角度来调查共同基金持有人的投资行为。结论认为：在回报与新的销售和赎回间没有关系，回报与基金公司内部的转入正相关，与转出负相关。新的销售和赎回比基金公司内部的转入和转出更具预测性。在进行市场择时时，投资者更一般地使用内部转换。

● Jain and Wu(2000)从基金广告的角度讨论了基金资金流与未来业绩的关系。结果表明：在基金广告前期，回报超过了基准，而在广告后期，这些基金没有表现出良好业绩的持续性，甚至会发生业绩逆转。

● Ivkovic and Weisbenner(2009)讨论了个人投资者资金流与基金特征之间的关系。得出了三个重要结果：(1)与税收激励一致，个人投资者愿意赎回受损的基金；(2)在做赎回决策时，关注投资成本的个人对费率和赎回是否收费很敏感；(3)个人投资者的资金流入和流出对基金业绩很敏感，但是表现方式不同。流入只与相对业绩有关，流出只与绝对业绩有关。

主题 X：其他主题

本部分是对其他研究主题的汇集。一般来说，这些主题较为单一，不像前面讨论的主题那么宽泛。这些主题从牛市与熊市中的基金风险，到构建一个多样化基金组合的基金数量，再到把基金对风险的承担作为对激励的反应等。

Fabozzi 和 Francis(1979)解释如果 beta 的不稳定性存在，那么，在变化的市场环境下，在整个阶段使用一个预计的 beta 会对基金经理技能得出不同的结论。

下面是其他主题的一些典型的研究：

- Veit 和 Cheney(1982)调查了共同基金经理市场择时决策的效果。研究指出，对于不同的策略，在牛市和熊市中，平均 Beta 和 alphas 并没有显著的变化。大多数的基金择时是不成功的。研究得出结论：市场择时模型为有效资本市场提供了证据。

- Elton 等人(1993)检查了基金业绩与三个成本变量(费率、换手率和销售佣金)之间的关系，发现基金经理的表现落后于被动组合，具有较高销售费用或换手率的基金落后于那些销售费用或换手率较低的基金。

- Falkenstein(1996)讨论了共同基金的持股特征，认为：(1)基金显示出了对高波动股票的偏爱；(2)基金倾向于避免价格低的股票；(3)基金显示了对小公司股票的厌恶；(4)基金回避很少被报刊文章提及的股票。研究得出结论：股票价格水平、波动率、流动性、新闻报告、公司成立时间和规模在解释基金对个股的持有上是显著的。

- O'Neal(1997)讨论构建一个多样化的基金组合需要多少只基金。结论认为：传统的波动率的测量(时序标准差)并不过多地受持有多只基金的影响，而随着持有的基金数量的增加，最终组合标准差下降的水平显著减少。此外，在一个组合中加入多只基金，三分之二的下行风险得以减少。

- Davis(2001)检查了股票基金业绩和经理投资风格之间的关系。研究特定的投资风格能否产生不一般的业绩？是否存在业绩持续性的证明？结果表明，成长型基金表现好于价值型基金。

- Warner 等人(2011)检查了股票基金投资顾问契约的变化。研究认为：补偿率的增加与过去经市场调整后的优良业绩有关，补偿率的下降反映了规模经济的增加与业绩无关；基金族内部存在溢出效应；单个基金的优良表现与基金族内部其他基金的补偿率相关。

参考文献

1. 博格·J.C.,博格谈共同基金[M].北京:中国青年出版社,2008.

2. 博格·J.C.,共同基金必胜法则:聪明投资者的新策略[M].上海:上海财经大学出版社,2008.

3. 罗兰,M.,投资共同基金[M].北京:中信出版社,2007.

4. 金奈尔,基金间谍[M].北京:中国人民大学出版社,2009.

5. 芬克·马修,幕内心声[M].北京:法律出版社,2011.

6. 威廉·伯恩斯坦,有效资产管理[M].上海:上海财经大学出版社,2003.

7. Ackermann, C., R. McEnally, and D. Ravenscraft, 1999, "The Performance of Hedge Funds: Risk, Return and Incentives," *The Journal of Finance*, 54, 833~874.

8. Ahmed, P., 2001, "Forecasting Correlation Among Equity Mutual Funds," *Journal of Banking and Finance*, 26, 1187~1208.

9. Ahmed, P., P. Gangopadhyay and S. Nanda, 2003, "Investing in Emerging Market Mutual Funds," *Journal of Business and Economic Perspectives*, 29, 5~15.

10. Alexander, G., J. Jones, and P. Nigro, 1998, "Mutual Fund Shareholders: Characteristics, Investor Knowledge, and Sources of Information," *Financial Services Review*, 7, 301~316.

11. Anderson, S. and J. Born, Closed-end Investment Companies: Issues and Answers. Hingham, MA: Kluwer Academic Publishers, 1991.

12. Anderson, S., B. Coleman, D. Gropper, and H. Sunquist, 1996, "A Comparison of the Performance of Open-end and Closed-end Investment Companies," *Journal of Economics and Finance*, 20, 3~11.

13. Anderson, Seth C., 2005, "Mutual funds: fifty years of research findings," Springer.

14. Arteaga, K., C. Ciccotello, and T. Grant, 1998, "New Equity Funds: Marketing and Performance," *Financial Analysts Journal*, 54, 43~49.

15. Barclay, M., N. Pearson, and M. Weisbach, 1998, "Open-end Mutual Funds and Capital Gains Taxes," *Journal of Financial Economics*, 49, 3~43.

16. Becker C., W. Ferson, D. Myers, and M. Schill, 1999, "Conditional Market Timing with Benchmark Investors," *Journal of Financial Economics*, 52, 119~148.

17. Benz, Christine. 2003, "Morningstar guide to mutual funds: 5-star strategies for success", Wiley.

18. Bhattacharya, S. and P. Pfleider, A Note on Performance Evaluation, Technical Report, 714. Stanford University, Stanford California. 1983.

19. Blake, C., E. Elton and M. Gruber, 1993, "The Performance of Bond Mutual Funds," *The Journal of Business*, 66, 371~403.

20. Bogle, J., 1998, "The Implications of Style Analysis for Mutual Fund Performance Evaluation," *The Journal of Portfolio Management*, Summer, 34~42.

21. Brown, K., W. Harlow and L. Starks, 1998, "Of Tournaments and Temptations: An Analysis of Managerial Incentives in the Mutual Fund Industry," *The Journal of Finance*, 51, 85~110.

22. Brown, S. and W. Goetzmann, 1995, "Performance Persistence," *The Journal of Finance*, 50, 679~698.

23. Brown, S. and W. Goetzmann, 1997, "Mutual Fund Styles," *Journal of Financial Economics*, 43, 373~399.

24. Brown, S., W. Goetzmann, and R. Ibbotson, 1999, "Offshore Hedge Funds: Survival and Performance, 1989—95," *The Journal of Business*, 72, 91~117.

25. Carhart, M., 1997, "On Persistence in Mutual Fund Performance," *The Journal of Finance*, 52, 57~82.

26. Carpenter, J. and A. Lynch, 1999, "Survivorship Bias and Attrition Effects in Measures of Performance Persistence," *Journal of Financial Economics*, 54, 337~374.

27. Chance, D. and S. Ferris, 1991, "Mutual Fund Distribution Fees: An Empirical Analysis of the Impact of Deregulation," *Journal of Financial Services Research*, 5, 25~42.

28. Chang, E. and W. Lewellen, 1984, "Market Timing and Mutual Fund Investment Performance," *The Journal of Business*, 57, 57~72.

29. Chevalier, J. and G. Ellison, 1997, "Risk Taking by Mutual Funds as a Response

to Incentives," *Journal of Political Economy*, 105, 1167~1200.

30. Chevalier, J, and G. Ellison, 1999, "Are Some Mutual Fund Managers Better Than Others? Cross Sectional Patterns in Behavior and Performance," *Journal of Finance*, 54, 875~899.

31. Chordia, T. , 1996, "The Structure of Mutual Fund Charges," *Journal of Financial Economics*, 41, 3~39.

32. Collins, S. and P. Mack, 1997, "The Optimal Amount of Assets under Management in the Mutual Fund Industry," *Financial Analysts Journal*, 53, 70~71.

33. Cumby, R. and J. Glen, 1990, "Evaluating the Performance of International Mutual Funds," *The Journal of Finance*, 45, 497~521.

34. Davis, J. L. , 2001, "Mutual Fund Performance and Manager Style," *Financial Analysts Journal*, 57, 19~27.

35. Del Guercio, D. , 1996, "The Distorting Effect of the Prudent-man Laws on Institutional Equity Investments," *Journal of Financial Economics*, 40, 31~62.

36. Dellva, W. and G. Olson, 1998, "The Relationship Between Mutual Fund Fees and Expenses and Their Effects on Performance," *Financial Review*, 33, 85~103.

37. Dermine, J. , D. Neven, and J. Thisse, 1991, "Towards an Equilibrium Model of the Mutual Funds Industry," *Journal of Banking and Finance*, 15, 485~499.

38. Detzler, M. , 1999, "The Performance of Global Bond Mutual Funds," *Journal of Banking and Finance*, 23, 1195~1217.

39. DiBartolomeo, D. and E. Witkowski, 1997, "Mutual Fund Misclassification: Evidence Based on Style Analysis," *Financial Analysts Journal*, (September /October), 32~43.

40. Droms, W. and D. Walker, 2001, "Persistence of Mutual Fund Operating Characteristics: Returns, Turnover Rates, and Expense Ratios," *Applied Financial Economics*, 11, 457~466.

41. Edelen, R. , 1999, "Investor Flows and the Assessed Performance of Open-end Mutual Funds," *Journal of Financial Economics*, 53, 439~466.

42. Edwards, F. and X. Zhang, 1998, "Mutual Funds and Stock and Bond Market Stability," *The Journal of Financial Services Research*, 13, 257~282.

43. Eichberger, J. , S. Grant, and S. King, 1999, "On Relative Performance Contracts and Fund Manager's Incentives," *European Economic Review*, 43, 135~161.

44. Elton, E. , M. Gruber, S. Das, and M. Hlavka, 1993, "Efficiency with Costly Infor-

mation: A Reinterpretation of Evidence from Managed Portfolios,"*The Review of Financial Studies*,6,1~22.

45. Elton,E. ,M. Gruber and C. Blake,2001,"A First Look at the Accuracy of CRSP Mutual Fund Database and a Comparison of the CRSP and Morningstar Mutual Fund Databases,"*The Journal of Finance*,56,2415~2430.

46. Fabozzi,F. and J. Francis,1979,"Mutual Fund Systematic Risk for Bull and Bear Markets: An Empirical Examination,"*The Journal of Finance*,34,1243~1250.

47. Falkenstein,E. ,1996,"Preferences for Stock Characteristics as Revealed by Mutual Fund Portfolio Holdings,"*The Journal of Finance*,51,111~135.

48. Fant, L. , 1999, "Investment Behavior of Mutual Fund Shareholders: The Evidence from Aggregate Fund Flows,"*The Journal of Financial Markets*,2,391~402.

49. Fant,L. and E. O'Neal,1999,"Do You Need More Than One Manager for a Given Equity Style? Evidence from Mutual Funds,"*The Journal of Portfolio Management*, Summer,68~75.

50. Fant,L. and E. O'Neal,2000,"Temporal Changes in the Determinants of Mutual Fund Flows,"*Journal of Financial Research*,23,353~371.

51. Ferris,S. and D. Chance,1987,"The Effect of 12b-1 Plans on Mutual Fund Expense Ratios: A Note,"*The Journal of Finance*,42,1077~1082.

52. Ferson, W. and V. Warther, 1996, "Evaluating Fund Performance in a Dynamic Market,"*Financial Analysts Journal*,52,20~28.

53. Ferson, W. and R. Schadt, 1996, "Measuring Fund Strategy and Performance in Changing Economic Conditions,"*The Journal of Finance*,51,425~461.

54. Fredman,Albert J,1998,"How Mutual Funds Work," New York Institute of Finance.

55. Gallo,J. and L. Lockwood,1997,"Benefits of Proper Style Classification of Equity Portfolio Managers,"*The Journal of Portfolio Management*,23,47~55.

56. Gallo,J. and L. Lockwood, 1999, "Fund Management Changes and Equity Style Shifts,"*The Journal of Portfolio Management*,55,44~52.

57. Gallo, J. and P. Swanson, 1996 "Comparative Measures of Performance for U. S. -Based International Equity Mutual Funds,"*Journal of Banking and Finance*,20, 1635~1650.

58. Goetzmann,W. and N. Peles,1997,"Cognitive Dissonance and Mutual Fund Investing,"*Journal of Financial Research*,20,145~158.

59. Goetzmann, W. and R. Ibbotson, 1994, "Do Winners Repeat? Patterns in Mutual Fund Return Behavior," *The Journal of Portfolio Management*, Winter, 9~18.

60. Goldreyer, E., P. Ahmed, and D. Diltz, 1999, "The Performance of Socially Responsible Mutual Funds: Incorporating Sociopolitical Information in Portfolio Selection," *Managerial Finance*, 25, 25~40.

61. Grinblatt, M. and S. Titman, 1989, "Mutual Fund Performance: An Analysis of Quarterly Portfolio Holdings," *The Journal of Business*, 62, 393~416.

62. Grinblatt, M. and S. Titman, 1993, "Performance Measurement without Benchmarks: An Examination of Mutual Fund Returns," *The Journal of Business*, 66, 47~68.

63. Grinblatt, M., S. Titman and R. Wermers, 1995, "Momentum Investment Strategies, Portfolio Performance, and Herding: A Study of Mutual Fund Behavior," *American Economic Review*, 85, 1088~1105.

64. Gruber, M., 1996, "Another Puzzle: The Growth in Actively Managed Mutual Funds," *The Journal of Finance*, 51, 783~810.

65. Hamilton, S., H. Jo, and M. Statman, 1993, "Doing Well While Doing Good? The Investment Performance of Socially Responsible Mutual Funds," *Financial Analysts Journal*, 49, 62~66.

66. Harless, D. and S. Peterson, 1998, "Investor Behavior and the Persistence of Poorly-performing Mutual Funds," *Journal of Economic Behavior and Organization*, 37, 257~276.

67. Hendricks, D., J. Patel, and R. Zeckhauser, 1993, "Hot Hands in Mutual Funds: Short-run Persistence of Relative Performance, 1974－1988," *The Journal of Finance*, 43, 93~130.

68. Hendricks, D., J. Patel, and R. Zeckhauser, 1997, "The J-shape of Performance Persistence Given Survivorship Bias," *Review of Economics and Statistics*, 79, 161~166.

69. Herman, E., 1963, "Mutual Fund Management Fee Rates," *The Journal of Finance*, 18, 360~376.

70. Huddart, S., 1999, "Reputation and Performance Fee Effects on Portfolio Choice by Investment Advisers," *Journal of Financial Markets*, 2, 227~271.

71. Indro, D., C. Jiang, M. Hu, and W. Lee, 1999, "Mutual fund Performance: Does Size Matter?" *Financial Analysts Journal*, 55, 74~87.

72. Ippolito, R., 1992, "Consumer Reaction to Measures of Poor Quality: Evidence from the Mutual Fund Industry," *Journal of Law and Economics*, 35, 45~70.

73. Jagannathan, R. and R. Korajczyk, 1986, "Assessing the Market Timing Performance of Managed Portfolios," *The Journal of Business*, 59, 217~235.

74. Jain, P. and J. Wu, 2000, "Truth in Mutual Fund Advertising: Evidence on Future Performance and Fund Flows," *The Journal of Finance*, 55, 937~958.

75. Jensen, M., 1968, "The Performance of Mutual Funds in the Period 1945—1964," *The Journal of Finance*, 23, 389~416.

76. Kahn, R. and A. Rudd, 1995, "Does Historical Performance Predict Future Performance?" *Financial Analysts Journal*, 51, 43~52.

77. Kao, G., L. Cheng, and K. Chan, 1998, "International Mutual Fund Selectivity and Market Timing During Up and Down Market Conditions," *The Financial Review*, 33, 127~144.

78. Keim, D., 1999, "An Analysis of Mutual Fund Design: The Case of Investing in Small-cap Stocks," *Journal of Financial Economics*, 51, 173~194.

79. Khorana A., 1996, "Top Management Turnover: An Empirical Investigation of Mutual Fund Managers," *Journal of Financial Economics*, 40, 403~427.

80. Kihn, J., 1996, "To Load or Not to Load? A Study of Marketing and Distribution Charges of Mutual Funds," *Financial Analysts Journal*, (May/June), 28~36.

81. Krooss H. and M. Blyn, A History of Financial Intermediaries. New York: Random House, 1971.

82. Kon, S., 1983, "The Market-Timing Performance of Mutual Fund Managers," *The Journal of Business*, 56, 323~347.

83. Kon, S. and F. Jen, 1979, "The Investment Performance of Mutual Funds: An Empirical Investigation of Timing, Selectivity and Market Efficiency," *The Journal of Business*, 52, 263~289.

84. Lehmann, B. and D. Modest, 1987, "Mutual Fund Performance Evaluation: A Comparison of Benchmarks and Benchmark Comparisons," *The Journal of Finance*, 42, 233~265.

85. Lettau M., 1997, "Explaining the Facts with Adaptive Agents: The Case of Mutual Fund Flows," *Journal of Economic Dynamics and Control*, 21, WM-WM.

86. Liang, B., 1999, "On the Performance of Hedge Funds," *Financial Analysts Journal*, 55, 72~85.

87. Liang, B., 2001, "Hedge Fund Performance: 1990—1999," *Financial Analysts Journal*, 57, 11~19.

88. Livingston, M. and E. O'Neal, 1998, "The Cost of Mutual Fund Distribution Fees," *The Journal of Financial Research*, 21, 205~218.

89. Lunde, A., A. Timmermann, and D. Blake, 1999, "The Hazards of Mutual Fund Underperformance: A Cox Regression Analysis," *Journal of Empirical Finance*, 6, 121~152.

90. Malhotra, D. and R. McLeod, 1997, "An Empirical Analysis of Mutual Fund Expenses," *The Journal of Financial Research*, 20, 175~190.

91. Markowitz, H., 1952, "Portfolio Selection," *The Journal of Finance*, 12, 71~91.

92. Malkiel, B., 1995, "Returns from Investing in Equity Mutual Funds: 1971−1991," *The Journal of Finance*, 50, 549~572.

93. McDonald, J., 1974, "Objectives and Performance of Mutual Funds, 1960−1969," *Journal of Financial and Quantitative Analysis*, 311~333.

94. McLeod, R. and D. Malhotra, 1994, "A Re-examination of the Effect of 12b−1 Plans on Mutual Fund Expense Ratios," *The Journal of Financial Research*, 17, 231~240.

95. Miller, T. and N. Gressis, 1980, "Nonstationarity and Evaluation of Mutual Fund Performance," *Journal of Financial and Quantitative Analysis*, 15, 639~654.

96. Najand, M. and L. Prather, 1999, "The Risk Level Discriminatory Power of Mutual Fund Investment Objectives: Additional Evidence," *Journal of Financial Markets*, 2, 307~328.

97. O'Neal, E., 1997, "How Many Mutual Funds Constitute a Diversified Mutual Fund Portfolio?" *Financial Analysts Journal*, March, 37~46.

98. O'Neal, E., 1999, "Mutual Fund Share Classes and Broker Incentives," *Financial Analysts Journal*, 55, 76~87.

99. Philpot, J., D. Hearth, J. Rimbey, and C. T. Schulman, 1998, "Active Management, Fund Size, and Bond Mutual Fund Returns," *The Financial Review*, 33, 115~126.

100. Roll, R., 1978, "Ambiguity When Performance is Measured by the Security Market Line," *The Journal of Finance* 33, 1059~1069.

101. Ross, S., 1976, "The Arbitrage Theory of Capital Asset Pricing," *Journal of Economic Theory*, 13, 341~360.

102. Santini, D. and J. Aber, 1998, "Determinants of Net New Money Flows to the Equity Mutual Fund Industry," *Journal of Economics and Business*, 50, 419~429.

103. Sharpe, W., 1992, "Asset Allocation: Management Style and Performance Management," *Journal of Portfolio Management*, 18, 7~19.

104. Sharpe, W., 1966, "Mutual Fund Performance," *The Journal of Business*, 39, 119~138.

105. Shukla, R. and S. Singh, 1994, "Are CFA Charterholders Better Equity Fund Managers?" *Financial Analysts Journal*, 50, 68~74.

106. Sirri, E., and P. Tufano, 1998, "Costly Search and Mutual Fund Flows," *The Journal of Finance*, 53, 1589~1622.

107. Smith, K., 1978, "Is Fund Growth Related to Fund Performance?" *The Journal of Portfolio Management*, 5, 49~54.

108. Starks, L., 1987, "Performance Incentive Fees: An Agency Theoretic Approach," *Journal of Financial and Quantitative Analysis*, 22, 17~32.

109. Statman, M., 2000, "Socially Responsible Mutual Funds," *Financial Analyst Journal*, 56, 30~39.

110. Treynor, J, 1965, "How to Rate Management of Investment Funds," *Haward Business Review*, 63~75.

111. Treynor, J. and K. Mazury, 1966, "Can Mutual Funds Outguess the Market?" *Harvard Business Review*, July, 131~136.

112. Trzcinka, C., 1995, "Equity Style Classifications: Comment," *The Journal of Portfolio Management*, Spring, 44~46.

113. Tufano, P. and M. Sevick, 1997, "Board Structure and Fee-setting in the U.S. Mutual Fund Industry," *Journal of Financial Economics*, 46, 321~355.

114. Veit, E. and J. Cheney, 1982, "Are Mutual Funds Market Timers?" *The Journal of Portfolio Management*, Winter, 35~42.

115. Volkman, D., 1999, "Market Volatility and Perverse Timing Performance of Mutual Fund Managers," *The Journal of Financial Research*, 22, 449~470.

116. Warther, V., 1997, "Aggregate Mutual Fund Flows and Security Returns," *Journal of Financial Economics*, 39, 209~235.

117. Zheng, L., 1999, "Is Money Smart? A Study of Mutual Fund Investors' Fund Selection Ability," *The Journal of Finance*, 54, 632~665.